科学家学术成长资料采集工程
中国科学院院士传记丛书

心控制的拓荒人

琳 传

王金枝 杨莹 ◎ 著

1935年	1953年	1964年	1984年	2003年	2013年
出生于江苏扬州	考入北京大学数学力学系	率先建立二次型最优理论	出版专著《系统与控制理论中的线性代数》	当选中国科学院院士	当选国际自动控制联合会会士，获慕元培奖

老科学家学术成长资料采集工程
中国科学院院士传记丛书

潜心控制的拓荒人

黄琳 传

王金枝 杨莹 ○著

中国科学技术出版社
湖南科学技术出版社

图书在版编目（CIP）数据

潜心控制的拓荒人：黄琳传 / 王金枝，杨莹著.
— 北京：中国科学技术出版社，2022.5
（老科学家学术成长资料采集工程丛书.中国科学院院士传记丛书）

ISBN 978-7-5046-9146-0

Ⅰ.①潜… Ⅱ.①王… ②杨… Ⅲ.①黄琳—传记 Ⅳ.① K826.1

中国版本图书馆 CIP 数据核字（2021）第 158359 号

责任编辑	杨　丽
责任校对	张晓莉
责任印制	李晓霖
版式设计	中文天地

出　　版	中国科学技术出版社　湖南科学技术出版社
发　　行	中国科学技术出版社有限公司发行部
地　　址	北京市海淀区中关村南大街 16 号
邮　　编	100081
发行电话	010-62173865
传　　真	010-62173081
网　　址	http://www.cspbooks.com.cn

开　　本	787mm×1092mm　1/16
字　　数	349 千字
印　　张	23
彩　　插	2
版　　次	2022 年 5 月第 1 版
印　　次	2022 年 5 月第 1 次印刷
印　　刷	北京顶佳世纪印刷有限公司
书　　号	ISBN 978-7-5046-9146-0 / K·301
定　　价	115.00 元

（凡购买本社图书，如有缺页、倒页、脱页者，本社发行部负责调换）

老科学家学术成长资料采集工程
领导小组专家委员会

主　任：韩启德
委　员：（以姓氏拼音为序）

　　陈佳洱　　方　新　　傅志寰　　李静海　　刘　旭
　　齐　让　　王礼恒　　徐延豪　　赵沁平

老科学家学术成长资料采集工程
丛书组织机构

特邀顾问（以姓氏拼音为序）

　　樊洪业　　方　新　　谢克昌

编 委 会

主　编：老科学家学术成长资料采集工程领导小组办公室
编　委：（以姓氏拼音为序）

　　定宜庄　　董庆九　　郭　哲　　胡化凯　　胡宗刚
　　刘晓堪　　吕瑞花　　潘晓山　　秦德继　　阮　草
　　申金升　　王扬宗　　熊卫民　　姚　力　　张大庆
　　张　剑　　张　藜　　周德进

编委会办公室

主　任：孟令耘　　杨志宏　　石　磊
副主任：许　慧　　胡艳红
成　员：（以姓氏拼音为序）

　　高文静　　韩　颖　　李　梅　　林澧波　　刘如溪
　　罗兴波　　马　丽　　王传超　　余　君　　张佳静

老科学家学术成长资料采集工程简介

老科学家学术成长资料采集工程（以下简称"采集工程"）是根据国务院领导同志的指示精神，由国家科教领导小组于2010年正式启动，中国科协牵头，联合中组部、教育部、科技部、工信部、财政部、文化部、国资委、解放军总政治部、中国科学院、中国工程院、国家自然科学基金委员会等11部委共同实施的一项抢救性工程，旨在通过实物采集、口述访谈、录音录像等方法，把反映老科学家学术成长历程的关键事件、重要节点、师承关系等各方面的资料保存下来，为深入研究科技人才成长规律，宣传优秀科技人物提供第一手资料和原始素材。

采集工程是一项开创性工作。为确保采集工作规范科学，启动之初即成立了由中国科协主要领导任组长、12个部委分管领导任成员的领导小组，负责采集工程的宏观指导和重要政策措施制定，同时成立领导小组专家委员会负责采集原则确定、采集名单审定和学术咨询，委托科学史学者承担学术指导与组织工作，建立专门的馆藏基地确保采集资料的永久性收藏和提供使用，并研究制定了《采集工作流程》《采集工作规范》等一系列基础文件，作为采集人员的工作指南。截至2021年8月，采集工程已启动592位科学家的学术成长资料采集项目，获得实物原件资料132922件、数字化资料318092件、视频资料443783分钟、音频资料527093分钟，具有重要的史料价值。

采集工程的成果目前主要有三种体现形式，一是建设"中国科学家博物馆网络版"，提供学术研究和弘扬科学精神、宣传科学家之用；二是编辑制作科学家专题资料片系列，以视频形式播出；三是研究撰写客观反映老科学家学术成长经历的研究报告，以学术传记的形式，与中国科学院、中国工程院联合出版。随着采集工程的不断拓展和深入，将有更多形式的采集成果问世，为社会公众了解老科学家的感人事迹，探索科技人才成长规律，研究中国科技事业的发展历程提供客观翔实的史料支撑。

总序一

中国科学技术协会主席　韩启德

　　老科学家是共和国建设的重要参与者，也是新中国科技发展历史的亲历者和见证者，他们的学术成长历程生动反映了近现代中国科技事业与科技教育的进展，本身就是新中国科技发展历史的重要组成部分。针对近年来老科学家相继辞世、学术成长资料大量散失的突出问题，中国科协于2009年向国务院提出抢救老科学家学术成长资料的建议，受到国务院领导同志的高度重视和充分肯定，并明确责成中国科协牵头，联合相关部门共同组织实施。根据国务院批复的《老科学家学术成长资料采集工程实施方案》，中国科协联合中组部、教育部、科技部、工业和信息化部、财政部、文化部、国资委、解放军总政治部、中国科学院、中国工程院、国家自然科学基金委员会等11部委共同组成领导小组，从2010年开始组织实施老科学家学术成长资料采集工程。

　　老科学家学术成长资料采集是一项系统工程，通过文献与口述资料的搜集和整理、录音录像、实物采集等形式，把反映老科学家求学历程、师承关系、科研活动、学术成就等学术成长中关键节点和重要事件的口述资料、实物资料和音像资料完整系统地保存下来，对于充实新中国科技发展的历史文献，理清我国科技界学术传承脉络，探索我国科技发展规律和科技人才成长规律，弘扬我国科技工作者求真务实、无私奉献的精神，在全社会营造爱科学、学科学、用科学的良好氛围，是一件很有意义的事情。采集工程把重点放在年龄在80岁以上、学术成长经历丰富的两院院士，以及虽然不是两院院士、但在我国科技事业发展中作出突出贡献的老科技工作者，充分体现了党和国家对老科学家的关心和爱护。

自2010年启动实施以来，采集工程以对历史负责、对国家负责、对科技事业负责的精神，开展了一系列工作，获得大量反映老科学家学术成长历程的文字资料、实物资料和音视频资料，其中有一些资料具有很高的史料价值和学术价值，弥足珍贵。

以传记丛书的形式把采集工程的成果展现给社会公众，是采集工程的目标之一，也是社会各界的共同期待。在我看来，这些传记丛书大都是在充分挖掘档案和书信等各种文献资料、与口述访谈相互印证校核、严密考证的基础之上形成的，内中还有许多很有价值的照片、手稿影印件等珍贵图片，基本做到了图文并茂，语言生动，既体现了历史的鲜活，又立体化地刻画了人物，较好地实现了真实性、专业性、可读性的有机统一。通过这套传记丛书，学者能够获得更加丰富扎实的文献依据，公众能够更加系统深入地了解老一辈科学家的成就、贡献、经历和品格，青少年可以更真实地了解科学家、了解科技活动，进而充分激发对科学家职业的浓厚兴趣。

借此机会，向所有接受采集的老科学家及其亲属朋友，向参与采集工程的工作人员和单位，表示衷心感谢。真诚希望这套丛书能够得到学术界的认可和读者的喜爱，希望采集工程能够得到更广泛的关注和支持。我期待并相信，随着时间的流逝，采集工程的成果将以更加丰富多样的形式呈现给社会公众，采集工程的意义也将越来越彰显于天下。

是为序。

总序二

中国科学院院长　白春礼

　　由国家科教领导小组直接启动，中国科学技术协会和中国科学院等12个部门和单位共同组织实施的老科学家学术成长资料采集工程，是国务院交办的一项重要任务，也是中国科技界的一件大事。值此采集工程传记丛书出版之际，我向采集工程的顺利实施表示热烈祝贺，向参与采集工程的老科学家和工作人员表示衷心感谢！

　　按照国务院批准实施的《老科学家学术成长资料采集工程实施方案》，开展这一工作的主要目的就是要通过录音录像、实物采集等多种方式，把反映老科学家学术成长历史的重要资料保存下来，丰富新中国科技发展的历史资料，推动形成新中国的学术传统，激发科技工作者的创新热情和创造活力，在全社会营造爱科学、学科学、用科学的良好氛围。通过实施采集工程，系统搜集、整理反映这些老科学家学术成长历程的关键事件、重要节点、学术传承关系等的各类文献、实物和音视频资料，并结合不同时期的社会发展和国际相关学科领域的发展背景加以梳理和研究，不仅有利于深入了解新中国科学发展的进程特别是老科学家所在学科的发展脉络，而且有利于发现老科学家成长成才中的关键人物、关键事件、关键因素，探索和把握高层次人才培养规律和创新人才成长规律，更有利于理清我国科技界学术传承脉络，深入了解我国科学传统的形成过程，在全社会范围内宣传弘扬老科学家的科学思想、卓越贡献和高尚品质，推动社会主义科学文化和创新文化建设。从这个意义上说，采集工程不仅是一项文化工程，更是一项严肃认真的学术建设工作。

中国科学院是科技事业的国家队，也是凝聚和团结广大院士的大家庭。早在1955年，中国科学院选举产生了第一批学部委员，1993年国务院决定中国科学院学部委员改称中国科学院院士。半个多世纪以来，从学部委员到院士，经历了一个艰难的制度化进程，在我国科学事业发展史上书写了浓墨重彩的一笔。在目前已接受采集的老科学家中，有很大一部分即是上个世纪80、90年代当选的中国科学院学部委员、院士，其中既有学科领域的奠基人和开拓者，也有作出过重大科学成就的著名科学家，更有毕生在专门学科领域默默耕耘的一流学者。作为声誉卓著的学术带头人，他们以发展科技、服务国家、造福人民为己任，求真务实、开拓创新，为我国经济建设、社会发展、科技进步和国家安全作出了重要贡献；作为杰出的科学教育家，他们着力培养、大力提携青年人才，在弘扬科学精神、倡树科学理念方面书写了可歌可泣的光辉篇章。他们的学术成就和成长经历既是新中国科技发展的一个缩影，也是国家和社会的宝贵财富。通过采集工程为老科学家树碑立传，不仅对老科学家们的成就和贡献是一份肯定和安慰，也使我们多年的夙愿得偿！

鲁迅说过，"跨过那站着的前人"。过去的辉煌历史是老一辈科学家铸就的，新的历史篇章需要我们来谱写。衷心希望广大科技工作者能够通过"采集工程"的这套老科学家传记丛书和院士丛书等类似著作，深入具体地了解和学习老一辈科学家学术成长历程中的感人事迹和优秀品质；继承和弘扬老一辈科学家求真务实、勇于创新的科学精神，不畏艰险、勇攀高峰的探索精神，团结协作、淡泊名利的团队精神，报效祖国、服务社会的奉献精神，在推动科技发展和创新型国家建设的广阔道路上取得更辉煌的成绩。

总序三

中国工程院院长　周　济

由中国科协联合相关部门共同组织实施的老科学家学术成长资料采集工程，是一项经国务院批准开展的弘扬老一辈科技专家崇高精神、加强科学道德建设的重要工作，也是我国科技界的共同责任。中国工程院作为采集工程领导小组的成员单位，能够直接参与此项工作，深感责任重大、意义非凡。

在新的历史时期，科学技术作为第一生产力，已经日益成为经济社会发展的主要驱动力。科技工作者作为先进生产力的开拓者和先进文化的传播者，在推动科学技术进步和科技事业发展方面发挥着关键的决定的作用。

新中国成立以来，特别是改革开放30多年来，我们国家的工程科技取得了伟大的历史性成就，为祖国的现代化事业作出了巨大的历史性贡献。两弹一星、三峡工程、高速铁路、载人航天、杂交水稻、载人深潜、超级计算机……一项项重大工程为社会主义事业的蓬勃发展和祖国富强书写了浓墨重彩的篇章。

这些伟大的重大工程成就，凝聚和倾注了以钱学森、朱光亚、周光召、侯祥麟、袁隆平等为代表的一代又一代科技专家们的心血和智慧。他们克服重重困难，攻克无数技术难关，潜心开展科技研究，致力推动创新发展，为实现我国工程科技水平大幅提升和国家综合实力显著增强作出了杰出贡献。他们热爱祖国，忠于人民，自觉把个人事业融入到国家建设大局之中，为实现国家富强而不断奋斗；他们求真务实，勇于创新，用科技为中华民族的伟大复兴铸就了辉煌；他们治学严谨，鞠躬尽瘁，具有崇高的科学精神和科学道德，是我们后代学习的楷模。科学家们的一生是一本珍贵的教科书，他们坚定的理想信念和淡泊名利的崇高品格是中华民族自强不息精神的宝贵财富，永远值得后人铭记和敬仰。

通过实施采集工程，把反映老科学家学术成长经历的重要文字资料、实物资料和音像资料保存下来，把他们卓越的技术成就和可贵的精神品质记录下来，并编辑出版他们的学术传记，对于进一步宣传他们为我国科技发展和民族进步作出的不朽功勋，引导青年科技工作者学习继承他们的可贵精神和优秀品质，不断攀登世界科技高峰，推动在全社会弘扬科学精神，营造爱科学、讲科学、学科学、用科学的良好氛围，无疑有着十分重要的意义。

中国工程院是我国工程科技界的最高荣誉性、咨询性学术机构，集中了一大批成就卓著、德高望重的老科技专家。以各种形式把他们的学术成长经历留存下来，为后人提供启迪，为社会提供借鉴，为共和国的科技发展留下一份珍贵资料。这是我们的愿望和责任，也是科技界和全社会的共同期待。

周济

黄 琳

采集小组合影

目 录

老科学家学术成长资料采集工程简介

总序一 ······································· 韩启德

总序二 ······································· 白春礼

总序三 ······································· 周　济

导　言 ··· 1

| 第一章 | 童年多难　花季成才 ······················· 9

　　世代书香　父母执教文化名城 ················· 9
　　日寇入侵　多难培植爱国情怀 ················ 13
　　树人堂下　青年觉醒立志成才 ················ 21

| 第二章 | 风华正茂　才华出众 ······················ 32

　　刻苦会学　铸就坚实学术基础 ················ 32

	机缘难得　兼收控制东西之长	51
	深入实际　学习提炼科学问题	60
第三章	春华秋实　贡献卓越	70
	未届而立　跻身控制学术之林	70
	敢于担当　科学本是强国之事	74
	坚韧不拔　终获国际领先成果	78
第四章	兢兢业业　踏实工作	84
	初上讲台　密切关注国际前沿	84
	工程基础　也能具有理科特点	91
	学科初成　力求凝聚各家精华	94
	采集之功　尘封半世又见天日	97
第五章	动荡岁月　有所作为	100
	身不由己　核潜研究失之交臂	100
	二胡琵琶　业余梨园短暂栖身	103
	有了小家　甘苦与共温暖宽松	107
	连城山下　书生意气逆境坚持	111
	认清需求　心无旁骛编写讲义	122
	乌云散去　几方商调终留燕园	127
第六章	潜心论著　创造经典	132
	认准差距　编写宣讲线代应用	132
	需求推动　完成经典惠及学人	138
	老骥伏枥　重修经典推陈出新	151
	融进控制　稳定理论展现新颜	157
	本属同源　稳定鲁棒汇为一体	162

| 第七章 | 大展宏图　矢志创新 | 168 |

　　科学春天　耕耘除草均为要务 …………………… 168
　　走出国门　研究鲁棒立足前沿 …………………… 180
　　结缘基金　认真研究严格把关 …………………… 192
　　综述报告　高屋建瓴信息共享 …………………… 201

| 第八章 | 唯真求实　大师风范 | 204 |

　　控制事业　既归个人更属国家 …………………… 204
　　学界公益　注重实事不图名分 …………………… 209
　　科技评审　公正透明不看人情 …………………… 220
　　学者情怀　生活充实名利淡泊 …………………… 224

| 第九章 | 发展学科　为人师表 | 232 |

　　坚持一生　终成控制力学融合 …………………… 232
　　言传身教　桃李不言下自成蹊 …………………… 246
　　着眼未来　良师益友提携后辈 …………………… 267

| 第十章 | 老骥伏枥　不忘使命 | 276 |

　　定位明确　服务国防为国献智 …………………… 276
　　立高志远　主持控制战略研究 …………………… 282
　　多彩一生　笔耕不辍留赠后人 …………………… 291

结　语 ……………………………………………………… 296

附录一　黄琳年表 ………………………………………… 303

附录二　黄琳主要论著目录 ……………………………… 332

参考文献 …………………………………………………… 336

后　记 ……………………………………………………… 341

图片目录

图 1-1　1937 年黄琳全家照 ································· 10
图 1-2　朱遂彭教授的回忆文章《铭心的记忆》··············· 12
图 1-3　小学六年级的黄琳 ································· 18
图 1-4　20 世纪 50 年代初的扬州中学 ······················· 22
图 1-5　初中时的黄琳 ····································· 22
图 1-6　江苏省立扬州中学高中部学籍卡 ····················· 25
图 1-7　高中时的黄琳 ····································· 25
图 1-8　1950 年冬哥哥黄瑶参军前全家合影 ·················· 26
图 1-9　父亲黄应韶 1951 年在抗美援朝运动中获奖奖状 ········ 26
图 1-10　父亲黄应韶参加赴朝慰问团 ························ 26
图 1-11　母亲朱庆云 1951 年获劳模奖状 ····················· 27
图 1-12　黄琳 1951 年演讲比赛奖状 ························· 27
图 1-13　黄琳高中毕业时舞蹈队部分队员合影 ················ 29
图 1-14　1951 年黄琳参加文联音乐协会证书 ·················· 30
图 1-15　1951 年黄琳任少年儿童队辅导员的聘书 ·············· 30
图 1-16　黄琳中学时获体育运动优秀奖章 ···················· 31
图 2-1　1955 年黄琳获 1954—1955 学年优秀生称号的奖状 ······ 44
图 2-2　1956 年黄琳与同年级力学专业党员在颐和园过党日 ····· 45
图 2-3　黄琳与大学同学颐和园放歌 ························· 45
图 2-4　1956 年黄琳与扬州中学同学及舞蹈队队友在瘦西湖相聚 · 47
图 2-5　1957 年黄琳同寝室同学毕业合影 ···················· 49
图 2-6　2012 年北京大学同学重聚首 ························ 50
图 2-7　北京大学数力系力学专业 53 级一班毕业纪念 ·········· 52
图 2-8　黄琳听钱学森控制论课程笔记 ······················· 53

图 2-9	1958年苏联专家托洛依茨基、系里教授及一般力学成员合影	58
图 2-10	1959年飞机安定性研究联合小组在北大北阁前合影	60
图 3-1	1961年中国自动化学会成立合影	71
图 3-2	郑应平、张迪、殷金生、黄琳合影	81
图 3-3	2014年黄琳当选国际自动控制联合会会士证书	82
图 4-1	黄琳与1956级部分同学合影	87
图 4-2	1963年黄琳与1957级毕业生合影	88
图 4-3	1964年黄琳与1958级毕业生合影	89
图 4-4	黄琳与他指导的1958级学生合影	89
图 4-5	黄琳与1958级学生攀爬沟崖	90
图 4-6	1958级学生毕业五十年后看望老师	90
图 4-7	黄琳编写的《控制系统动力学讲义》	91
图 4-8	黄琳编写的《最优控制理论》讲义	95
图 5-1	1967年黄琳拉二胡	104
图 5-2	1967年北京大学数学力学系教工文艺宣传队合影	106
图 5-3	黄琳与李孝珍的结婚照	108
图 5-4	1969年汉中分校校景	108
图 5-5	2009年黄琳夫妇重返汉中分校	109
图 5-6	1997年黄琳一家三口合影	110
图 5-7	1970年黄琳参加的下厂小分队合影	112
图 5-8	1975年黄琳带学生在汉川机床厂搞项目	120
图 5-9	黄琳编写的《线性代数应用理论讲义》	125
图 6-1	黄琳编著《系统与控制理论中的线性代数》	138
图 6-2	1986年黄琳的《系统与控制理论中的线性代数》被科学出版社评为优秀图书	139
图 6-3	2009年重新修订出版的《系统与控制理论中的线性代数》	154
图 6-4	黄琳专著《稳定性理论》	158
图 6-5	黄琳编著《稳定性理论》一书获奖证书	158
图 6-6	黄琳专著《稳定性与鲁棒性的理论基础》	163
图 7-1	1981年黄琳与他的第一个硕士生朱伟灵合影	175
图 7-2	1985年黄琳所在一般力学教研室合影	178
图 7-3	1985年黄琳与霍尔洛特教授合影	181

图7-4	1995年黄琳获国家教育委员会科学技术进步奖证书	188
图7-5	1992年"鲁棒控制暑期讨论会"成员合影	188
图7-6	1999年黄琳获国家自然科学奖三等奖证书	189
图7-7	1989年黄琳在拜努姆教授家中做客	189
图7-8	1988年拜努姆教授回访北大	190
图7-9	1986年全球华人智能大会合影	190
图7-10	1993年参加华人智能控制大会代表在北京大学合影	190
图7-11	1988年第一届中日双边控制会议	191
图7-12	1992年黄琳与王恩平在北大接待加拿大控制专家弗朗西斯教授	191
图7-13	1993年黄琳和王龙接待俄罗斯学者扎伊来夫教授	191
图7-14	1998年黄琳与研究生接待控制专家巴米什教授夫妇	191
图7-15	1984年黄琳在沈阳自动化研究所调研合影	192
图7-16	重大项目"复杂控制系统理论的几个关键问题"论文集	195
图7-17	1993年黄琳做国家自然科学基金重大项目"复杂控制系统理论的几个关键问题"答辩	196
图7-18	2006年黄琳参观新疆核试验遗址	199
图7-19	黄琳获国家自然科学奖二等奖证书	199
图8-1	黄琳获中国自动化学会成立五十周年杰出贡献奖证书	210
图8-2	1994年黄琳参加中国控制会议的合影	211
图8-3	1997年黄琳参加中国控制会议讲话	212
图8-4	1998年《控制理论与应用》第四届编委合影	212
图8-5	黄琳参加北航博士生答辩	214
图8-6	1992年黄琳在南京航空航天大学做报告	215
图8-7	2013年黄琳在华南理工大学做报告	216
图8-8	2008年黄琳在燕山大学参观机器人实验室	217
图8-9	2009年参加扬州智能电网的讨论会后合影	218
图8-10	2012年黄琳参加"陈嘉庚信息技术科学奖"评审会议后合影	221
图8-11	2009年黄琳主持科学出版基金评审会	222
图8-12	2014年黄琳夫妇与亲家及女儿一家合影	227
图8-13	2014年黄琳在家中	228
图8-14	2014年黄琳在家中锻炼	228
图8-15	1990年黄琳与高为炳先生切磋二胡	229

图 8-16　2006 年黄琳夫妇在黄河壶口瀑布⋯⋯⋯⋯⋯⋯⋯⋯⋯⋯⋯⋯230
图 8-17　2006 年黄琳夫妇参观秦岭二号隧道⋯⋯⋯⋯⋯⋯⋯⋯⋯⋯⋯230
图 9-1　1985 年由王仁院士率领拜访钱学森先生，了解工程科学的办学⋯⋯237
图 9-2　1993 年黄琳在哈尔滨工业大学"一般力学发展与展望学术讨论会"
　　　　上发言⋯⋯⋯⋯⋯⋯⋯⋯⋯⋯⋯⋯⋯⋯⋯⋯⋯⋯⋯⋯⋯⋯⋯237
图 9-3　2007 年黄琳参加海峡两岸理论与应用力学研讨会部分大陆代表
　　　　合影⋯⋯⋯⋯⋯⋯⋯⋯⋯⋯⋯⋯⋯⋯⋯⋯⋯⋯⋯⋯⋯⋯⋯⋯238
图 9-4　2010 年在第 29 届中国控制会议上黄琳被授予杰出贡献奖，与其
　　　　学生合影⋯⋯⋯⋯⋯⋯⋯⋯⋯⋯⋯⋯⋯⋯⋯⋯⋯⋯⋯⋯⋯⋯239
图 9-5　2005 年黄琳与佘振苏、韩启德和戴汝为共同主持香山科学会议⋯⋯240
图 9-6　2014 年黄琳在太原发射中心参观发射⋯⋯⋯⋯⋯⋯⋯⋯⋯⋯⋯240
图 9-7　2014 年黄琳夫妇在西昌卫星发射中心参观⋯⋯⋯⋯⋯⋯⋯⋯⋯240
图 9-8　黄琳获全国优秀博士学位论文指导教师证书⋯⋯⋯⋯⋯⋯⋯⋯241
图 9-9　黄琳在北大工学院五周年庆典上讲话⋯⋯⋯⋯⋯⋯⋯⋯⋯⋯⋯243
图 9-10　2008 年第四届全国复杂网络学术会议期间黄琳与其学生合影⋯⋯254
图 9-11　2000 年黄琳与参加博士论文答辩的学生合影⋯⋯⋯⋯⋯⋯⋯⋯255
图 9-12　黄琳与学生在其家中讨论学科点工作后合影⋯⋯⋯⋯⋯⋯⋯⋯261
图 10-1　2011 年黄琳参加在北京大学举办的控制学科发展战略研讨会合影
　　　　⋯⋯⋯⋯⋯⋯⋯⋯⋯⋯⋯⋯⋯⋯⋯⋯⋯⋯⋯⋯⋯⋯⋯⋯⋯⋯285
图 10-2　2012 年黄琳参加在中南大学召开的控制科学发展战略项目第二
　　　　次会议合影⋯⋯⋯⋯⋯⋯⋯⋯⋯⋯⋯⋯⋯⋯⋯⋯⋯⋯⋯⋯⋯286
图 10-3　2013 年黄琳主持"控制科学面临的前沿科学与工程问题"论坛⋯⋯286
图 10-4　2012 年控制理论发展战略报告研讨暨评议会合影⋯⋯⋯⋯⋯⋯287
图 10-5　2015 年在北京大学举办的控制科学发展论坛合影⋯⋯⋯⋯⋯⋯288
图 10-6　《中国学科发展战略·控制科学》⋯⋯⋯⋯⋯⋯⋯⋯⋯⋯⋯⋯289
图 10-7　2013 年黄琳获北京大学第三届"蔡元培奖"证书⋯⋯⋯⋯⋯⋯294
图 10-8　2014 年黄琳获北京大学"国华杰出学者奖"证书⋯⋯⋯⋯⋯⋯294

导 言

　　黄琳，1935年11月生于江苏扬州，中国共产党党员，控制科学家，中国科学院院士，现任北京大学教授、博导。曾获国家教委科技进步奖一等奖、国家自然科学奖三等奖和二等奖等多项奖励。长期担任中国自动化学会常务理事，控制理论专业委员会委员与顾问委员，北京大学校学术委员会委员，中国科学院科学出版基金技术科学组副组长、组长，中国自动化学会关肇直奖评奖委员会主任，分别于2009年、2011年荣获中国自动化学会控制理论专业委员会、中国自动化学会特别贡献奖。2013年当选国际自动控制联合会会士（IFAC Fellow）。北京航空航天大学、浙江大学、东北大学、中南大学、华南理工大学、南京航空航天大学等多所院校兼职教授或名誉教授。他是中国控制科学的拓荒者、见证者和推动者，为中国控制理论的发展作出了杰出贡献。

　　黄琳1957年毕业于北京大学数学力学系，同年经考试被录取为本系的研究生，师从当时在北大工作的苏联专家列宁格勒工学院的托洛依茨基副博士。1960年在《北京大学学报》上发表第一篇学术论文《关于多维非线性系统衰减时间的估计问题》。1961年研究生毕业留校任教。早在研究生还没毕业时就给1956级学生开设调节原理课程，工作初期陆续开设了高精度系统、随机输入下的线性和非线性系统及最优控制理论等热门课程。其内容大都是在新出版的书上或杂志上的，包含了当时控制理论中的最新成果。编写完成了《控制系统动力学讲义》与《最优控制理论》这两本很有特色的讲义，这两本讲义在今天仍具有鲜明的特色和重要的学术价值。

黄琳1963年指导大学六年级学生郑应平、张迪和殷金生做毕业论文，与郑应平、张迪合作完成论文《李雅普诺夫第二方法与最优控制器分析设计问题》，于1964年的《自动化学报》上发表。该文证明了常系数线性系统二次型最优控制问题解的存在性、唯一性，给出了最优控制的线性控制律、黎卡提方程（Riccati equation）求解的序列逼近法和单输入线性系统极点配置定理。极点配置定理和二次型最优控制问题解的存在性和唯一性都是现代控制理论的奠基性成果。他们给出的这些结果至少领先国际同类研究三年。

北大力学系1969年至1979年在陕西北大汉中分校办学，在汉中后期黄琳编写完成了《线性代数应用理论讲义》，在此基础上经进一步完善形成了专著《系统与控制理论中的线性代数》，于1984年由科学出版社出版，并于1986年、1990年先后两次重印。这本专著在当时为推进国内控制理论的研究作出了重要贡献，它影响了几代青年控制理论工作者的成长。2018年黄琳又修订补充调整了部分内容，分上下两册出版。他的专著《稳定性理论》和《稳定性与鲁棒性的理论基础》也分别于1992年和2003年在北京大学出版社和科学出版社出版。这些专著的内容都是他依据自己多年从事科研的经验而编著的，包含了基础理论、一些最新的研究成果以及前沿研究所必备的知识和技巧，内容丰富。黄琳是北京大学一般力学博士点的创始人，他为高等学校、航空航天院所等单位培养了一大批学术骨干和优秀人才。

1985年，黄琳与美国学者霍尔洛特（C. V. Hollot）教授进行了有效的合作，给出了著名的棱边定理，这一结果对参数不确定系统鲁棒稳定性研究作出了重大推进，并成为后来许多重要研究成果的基本方法。相关研究成果自发表以来在国内外引起了广泛影响。后来黄琳又与其团队给出了更一般的边界定理。

进入晚年的黄琳积极为国家空天事业的发展献计献策。带领北大的控制团队承担了航空航天部门相关重大专项专题项目的研究任务，确立并实现了立足国家需求将控制理论与航天的新问题相结合的研究路线。主持由中国科学院信息技术科学部常委会指派的"控制科学发展战略"研究项目，组织全国从事控制科学研究的中坚力量完成了发展战略研究报告。

2017年6月，北大接到了启动黄琳院士学术成长资料采集工作的通知，随即成立了采集小组，成员由黄琳的四位学生也是同事以及学科点和系里的两位秘书组成。采集工作分为资料采集和传记撰写两部分。共采集到实物资料641件、数字化资料759件、音频资料910分钟、视频资料1287分钟，其中访谈音视频资料406分钟。所采集的实物资料包括传记回忆类13件、手稿26件、信件240封、著作10件、论文类103件、学术评价类3件、证书类117件、照片类111件以及其他实物类18件。其中不乏一些珍贵的资料，如分别在黄琳办公室和北京理工大学孙长胜教授处发现的五十多年前黄琳编写的两本有特色的讲义《控制系统动力学讲义》和《最优控制理论》，这两本纸张已经泛黄的油印讲义随主人经过多次辗转迁移仍得以保存下来实属不易；在黄琳办公室还发现了他三十年前给研究生开设的数学系统理论的讲稿；在黄琳家里采集到他读书时的学习笔记，包括1956年去力学所听钱学森先生讲授《工程控制论》的笔记、弹性力学学习笔记、1976年泛函分析自学笔记和20世纪80年代线性系统几何理论自学笔记；由西北工业大学油印的20世纪70年代末黄琳编写完成的《线性代数应用理论讲义》；在扬州中学发现的黄琳初中和高中的学籍卡以及其父亲黄应韶任扬州中学新中国成立后首任校长时的工作日志（1949年2月21日—7月2日），采集小组对其进行了复制；加盖北京大学数学力学系公章的手写的其研究生毕业评语；其父亲黄应韶扬州中学校长任命书和参加首届赴朝慰问团的奖状及在朝鲜的照片；在黄琳家里和朋友处采集到院士自童年起各个人生阶段以及与其学术活动相关的照片等。

通过整理黄琳各个时期的资料，形成了他学术成长的脉络图，以时间为主线，以典型和重要事件、主要学术活动、学术成就等栏目形成资料长编，累计123937字，并整理形成黄琳年表15332字。

采集小组在充分了解黄琳各个时期的经历、学术活动、学术交往、科研成果以及学术贡献的基础上，形成了14个访谈提纲。按照其学术成长的足迹，对他本人进行了五次直接访谈，形成了366分钟的访谈音视频资料，访谈整理稿82118字，获得了涵盖其一生的与其学术成长密切相关的完整的音视频资料。同时，为了进一步充实和考证资料，对黄琳的同行、同事、同学、亲属等14人做了间接访谈，包括同行中科院系统科学研究所秦化淑研究员，北京航空航天大学霍伟教授、贾英民教授，西北工业大学戴冠中教授、慕德俊教授，北京大学同事叶庆凯教授、王大钧教授，大学同学北大出版社的邱淑清编审以及黄琳的哥哥黄瑶先生。间接访谈形成了406分钟的音视频资料、445分钟的音频资料，访谈整理稿约97760字。黄琳在20世纪80年代多次在南京各高校讲授他的《系统与控制理论中的线性代数》以及普及现代控制理论，为了获得全面的相关资料，采集小组在南京组织了一个小型座谈会，参加会议的有老一辈的同行南京理工大学的杨成梧教授、南京航空航天大学的姜长生教授，还有年轻学者东南大学的田玉平教授、南京理工大学的邹云教授、南京航空航天大学的王在华教授。在座谈会上，杨成梧教授和姜长生教授主要谈了黄琳在南京讲授线性代数、普及现代控制理论的情况，包括听课的规模、产生的积极影响以及所作的贡献，等等。田玉平教授、邹云教授和王在华教授谈了他们与黄琳老师相识、相知的过程，重点谈到了黄琳对他们个人学术和工作上的影响和帮助。

  基于前期采集的各方面的大量资料，采集小组梳理了黄琳学术成长过程中的关键节点，明确了本传记的撰写思路和结构，即以时间为主线，具体突出有影响的典型事件。传记大体从十个主题展开，包括家庭背景童年生活、求学历程、工作环境和初期获得的基础性的杰出学术成就、初上讲台并完成有特色的两本讲义、在"文化大革命"和陕西汉中分校的经历并在动荡中编写《线性代数应用理论讲义》、潜心治学完成三本有影响的专著、改革开放回归正常的学术活动并在系统鲁棒分析方向做出里程碑式的成果、热心公益坚持原则彰显大师风范、发展学科为人师表、老骥伏枥不忘使命。以这样一条主线，翔实勾勒黄琳的学术成长经历，突出他学术成长过程中的几个关键节点。其一，求学时期对数理的浓厚兴趣以及练就的扎实的基本功底。其二，受钱学森先生和在北大工作的苏联专家的影响，走上了从事研究控制科学的道路。很早就基本掌握了控制这一门新兴学科分别以苏联和美国为代表的主要研究成果。通过研究拟设计的喷气式飞机的安定性问题，使他具备了深入实际运用理论解决问题的机会以及提炼科学问题的能力，走在了理论和应用的第一线。其三，工作初期开设多门包含了当时控制理论最新研究成果的课程。与郑应平、张迪合作给出了现代控制理论的奠基性成果，即极点配置定理和二次型最优控制问题解的存在性和唯一性。其四，编写具鲜明特色和广泛影响的三本专著。其五，与美国学者一起给出并证明了多项式系统族稳定性的棱边定理，随后与国内学者合作给出了更为基础的边界定理。联合八家单位主持完成了"八五"期间自动化学科唯一重大基金项目。其六，善于凝练关键科学问题、多次做综述报告，撰写多篇综述文章，高屋建瓴指明方向。认认真真教书育人，培养了一大批专业人才。其七，进入晚年后仍不忘使命积极参加与空天技术相关的专家委员会的工作，为国家空天事业的发展献计献策。带领北大的控制团队开展与航空航天部门的合作，开展高超声速飞行器控制研究，成功实现了立足国家需求将控制理论与航天的新问题相结合的研究路线。主持并组织海内外控制领域的中坚力量完成为期两年的"控制科学发展战略"研究项目。

基于上述写作思路，采集小组以年表和资料长编，特别是为庆贺黄琳院士八十诞辰出版的文集《唯真求实　矢志创新——黄琳先生八十华诞文集》、随笔以及未公开发表的他的部分回忆录为基础，完成了传记初稿，后经黄琳院士补充和校正，最后形成了本传记。本传记分为十章。

第一章主要介绍黄琳的家庭背景、童年颠沛流离的生活、中小学的求学经历以及参加舞蹈队和其他社会活动的经历。扬州中学浓厚的学习氛围、优秀的师资以及先天的聪慧等因素使黄琳具备了扎实的数理基础并对数学产生了浓厚的兴趣。做教师的父母亲的言传身教和扬州中学良好的教育为他学术成长开启了一个良好的开端。

第二章描述了黄琳大学和研究生阶段的学习生活，介绍了北大数学力学系优秀的师资队伍、认真的教学环境和浓厚的求学氛围。黄琳虽然多病，但他学习目的明确、刻苦用功、勤于思考又方法得当，这些因素使他铸就了非常坚实的学术研究基础。本章描述了在他进入研究工作的早期，受到钱学森先生和在北大工作的苏联专家的影响，走上了控制科学研究的道路。介绍了他作为主要人员之一参与了由北大和一机部四局及中科院数学研究所有关人员组成的研究小组，研究拟设计的喷气式飞机的安定性问题，这使他有了深入实际运用理论解决问题的机会以及提炼科学问题的能力，走在了理论和应用的第一线，在此基础上在《北京大学学报》上发表了他的第一篇学术论文。

第三章描述了黄琳的论文入选1963年第二届国际自动控制联合会（IFAC）世界大会的过程、出现的波折以及论文引起的关注。介绍了他成为中国自动化学会第一届控制理论专业委员会十五位委员之一以及参与筹备一般力学全国大会并做大会报告的情况。阐述了他与郑应平、张迪合作给出的现代控制理论的奠基性成果，即极点配置定理和二次型最优控制问题解的存在性和唯一性、线性控制律及求解黎卡提方程的迭代法。

第四章介绍了20世纪60年代的前半段黄琳初上讲台为一般力学的学生开设多门热门课程，这些课程包含了当时控制理论中具国际前沿的最新研究成果。准备这些课程倾注了他大量的心血，体现了其顽强的意志。本章讲述了他完成《控制系统动力学讲义》与《最优控制理论》这两本具有鲜明特色、体现了他深厚理论功底和个人独特理解的讲义的过程。《最优控制理论讲义》已于2021年由科学出版社出版，《控制系统动力学讲义》将于2022年由科学出版社出版。

第五章描述了黄琳从1965年至1979年十多年间的动荡历程，其中有接触天津707所关于开展核潜艇中惯性导航方面的工作。记录了他因会拉二胡和弹琵琶参加了多个演出队深入山区为大众演出的过程。描述了黄琳随北大力学系迁往陕西汉中的生活，包括给留校的大学生补习数学课程，给汉中分校

2021年出版的《最优控制理论讲义》

招收的工农兵学员上课，并带领学员深入工厂开门办学。在汉中的后期心无旁骛地专心编写完成了有着重要意义和影响的《线性代数应用理论讲义》，他的第一部专著《系统与控制理论中的线性代数》就是在此基础上形成的。

第六章介绍了黄琳从20世纪80年代开始在高等学校和科研院所宣讲线性代数与应用理论以及普及现代控制理论的一些活动。编写完成并于1984年出版了影响了几代青年控制理论工作者成长的经典著作《系统与控制理论中的线性代数》，介绍了他在耄耋之年重新修订补充调整此书的部分内容，分上下两册重新出版的过程。记述了他的专著《稳定性理论》和《稳定性与鲁棒性的理论基础》写作和出版的起因和过程。这些专著的内容都是他依据自己多年从事科研的经验而编著的，内容丰富，包含了基础理论、一些最新的研究成果以及前沿研究所必备的知识和技巧。书中一些重要的内容在别的同类著作中很少能找到，这些专著既可以作为教材也可以作为工具书使用。

第七章介绍了改革开放之初面对"文化大革命"所造成的科技倒退和人才断层严重影响着中国科技发展的现状，以及需要重塑在"文化大革命"期间被严重破坏的道德学风和良好的学术氛围这一形势下，黄琳积极组织与参与推广现代控制理论、开设新方向的课程、认真培养研究生以及维护与培育良好学术氛围的情况。介绍了他走出国门开展国际合作，在鲁棒分析这一新方向上做出里程碑式的研究成果的过程。介绍了他联合八家单位主持"八五"期间自动化学科唯一一个重大项目的过程，为稳定一支理论研究队伍和做出控制方面高水平成果作出了贡献。记录了他针对新的科学方向，积极进行学术调研、凝练关键科学问题、进行学术报告及撰写综述，认真做到高屋建瓴指明方向，让学术界共享信息与心得，积极推动学术发展的一些活动。

第八章记述了黄琳热心公益，义务组织宣传并联合大家一起通过申请基金项目、举办讨论班或研讨会让大家来参与和分享有价值的研究方向的情况以及他所具有的学者情怀，生活充实淡泊名利。他长期担任《自动化学报》《控制理论与应用》的编委，作为委员和理事长期服务中国自动化学会、控制理论专业委员会等学会组织。本章描述了他在担任关肇直奖评奖委员会主任、国家自然科学基金评委、中国科学院科学出版基金技术科学组组长，参加教育部自然科学奖、国家自然科学奖和"陈嘉庚奖"等一系列的评审或评奖中始终坚持一视同仁、公平公正的理念和做法。

第九章介绍了黄琳作为北京大学一般力学博士点的创始人，在学科建设、人才培养等方面作出的突出贡献。描述了他严谨求实、追求科学的精神以及他言传身教、悉心育人，关心提携后辈，成为年轻学者的良师益友的点点滴滴。

第十章介绍了进入晚年的黄琳不忘使命积极参加与空天技术相关的专家委员会的工作，为国家空天事业的发展献计献策。带领北大的控制团队开展与航空航天部门的合作，承担并完满地完成了航天科技集团具挑战性的相关重大专项专题研究任务，主持"近空间高超声速飞行器自主协调控制研究"的重点项目，成功实现了立足国家需求将控制理论与航天新问题相结合的研究路线。本章记述了黄琳组织海内外控制界的中坚力量用两年的时间完成了"控制科学发展战略"研究项目的具体实施过程，"控制科学发展战略"研究报告最终以专著《中国学科发展战略·控制科学》由科学出版社正式出版。本章还描述了黄琳在耄耋之年仍笔耕不辍，改编了专著《系统与控制理论中的线性代数》，由科学出版社出版了第二版。校对完成了五十多年前编写的两本有特色的讲义，即《控制系统动力学讲义》和《最优控制理论》。介绍了他在空闲时间撰写回忆录的想法和已经完成的部分，通过还原从各个时期不同生存环境下走过来的知识分子的成长经历，给后人以启迪。

本传记梳理了黄琳致力于控制理论研究所留下的科研足迹与贡献，回顾了他始终站在控制科学前沿的高度，辛勤耕耘几十载，推动控制科学发展所作的功绩。从黄琳成长、成才、成名到学高为师，总结了他一生严谨治学、唯真求实、矢志创新、追求卓越的科学精神和淡泊名利的生活态度。本传记力求通过黄琳的学术成长经历，从一个侧面反映中国控制科学的发展历史和他们这一代知识分子的价值理念以及为了国家的科技发展和富强不懈努力的奋斗精神。他的创新思想和科学精神将启迪和激励年轻学者不断前行。

第一章
童年多难　花季成才

黄琳出生于扬州市一个知识分子家庭，父母亲是有名的中小学教师。由于日寇入侵，童年是随家人在抗日逃难颠簸动荡中度过的。七岁入读扬州城中小学，先后转学城西小学、城北小学和下铺街小学，后考取江苏名校扬州中学。童年的多难和父母亲的言传身教培植了他的爱国情怀，父母亲寄希望于教育救国和科学救国的思想深深地影响着他，扬州中学良好的教育助他立志成才。

世代书香　父母执教文化名城

1935年11月30日，黄琳出生在江苏扬州的一个教师家庭。当时为他起的名字是黄琼，上有一姐姐早年夭折，有一哥哥名黄瑶，长他三岁[①]。父亲黄应韶1922年毕业于江苏省立第五师范，之后又考入第五师特设专修班，1925年毕业后留在母校初中教数学，从此开始了他长期做中学教师的

---

① 黄瑶：对黄琳的童年和少年时代的片段回忆。见：黄琳先生八十华诞文集编委会编，《唯真求实　矢志创新——黄琳先生八十华诞文集》。北京：北京大学出版社，2015年，第3页。

图1-1 1937年黄琳全家照
（左起：母亲朱庆云、哥哥黄瑶、父亲黄应韶、黄琳）

生活。他先后任教于江苏省立第一临时中学、镇江师范沪校、扬州中学等，还曾在私立慕究里中学和同仁中学兼课。黄应韶曾以黄夔笙的名字出版过一本平面几何书，1949年3月出任扬州中学解放后首任校长。母亲朱庆云是有名的小学老师[1]。

黄应韶先生是数学教育界名师，他教学技艺精湛，与黄泰、黄久征一起被称为"三黄"，是扬州教坛赫赫有名的大师级人物[2]。他有不少"绝活"，而徒手画图更是黄应韶的一绝。"上几何课不带规尺，在黑板上画两圆外切，将两支粉笔头并在一起，信手在黑板上一转而就，动作娴熟快捷；甚至能画'九点共圆'；能不假思索立即写出三位乘三位算式的得数。他的学生们至今还记忆犹新，赞不绝口。不少校友回忆，听他上课，简直是一种艺术享受"[3]。他担任扬州中学校长期间，始终坚持在一线上课，他讲授平面三角、立体几何、解析几何和数学选修。他注重"文理并重"，对解析几何课程，他坚持选用英文原版课本。"逼"学生们边学数学，边学英文[4]。

黄应韶不仅是数学教学界的名师，诗词造诣也很深。黄琳曾回忆说："我父亲很喜爱宋词，以前在家也常吟诵，给我印象很深。"《扬州晚报》（数字报）2012年7月4日的报道中有一段曾写道："他的公子黄瑶回忆：'在我的记忆里，父亲是非常喜欢古诗词的。吟诵古诗词，特别是词，是他的一项业余爱好。线装的《花间集》、《白香词谱》是他经常放在案头的

---

[1] 黄瑶，黄琳：黄应韶传略。见：黄瑶、黄琳编，《黄应韶先生110周年诞辰纪念集》。2013年，第4页，内部资料。资料存于采集工程数据库。

[2] 于彬彬：黄应韶诞辰110周年。《扬州晚报》（数字报），2013年10月29日。

[3] 杨宜年：缅怀恩师黄应韶百十周年诞辰。见：黄瑶、黄琳编，《黄应韶先生110周年诞辰纪念集》。2013年，第46页，内部资料。资料存于采集工程数据库。

[4] 邵伟，居小春：黄琳：最难忘扬中老师。《扬州晚报》（数字报），2012年10月21日。

书。在诵读之余，他也填词。'黄瑶说：'我估摸着几十阕总是有的。'但大多流失，实属可惜。究其原因，因为黄先生虽然诗词功力深厚，但非常谦虚，从不以诗人自居。把诗词创作当作业余爱好看待，没有刻意保留词稿。甚至一些赠人的作品，随写随赠，连底稿都没有保留。当然，十年动乱与他后来举家北迁也是一个重要原因。"[1]《扬州晚报》（数字报）2013年10月29日的报道中也写道：他爱好文学，善于作词，曾亲自书题《一斛珠》词分赠给学生，至今仍影响着一批扬中校友。据一些扬中的老学长介绍，黄应韶先生创作的诗词，风格飘逸，崇尚自然，有书卷气而不尚雕琢。常常咏物，也擅写景，而且寓意深刻，富有哲理。"萍聚三年，又教纷逐行云去。别愁难语，着意歌金缕。新麦初秋，几日催秧雨。君知否？绿芜千亩，都是凝眸处。"这首《点绛唇》，扬中的老学长们认为，可能是为即将离校的毕业生题的词。"说的是老师和学生萍水相逢，欢聚三载分别。同学们离开母校各奔东西，将在各自的去处有所作为。分别之际，作为老师，所要嘱咐同学的是千万珍惜大好光阴，努力学习"[2]。又如《一斛珠》："石榴初吐，年年今日吟愁句。烽烟一片归何处，无限离情，明月荡潮去。临歧莫顿趑趄步，梯云好结遨游侣。独怜念四桥边路，杨柳荫浓，还滴翠蒲雨。"还有《蝶恋花》："晓色催妆梳洗晚，怕看愁痕，勾黛娥眉浅。一院轻寒帘乍卷，无端又听流莺乱。长是倚楼空念远。玉笛声声，不管残梅怨。风雨几番春过半，人间燕子归犹懒。"[3]

黄应韶喜欢诗词，擅长作词，这得益于其外祖父汤公亮的影响。汤家先祖是《牡丹亭》的作者汤显祖，汤公亮是扬州（有时称江都）有些名望的文化人，在废科举兴学校时曾受命任两淮第一初小的校长和江都第一初小校长，还担任过江都县市区教育会副会长与会长。有较深文化底蕴，曾写过《康熙字典正讹》《说文辨似》等著述，还结合地方特点编写过乡土教材。黄应韶是在外祖父家长大的，对外祖父有深厚的感情[4]。1984年，

---

[1] 余东向：黄应韶填词。《扬州晚报》（数字报），2012年7月4日。
[2] 于彬彬：黄应韶诞辰110周年。《扬州晚报》（数字报），2013年10月29日。
[3] 黄应韶诗词。见：黄瑶、黄琳编，《黄应韶先生110周年诞辰纪念集》。2013年，第21页，内部资料。资料存于采集工程数据库。
[4] 黄琳：我的童年。2017年，未刊稿。存地同[3]。

第一章　童年多难　花季成才　　*11*

他在一封信中写道:"我自幼寄住外祖父家,受教于他。外祖父一生正直持身,宽厚待人,安于清贫,怡然自得。而启迪后进,则一出以诚,尤为乡望所归,我更奉为楷模。外祖父精研历史、文字学,治学严谨,勤于探索,又雅好诗词联句,吟咏甚丰,惜手稿均已散失,令人黯然。"[①]

黄琳的母亲家姓朱,是兴化的大户,祖上在清朝做过大官,后来家道败落。黄琳母亲朱庆云在一个败落的封建家庭中立志读书成才,从事教育工作。她曾在高邮染越口小学、扬州牛肉巷小学、仓生祠小学代课。1928年下半年到无锡中学高中师范科读书,1931年毕业。1945年抗日战争胜利后,由于她在沦陷区生活时拒绝为日伪工作,名字上了扬州的"忠贞榜",随后被任命为下铺街小学校长[②]。

北京大学医学院朱遂彭教授当年就在下铺街小学读书,他在《铭心的记忆》[③] 中回忆当时的校长朱庆云先生时讲了这样一个故事:由于他家境贫寒,每天上学前他都要先去买一篮烧饼油条到医院卖掉,然后才能到学校上学。一次在去医院的途中碰到了朱校长,他当时心里有点紧张,感到自己手挎篮子卖饼的样子太"寒碜"了!校长知道后却温和地说"噢!是这样,那快去吧,快去吧!"校长说着还轻轻摸了一下他的头!当他把手中的空篮子换成书包跑到学校门口时意外发现朱校长正在校门旁迎接学生,顿时他心里又忐忑起来,可校长却迎上来,还直接送他到教室去。一路上语重心长

图1-2 朱遂彭教授的回忆文章《铭心的记忆》

---

① 于彬彬:黄应韶诞辰110周年.《扬州晚报》(数字报),2013年10月29日。
② 朱庆云小传.见:朱瑶、黄琳编,《黄应韶先生110周年诞辰纪念集》.2013年,第16页,内部资料。资料存于采集工程数据库。
③ 朱遂彭:铭心的记忆.《扬州时报》,2019年10月9日。

地对他讲:"从小谋生,卖饼不丢人,要做到人穷志不穷、爱国爱家、爱学习、爱劳动……都是好品质!"他将此当作是那天上课前,朱校长给他上的一堂影响其一生的"人生课"。后来校长为了鼓励这种励志的精神还在全校的大会上表彰了他,并给他颁发了学习模范的奖状。朱遂彭教授还谈到同在下铺街小学读书的哥哥朱遂华代表学校参加全县演讲比赛的事情,讲到朱校长如何让他到自己家里亲自辅导他演练,教他如何在演讲过程中从容应变并帮他治嗓子和给他买新校服等经历,后来他哥哥也很争气,在演讲比赛中获了奖,为学校赢得了荣誉。他将这归结为朱庆云先生特别崇尚爱的教育,她不仅关心学生的学习成绩,更关爱他们的身心健康,特别关爱家境贫苦的学生。他在文章中深情地写道:"七十多年过去了,她的言传身教,我仍记忆犹新!我庆幸在我启蒙教育中遇到了好师长!"

母亲的言传身教也深深地影响着黄琳,后来他也成为一名教师,在如何对待自己的学生、如何教书育人等方面,母亲的影响可以说伴随了他的一生。父母都从事教育工作,他们和那个时期特有的知识分子一样寄希望于教育救国和科学救国,黄琳在这样的家庭中长大,自然也深受这些思想的影响。

日寇入侵　　多难培植爱国情怀

黄琳一周岁时患上了肺炎,奄奄一息。当时中国还没有青霉素,肺炎一直被视为致命的疾病。母亲后来告诉他,当时认为他已无法救治而被放在地上用草席卷起准备送走,这时教会医院的一位美国医生梅肖(Mewshaw)给打了一针药,竟奇迹般的好转了。但又告诉其父母:"这孩子现在是活了,但并没有根治,只是用药压制了细菌的繁殖,将来可能还会发作。"[①]

---

① 黄瑶:对黄琳的童年和少年时代的片段回忆。见:黄琳先生八十华诞文集编委会编,《唯真求实　矢志创新——黄琳先生八十华诞文集》。北京:北京大学出版社,2015年,第3页。

1937年发生八一三事变，上海战事打响。12月8日，与扬州一江之隔的镇江发生了大屠杀惨案。年末，父母亲带领全家以及一个十岁大的表姐踏上了逃难的路程。他们先后去了扬州东乡的朱家套、大桥镇，泰州的溱潼、罗村、上海租界、泰兴农村等地。避难期间一般都寄宿在百姓家里，经常要半夜起来躲避日军扫荡[①]。哥哥黄瑶曾回忆说："当时，黄琳刚两周岁。那时，没有任何现代的交通工具，走陆路主要是步行和租用独轮手推车，轮子是木头的，包以铁皮，走起来发出吱吱溜溜的声音。记得父母和表姐是步行。黄琳和我以及行李放在独轮车上。走水路就是乘坐用竹篙撑行的木船。"[②]

1938年春天，全家来到扬州东乡（今属江都县）的朱家套。哥哥黄瑶曾回忆道："我们住在朝东的一排房子内，房后是一条由北向南流的小河。房前是一片菜地，菜地东面是房东家的院落。我们在这里住到菜花黄和桑葚熟的时候。黑色的桑葚一落满地。我们就拣了吃。我看不见自己的脸，只看到黄琳吃得满腮帮子都是黑糊糊的。母亲就说是飞来了花蝴蝶。第二站是大桥，在扬州的东南面。当时父亲在大桥镇白沙补习学校教数学。"1938年8月，黄应韶应校长顾仁铸之约，到东台县溱潼镇的江苏省立第一临时中学教数学，全家又从大桥经过泰州到达溱潼，住在镇子里大街南面一条巷子里韩姓的家里[③][④]。

当时溱潼抗日气氛很浓。《工农兵学商》《大刀进行曲》《我的家，就住在松花江上》《走遍了白山黑水》这些抗日歌曲，黄琳虽然不完全明白其意思，但听多了也能跟着哼几句。广场上还举行晚会，演抗日的戏曲，也演京剧，黄琳就是在那个时候知道了萧何月下追韩信的故事。1941年年初，日寇又将"清乡""扫荡"的矛头深入到溱潼，第一临时中学停课。

[①] 黄瑶，黄琳：回忆我们家在抗战中的一些经历。见：黄瑶、黄琳编，《黄应韶先生110周年诞辰纪念集》。2013年，第27页，内部资料。资料存于采集工程数据库。

[②] 黄瑶：对黄琳的童年和少年时代的片段回忆。见：黄琳先生八十华诞文集编委会编，《唯真求实 矢志创新——黄琳先生八十华诞文集》。北京：北京大学出版社，2015年，第3页。

[③] 黄应韶传略。见：黄瑶、黄琳编，《黄应韶先生110周年诞辰纪念集》。2013年，第6页，内部资料。存地同①。

[④] 杨宜年：缅怀恩师黄应韶百十周年诞辰。见：黄瑶、黄琳编，《黄应韶先生110周年诞辰纪念集》，2013年，第35页，内部资料。存地同①。

为保证高三的同学能够合格毕业,学校带了高三班的学生到溱潼东面的罗村(今溱东)继续上课。全家也随之迁移到罗村。这一带是里下河水网地区,交通工具主要是船。此时,在溱潼已经驻扎了日伪军。他们经常出来"清乡"。躲避日伪军"清乡",当时人们称之为"逃难"就成为日常生活中经常发生的事情了①。黄琳在回忆录《我的童年》里描写道:

> 有时,黑夜被叫起来,稀里糊涂地上了船便走。两岸是模模糊糊的一片,树、芦苇,高高低低。夜空中一片寂静,只能听到下篙子和摇橹的声音,还有远处不时传来的枪声和狗叫声。我们不敢出声,无名的恐惧笼罩在心头,一直到了长大以后梦里还出现过这情景。逃难时常居无定所,有时也只能在寺庙里暂时栖身。在船上、在村里,虱子、跳蚤经常陪伴着我们,走路时腿上被蚂蟥叮上,也是常事。②

1941年夏天,第一临时中学停课,全家回到扬州。从泰州到达仙女庙(今江都县城)走的是水路,在仙女庙登岸,码头上乱哄哄的,上岸后发现黄琳不见了。幸好哥哥发现他还在原来那条船的甲板上,正在嚎啕大哭。在扬州过了夏天,父母又带两个孩子过江,在镇江乘火车到上海当时尚未被日军占领的租界,希望能让孩子过几天没有战火的日子,并能上学。黄应韶在上海任镇江师范沪校教导主任,同时还在上海的扬州中学兼课,母亲在镇江师范附属小学教书,黄琳和哥哥由母亲带着在镇江师范附小读书③。当时全家租住在爱文义路(今北京路)和成都路口的一个弄堂里的亭子间里。房间不超过6平方米,放一张大床就没有多少地方了。一张折叠的行军床白天放在楼梯口,晚上拿进来,关上门再打开,便是父亲的床。没有厨房,就用一种可以打气助燃的煤油炉子做饭。那时,上海租界和被日军占据的沦陷区之间的马路已被铁丝网隔断。铁丝网中间开了

---

① 黄瑶:对黄琳的童年和少年时代的片段回忆。见:黄琳先生八十华诞文集编委会编,《唯真求实 矢志创新——黄琳先生八十华诞文集》。北京:北京大学出版社,2015年,第4页。
② 黄琳:我的童年。2017年,未刊稿。资料存于采集工程数据库。
③ 黄瑶:对黄琳的童年和少年时代的片段回忆。见:黄琳先生八十华诞文集编委会编,《唯真求实 矢志创新——黄琳先生八十华诞文集》。北京:北京大学出版社,2015年,第5页。

个口子，行人可以通过，但要经过日军的岗哨。日军哨兵的步枪都上了刺刀，旁边蹲着伸着舌头的狼狗。每当黄琳过哨卡时，他都感到非常地恐惧和压抑[1]。

1941年12月7日，珍珠港事件爆发，日寇随即进入上海租界。黄琳一家在上海也待不下去了。父亲又带着全家乘轮船，绕过崇明岛，经南通到泰兴，到位于宣家堡以西的樊家堡（今樊堡村）的江苏省第一临时师范教书，住在樊家堡南面大约一里地的封家集（今封集村）一户农民家里[2]。

泰兴在苏北是比较富裕的地区，农产品丰富，物价也不高。父亲有薪水，因而日子过得还可以。由于父亲工作不是太忙，有时还能领着弟兄俩到村边树林一带去散步，给他们讲一些故事和知识。在泰兴这段时间，哥俩也不上学，妈妈在给别的孩子补习功课时，他们也很安静地坐在一边听。这样的生活没过多久，黄琳突然咳血，患上支气管扩张的毛病，大家估计和一岁时得的那场重症肺炎没有好利索而落下的病根有关。在当时的条件下，没有条件治疗。父母对此一筹莫展，只能尽量给他加一点营养。想办法从上海弄来了一些清鱼肝油，每天给他吃一汤匙。黄琳还记得这种鱼肝油很腥，很难吃[3]。

1942年夏天，全家结束了在农村的逃难生活回到了被日寇占领的扬州。是年秋，父亲只身回到已在罗村复课的第一临时中学，考虑到黄琳的身体，还有对孩子的教育，母亲就带哥俩留在了扬州。黄琳和哥哥进入设在北柳巷的城中小学读书。由于几年来颠沛流离，黄瑶读五年级成绩不佳，而黄琳身体不好，于是他们读了半年后就在家自修[4]。由于生活在沦陷区，父母嘱咐他们，别人如果问起父亲在哪里做事，就回答在外地做生意，在什么地方就说不知道。父母还因此改了名字，直至抗日胜利后才恢复使用原来的姓名。

---

[1] 黄瑶：对黄琳的童年和少年时代的片段回忆。见：黄琳先生八十华诞文集编委会编，《唯真求实 矢志创新——黄琳先生八十华诞文集》。北京：北京大学出版社，2015年，第5页。

[2] 同[1]。

[3] 同[1]。

[4] 黄琳：我的童年。2017年，未刊稿。资料存于采集工程数据库。

当时沦陷区的人民，从大人到小孩，除个别汉奸，都害怕和仇恨日本鬼子，而我们尤其如此。那时我们敬仰的人物是岳飞、文天祥、史可法和苏武。"苏武，留胡节不辱"是母亲常常哼唱的歌，我们也都会唱。父母教育我要有骨气，做一个正直的人，一定不能做不道德的事情。[①]

日本的入侵和暴行给中国人民带来苦难、动荡和屈辱，这让黄琳从小就有了家国的概念和情怀，懂得了要爱自己的国家，盼望自己的国家能够强盛起来。

1943年夏天，黄瑶、黄琳入毓贤街城西小学，分别重新读五年级和三年级。此时全家的生活完全依靠父亲临时教书的微薄薪水度日。平常吃得十分简单，早晚都吃稀的，中午吃的是青菜和米混煮的菜饭，个别情况也会断顿。黄琳记得有一次中午没有饭吃，就用一把煮后晾干的豆子充饥。每当下午放学总是他最饿的时候。有一次他看见桌子上有零钱，就拿了买了个盐冈粿吃，刚买好就被哥哥撞见，回来后就告诉了妈妈，妈妈没有责骂他，而是同他讲："我们家没有钱，苦日子大家一起过，有吃的大家分，不能光想自己，要钱用一定要同家里讲，不能自己拿。"从此以后他就懂得了什么是"有福同享，有难同当"。以后每当外婆带吃的来给他，他总要等哥哥回来才一起享用。他们很少买新布做衣服，穿的都是用家里或外婆家的旧衣服改的。有一次学校要求穿黑色的制服，家里没有钱买。母亲看到他们穿的旧学生装是灰色的，但样式和学校要求的制服差不多，于是就用石榴皮染成黑色充当制服。那一年冬天，黄琳旧的棉袄因太小穿不了了，外婆就找了件女式的棉袄改了一下让他穿在里面。早晨上操不能穿着长衫，这让他很为难，但也没办法，还是要脱掉外面的长衫，结果遭致周围同学的哄笑和嘲弄。他强行忍耐挨到放学，回到家哭着对妈妈说，宁可冻死再也不穿这衣服了[②]。

到黄琳升四年级时，学费交不出来。城西小学的校长是母亲以前的熟人，母亲就去找她，请求能缓交学费，但那位校长却讽刺母亲"清高"，

---

① 黄琳：我的童年。2017年，未刊稿。资料存于采集工程数据库。
② 同①。

潜心控制的拓荒人　黄琳传

图 1-3　小学六年级的黄琳

不与日本人合作。她说："如果出来做事，还愁交不上学费！"并坚持不允许缓交学费。母亲回来后十分气愤。兄弟俩被迫转学到离家较远的城北小学上学，但这始终未能改变他们不与日伪合作的坚定立场[1]。父母为人处事的方式，坚定的爱国主义情操，以及抗战期间的艰苦生活都深刻地影响了黄琳，培养了他吃苦耐劳、不畏艰难、宁折不弯、正直善良、爱憎分明的性格特点。

1944 年秋，日军在中国的势头已经严重受挫，黄琳在城北小学上学已经能感受到这一点，常跟在班上的大孩子后面公然对着日军翻译的孩子叫他们"小鬼子"，不怕他们，也参与和他们打架，最有趣的是一伙孩子放学后一起从学校后面跑出去玩打鬼子的游戏。在城北的一年虽然家境依然拮据，但黄琳已能同班上的孩子玩在一起，身体似乎也好了一些。从 1945 年夏天开始，日军已没什么力量，美国飞机常飞临扬州上空，主要是散传单，后来也给美侨空投物资，日军也未进行反制与射击，这一切表明战争快结束了[2]。

1945 年 8 月 15 日，抗日战争胜利，母亲由于生活在沦陷区但拒绝为日伪工作，名字上了扬州的忠贞榜，随后被任命为下铺街小学校长。黄琳随母亲转至下铺街小学读五年级，父亲也随江苏省立第一临时中学回迁扬州。全家生活得到了彻底改善，这些完全改变了黄琳一直担心害怕压抑的心态[3]。

在下铺街小学上学是很愉快的，黄琳可以尽兴地玩，有时候也学着做点东西。当时的电灯泡很容易断丝，他就把断了丝的坏灯泡拿来，把接头处的火漆弄掉，这样接头铜皮里面就空了，然后十分小心地把里面的灯丝与丝柱弄下来，再倒出去就做成了一个灯泡型的瓶子，拴上绳子灌上水，再放两条小鱼。由于灯泡放进水有凸透镜的效果，里面的小鱼在游动，不

---

[1] 回忆我们家在抗战中的一些经历。见：黄瑶、黄琳编，《黄应韶先生 110 周年诞辰纪念集》。2013 年，第 31 页，内部资料。资料存于采集工程数据库。

[2] 黄琳：我的童年。2017 年，未刊稿。存地同[1]。

[3] 黄瑶：对黄琳的童年和少年时代的片段回忆。见：黄琳先生八十华诞文集编委会编，《唯真求实　矢志创新——黄琳先生八十华诞文集》。北京：北京大学出版社，2015 年，第 3 页。

断地变形很好玩，提在手上很有一点小小的成就感[①]。

　　下铺街小学校舍又旧又小，为了适应当时的需要进行改建，可能也是为了让孩子们有一点主人翁思想，学校组织了义务劳动——搬运砖头。黄琳也兴致勃勃地参加了，干得很兴奋，可一回到家就咳起血来。在这种情况下，上学也只能是三天打鱼两天晒网，时常因不能上学而一个人待在家里阅读母亲弄来的大量寓言和童话故事，有格林、安徒生、伊索、托尔斯泰和其他作家的，如《王子与公主》《小矮人》《小红帽》《丑小鸭》《灰姑娘》《忠实的狗和奸诈的猫》《山洞与森林》和《小木屋和神秘的宫殿》等。故事里宣扬的善良与正直给他留下了深刻的印象[②]。

　　1946年年初，黄应韶随第一临时中学校长顾仁铸到南通去接收南通中学，任教务主任。当时正是解放战争前夕，革命与反革命斗争在南通十分尖锐。南通中学内部特务学生的活动也非常猖獗，环境恶劣，人人自危。学期一结束，黄应韶和校长及同去的同事便辞职了。黄应韶回到扬州，扬州中学校长朱宗英聘请他去教书，同时，他还兼私立慕究里中学和同仁中学的课[③]。

　　此时，全家搬到了堂子巷的秦家，这里离下铺街小学很近，离扬州中学也不远。这一家房子很好也很大，在巷子北侧有一朝南的门，进门有较长的过道，走完过道才是真正的门。门前还有一个大的空地，门的对面有照壁，门的两边有不大的门房可以住人，里面有三排各两进的房子，正对门有前后两进出租给他人居住，黄琳一家住在最里排的前进，一共三间，后进秦家自己住，中间一排前面是一间很大的书房，书房的后面是秦家供奉祖先的祠堂。在这三排房子的前面也就是进门过道的西边是一个不小的花园，里面有竹林、鱼池和一个堆出来的不高的假山，山上还依势盖了一间房子，可以在里面看书与休息[④]。

　　由于身体不好，黄琳潜意识里一直认为自己活不长。一次他正在看童话书，母亲坐在旁边关切地望着他，他突然问道："妈妈，我是不是快要死

[①] 黄琳：我的童年。2017年，未刊稿。资料存于采集工程数据库。

[②] 同①。

[③] 黄应韶传略。见：黄瑶、黄琳编，《黄应韶先生110周年诞辰纪念集》。2013年，第7页，内部资料。资料存于采集工程数据库。

[④] 同①。

了?"母亲听后泪流不止。这让他明白了无论如何不能再说类似的话。当时的医生嘱咐他,像他这样有肺病的人要多晒太阳,于是在秦家的花园里,黄琳常常弯着腰坐在凳子上,头用衣服蒙着,把后背对着有些灼热的太阳,一坐就近半小时,陪着他的是趴在树荫的一只黑黑的大狼狗。那只大狗是房东家看家的,黄琳爱叫它黑子,它是黄琳住在堂子巷时忠实的好伙伴[①]。

当时的扬州已经有医院可以进行 X 光透视了,经过检查认定黄琳得的是浸润型肺门结核。那个时候肺结核又简称肺痨,背后常被人称作"痨病鬼子",社会上也是"谈痨色变",当时了解病情的长辈们对黄琳还能活几年都产生过怀疑。在这种情况下,家里不得不寻求各种偏方。黄应韶托朋友帮忙,弄到一块大海鱼的鳔,那鳔壁竟有几厘米厚,说这东西是胶质的,对于愈合伤口有奇效。为了做给黄琳吃,父亲把它拿到外面加工,用刨子将其刨成刨花一样,只不过比刨花小一些。父亲高高兴兴地拿回来装了一坛子,每天抓一小把用水泡上在饭锅上蒸,这东西比较腥,但为了治病黄琳也只好吃。另外,按外婆的指示还得吃用豆油蒸的鸡蛋,据说对肺痨有奇效。经这么一折腾,再加上待在家里不敢出去玩,咳血竟止住了。虽然可以上学了,但一有伤风咳嗽、头疼脑热的就要待在家里,上学就这样时断时续的,一直到小学毕业。由于他身体不好,父母对其学习也没有苛刻的要求[②]。

1947 年的夏天,黄琳小学毕业,报考扬州中学,考了个备取,但名次很靠前。对于这件事,父母亲还比较宽容,可外婆却拿他与住在秦家前面的尤启敏做比较,讲人家如何用功,不像他那样贪玩。尤启敏后来改名为尤瑞麟,他初中和高中一直与黄琳同班,后来又一起考上北京大学,从小时候学习上的"克星"变成了终生的好友[③]。尤瑞麟在一篇文章中这样回忆道:"中学阶段,他的健康状况不佳,支气管扩张越来越重,了解病情的长辈们对黄琳还能活几年都产生过怀疑。但黄琳本人并没有悲观失望,他在日常生活中总是乐呵呵的。"[④]

[①] 黄琳:我的童年。2017 年,未刊稿。资料存于采集工程数据库。
[②] 同①。
[③] 同①。
[④] 尤瑞麟:回忆黄琳往事。见:黄琳先生八十华诞文集编委会编,《唯真求实 矢志创新——黄琳先生八十华诞文集》。北京:北京大学出版社,2015 年,第 7 页。

树人堂下　青年觉醒立志成才

1947 年 8 月，黄琳进入扬州中学读初中[①]。扬州中学是江苏名校，历史悠久，抗战前曾是一所综合性的中等学校，虽然设立初中部和高中部，但和现在的中学有一定的区别。那时候，曾设有工科、土木工程科、机电科等专业，还与同济大学合办了德文班，毕业后直升同济。扬州中学在抗战前，特别是数理化，很多教材使用的都是国外的。

扬州中学（以下简称扬中）师资力量很强。无论是数学老师还是语文老师素质都相当高。黄琳记得当时的一位语文老师对诗词很精通，上课的时候会告诉大家诗词不在于简单的对仗与工整这些要素，而是要有灵气。黄琳曾回忆道：

> 扬中老师是真的好。我们的语文老师，会把学生中写得好的作文拿到课堂上分析文章好在哪里，告诉我们要写得好，一定要写自己的感受。他会用毛笔在作文题目上方画圈，画几个圈，就说明文章有多好。
>
> 我们的数学老师，用的并不是一般中学教材，那时交代数课的老师是徐定一，用的教材是《范氏大代数》。老师上课基本不看讲稿，一边写板书一边教我们跟着他的思路走，讲完课黑板上一处错都没有。[②]

那时不少老师除了教学认真，对学生生活也很关心。扬中有些非常好的体育老师与音乐老师，这个可以追溯到抗战前。著名的音乐理论家吕骥也曾是扬州中学的老师。黄琳在扬中读书的时候，有两位很厉害的音乐家来扬中担任音乐老师。一位叫黎英海，他写的一首歌曲《五千年的古树开

[①]《江苏省立扬州中学初中部学籍卡片》，1947 年 8 月。存于扬州中学档案室。
[②] 黄琳访谈，2017 年 11 月 17 日，北京。资料存于采集工程数据库。

《了花》旋律非常好听,他后来曾担任著名乐团的指挥,还当过中国音乐学院的副院长。还有一位姓史的老师,他在音乐课上会讲一些乐理,例如简单的和声,有时出个作业,让大家回家后写个小曲子,下一次课上他就挑出作得好的曲子,在课上讲解。黄琳曾回忆说:"我对扬中的印象都是老师,我们很尊敬他们,是他们教会了我们如何学习和怎样做人。"[1]

在课上黄琳并不总是认真听讲,如果老师讲不出什么新奇的内容,他就拿出纸张玩自己感兴趣的数字游戏。他先在纸上写一串数,然后自己设计一个在这串数上的变化与计算过程,做下来有时会收到意想不到的结果,例如会出现新的一串数,但在数字排列上出现了一些规律,甚至有对称反对称的特征,这常使他感到很新奇好玩[2]。

图 1-4　20 世纪 50 年代初的扬州中学

黄琳刚进扬州中学时身材瘦小,排队几乎都是站在最前面。一段时间内没有闹病加上学习也不吃力,父母工作都忙也不太管他,这样就给了他足够的空间可以尽情地玩。在课余时间及暑假,游泳、捉蟋蟀与金铃子、找野菱及捞鱼捞虾成了黄琳和小伙伴们主要的活动。他们到杂草丛生的地方捉蟋蟀和金铃子,常常弄得满身是泥土,之后用芦苇秆做一个盛蟋蟀的管子。金铃子一身金黄,个头很小,鸣声清脆,如同铃声。它一般在竹子上生活,很少落地,比较爱干净。抓金铃子的工具是用玻璃煤油灯罩制成的,这东西两头开口,一大一小,中间凸起成桶状,高近二十厘米。先将灯罩的小头用纱

图 1-5　初中时的黄琳

---

[1] 邵伟,居小春:黄琳:最难忘扬中老师.《扬州晚报》(数字报),2012 年 10 月 21 日。
[2] 黄琳:以淘为主.2017 年,未刊稿。资料存于采集工程数据库。

布或纸蒙住，然后用针在纸上扎很多孔眼使其透气，然后按灯罩大小用纸做一圆锥形糊好，剪去其尖使圆锥顶端呈一小洞，然后将此锥放置于灯罩的大头内，沿边封好并固定，这工具就算做成了。听到有金铃子的叫声，轻手轻脚慢慢地把灯罩扣上去，金铃子被扣其中一片昏暗，只有锥顶小洞是亮的，于是它就从此洞进入灯罩，再也不会爬出来了。养金铃子常做一扁的圆柱形的盒子，上部用玻璃，下底开一个孔以便喂食和清除垃圾。在夏末秋初时节，黄琳常常带上一本小说，坐在竹林里，一边看书一边聆听金铃子的鸣声，很是享受[1]。

扬州中学在扬州城的西边，城墙就是学校的西院墙。城墙的截面是一个梯形，顶上宽不足两米，底宽五米左右，墙高约六米，中间是土夯实的，墙内外两斜边均用城砖砌成，由于底宽顶窄，在砌墙时下面的城砖总比其上的城砖凸出近三厘米，使表面呈很陡的台阶形，每个台阶宽不足三厘米而高在十厘米以上，就这样一个十分陡险而且充满破缺的台阶就成了黄琳和小伙伴们爬上墙顶进而翻到城外去的道路。为了爬上城墙，他们像壁虎一样贴在墙面上，利用城砖凸出的三厘米的窄面小心翼翼地往上爬，一般都能爬上去，但下来常不顺利，会半途滑下以致弄伤四肢甚至肚皮。从城墙往城外望去，农家、树林、农田一览无余。河边抽水的水车，远处渔夫撒下的圆网尽收眼底。城墙上除他们几个孩子外没有别人，他们在上面边玩边跑，有时还学一下守城的大兵，自封连长团长，玩得不亦乐乎。扬中的大礼堂名叫树人堂，门口有两棵很大的冬青树，南边的一棵大一些，它离地面不足一米就分成三个杈，每个直径都在十五厘米以上，然后每个枝子又分几个杈，他们几个初中生经常坐在这棵树上聊天吹牛，蒙上眼睛在树上捉迷藏[2]。

1948年秋天，新中国成立前夕，国民党统治面临土崩瓦解，他们有意挟持一批知识分子过长江，黄琳一家也要做出抉择。一天晚饭后，父亲很严肃地同黄琳哥俩谈起这件事，是留在扬州还是到江南，征求他们弟兄俩的意见。由于他们早就接触到像《中学生》这样一些进步刊物，在这些刊物上宣

---

[1] 黄琳：以淘为主。2017年，未刊稿。资料存于采集工程数据库。

[2] 同[1]。

传苏联和东欧比较多，偶尔也会介绍解放区，加之国民党政权的腐败和法币贬值，短命的金圆券造成的危机，这些因素加在一起，全家一致表示不跟国民党过江，留在扬州等着解放[①][②]。就是否随国民党南迁一事，扬中的教职员工也有不同意见，黄应韶和绝大部分教职员工反对南迁。大家申明将继续维持学校，绝不使教学中断。最后南迁的师生不足十分之一。黄应韶和留在扬州的大多数教职员继续坚持上课，直到1949年1月上旬[③]。

1949年1月25日，扬州解放。父亲黄应韶被有关领导指定为扬州中学复课委员会主任。1949年3月21日，苏皖边区二专署以民干字第344号委令任命黄应韶为扬州中学校长，直至1954年[④]。

扬州解放，解放军入驻，也带来了文工团。大秧歌、腰鼓、飘扬的彩绸与红旗所产生的宏大而热烈的场面，使黄琳的心灵受到很大震撼。到处是歌声，歌声里充满了对战争胜利的歌颂和对解放区的赞美。以前偷偷学会唱的"山那边呀好地方，一片稻田黄又黄，你要吃饭得做工呀，没人为你做牛羊，大鲤鱼呀满池塘，织青布做衣裳，年年不会闹饥荒"，现在不仅可以大声地公开地唱，而且第一句也不再含蓄，改成了"解放区呀好地方"。文工团使黄琳很向往，就在此时他们到扬州中学招人，包括黄琳在内的几个同学很想去，可同家中一说即遭到坚决反对，只好作罢。从父母的谈话中感觉到，他们希望黄琳将来从事工程或科学方面的工作。在黄琳这些小伙伴中只有王元麟进了苏北文工团，实现了自己的愿望[⑤]。

1949年8月，黄琳加入了中国少年儿童队。由于南方的战事还在继续，解放区的经济还存在相当大的困难。少年儿童队有各种宣传任务，既有上街宣传战事取得胜利的，也有入户宣传动员募捐的。上街宣传时黄琳常被指派演活报剧，由于宣传的需要，他很快就学会了踩高跷，在高跷桩子不

---

① 段志生、王金枝、杨莹：黄琳传略。见：钱伟长总编，《20世纪中国知名科学家学术成就概览·信息科学与技术卷·第二分册》。北京：科学出版社，2014年，第408页。
② 黄琳：成长与转变。2017年，未刊稿。资料存于采集工程数据库。
③ 黄应韶传略。见：黄瑶、黄琳编，《黄应韶先生110周年诞辰纪念集》。2013年，第9页，内部资料。存地同②。
④ 朱庆云小传。见：黄瑶、黄琳编，《黄应韶先生110周年诞辰纪念集》。2013年，第10页，内部资料。存地同②。
⑤ 同②。

高的情况下，他既可以自如地坐地休息，也可以由坐地自主地爬起来。在这些街头演出中，因他个头小，头上就常蒙一块兰花布，演一个老太太或者村姑。

黄琳的同学、后曾任武汉科技大学校长的任德麟这样回忆道：

> 初中二年级下学期起，我和黄琳同在一个班，而且在同一个学习小组。班主任老师指定黄琳担任组长。现在回过头来看，当年的黄琳是这样一个学生，不死读书然而成绩极其优异，调皮但不出格，思维活跃，在同学中有号召力。班主任指定他担任组长，既有发挥其长处带领同学好好学习的意图，也有给他套上"龙头"以此约束他的用意。黄琳没有辜负老师和同学们的期待，在他的带领下，小组的同学学习成绩提高很快，同时能积极参加各种社团活动。到初中毕业时，我们这个小组的同学全部考入本校的高中部。①

1950年8月，黄琳以很不错的成绩考上了扬州中学高中部②。同年11月，他参加了中国新民主主义青年团（即今共青团）。

1950年10月19日，中国人民志愿军入朝参战。与此同时，举国上下兴起了轰轰烈烈的抗美援朝运动。为了响应"抗美援朝，保家卫国"的号

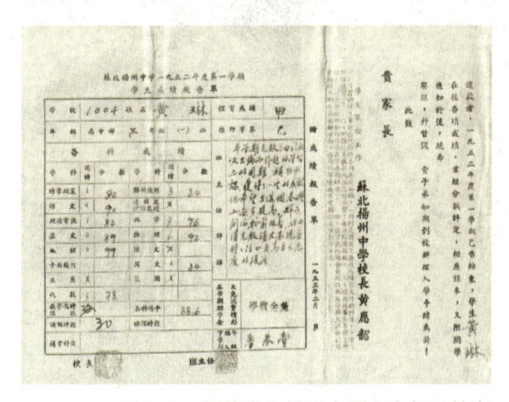

图 1-6　江苏省立扬州中学高中部学籍卡　　图 1-7　高中时的黄琳

---

① 任德麟：回忆与印象——记中学时代黄琳几个片段。见：黄琳先生八十华诞文集编委会编，《唯真求实　矢志创新——黄琳先生八十华诞文集》。北京：北京大学出版社，2015年，第8页。
② 《扬州中学1950学年第一学期高中部学生名册上册》，1950年。存于扬州中学档案室。

第一章　童年多难　花季成才

召，扬州中学校园内掀起了报名"参干"（参加解放军干部学校）的热潮。当年12月11日周会上，黄应韶校长做了"参干"的动员报告。会议将结束时，黄校长向大家通报，他的两个儿子黄瑶、黄琳都将报名"参干"。当时扬州中学有400多名青年教师和学子报名参干，最后有160人经批准参加陆、海、空军和公安部队的干部学校①。

图1-8 1950年冬哥哥黄瑶参军前全家合影（后排右一为黄琳）

据说黄瑶和黄琳都已被接兵单位录取。负责同接兵单位联系的杨遂久同志向市委书记汇报了这一情况，经研究，决定走一个，留一个。经讨论一致主张送老大黄瑶参干，黄琳继续读书②。1951年3月，黄应韶因在抗美援朝运动中积极支持学生参干，并带头送子参军获得表彰③。

图1-9 父亲黄应韶1951年在抗美援朝运动中获奖奖状

图1-10 父亲黄应韶参加赴朝慰问团

---

① 李友仁：抗美援朝时的扬州中学．《扬州晚报》（数字报），2012年5月2日．
② 黄瑶：对黄琳的童年和少年时代的片段回忆．见：黄琳先生八十华诞文集编委会编，《唯真求实 矢志创新——黄琳先生八十华诞文集》．北京：北京大学出版社，2015年，第6页．
③ 1951年3月黄应韶因支持学生参军参干获颁的奖状．资料存于采集工程数据库．

1951年1月，中央决定组建中国人民赴朝慰问团。扬州中学校长黄应韶由中国人民抗美援朝总会苏北分会选派，成为第一届慰问团210位代表中的一员。4月8日至5月下旬，黄应韶随慰问团在朝鲜前线开展慰问活动，他带去了扬州中学学子写的1000多封给志愿军官兵的慰问信。黄应韶5月底回国，带回了志愿军战士的回信。在扬州中学举行的欢迎大会上，黄应韶做了题为《我们就是这样战胜敌人的》的报告，并刊登在学校校刊《扬中半月》上[1]。同年8月母亲朱庆云被评为扬州市劳动模范[2]。

图1-11　母亲朱庆云1951年获劳模奖状　　　图1-12　黄琳1951年演讲比赛奖状

抗美援朝运动极大地激发了年轻学子的爱国热情。黄琳和同年级的朱延义、王可猷、江执中、严高翔、范成祚、成新生、蒋宜良、戴宏祥和尤瑞麟等同学组成小分队，到当时的辕门桥（今国庆路）等地开展演讲、演出活报剧、演唱革命歌曲等活动，宣传抗美援朝的意义[3]。黄琳还受团市委的委派，到南货业店员工会去教唱爱国歌曲，每周去两个晚上，他感到非常自豪、高兴，因为觉得是在为国家做事[4]。

在师资条件非常好的扬中学习是很幸福的。作业上没什么压力，但是有两件事情，黄琳是一直坚持做的：一是早晨围着操场边念英文，到大学

---

[1] 黄瑶：对黄琳的童年和少年时代的片段回忆。见：黄琳先生八十华诞文集编委会编，《唯真求实　矢志创新——黄琳先生八十华诞文集》。北京：北京大学出版社，2015年，第6页。
[2] 1951年8月扬州市劳动模范评选委员会颁发给朱庆云的劳模奖状。资料存于采集工程数据库。
[3] 李友仁：抗美援朝时的扬州中学。《扬州晚报》（数字报），2012年5月2日。
[4] 黄琳：院士童年也淘气。见：《树人堂下》编委会编，《树人堂下》。北京：经济导报社，2007年，第202页。

没再学过英文，这为日后到国外合作打下了语言基础；二是家里有一本日本人长泽龟之助编的《几何学词典》，里面全是试题，黄琳当时身体不好每天要午睡，他就利用午睡前后的时间每天翻看一两个题目，其中一些著名的难题给他留下很深的印象。这些题目常常是叙述简单一看就懂，但做起来却很难，比如一个最典型的题目就是："证明一个三角形，若有两个分角线等长就一定是等腰三角形。"这样天长日久，培养了他对数学的兴趣，锻炼了解题能力[①]。

1951年春天，扬州中学成立了舞蹈队，黄琳因组织能力比较强，被选为舞蹈队的首任队长。当时舞蹈队不仅要承担在全校教跳集体舞的任务，还要学跳一些表演舞，并在校内外经常演出[②]。

舞蹈队的建立完全是从无到有白手起家。第一次表演的舞蹈有《鄂伦春舞》和《乌鲁木齐河边》。为了能学到更多的节目，团市委还特意帮助舞蹈队联系去镇江找一个小学老师学舞蹈，这是他们这些中学生第一次离家到外地，黄琳当时身体不算太好，在一次表演《鄂伦春舞》时由于呛了一下结果有点咳血，但想到要去镇江还是坚持了下来。到了镇江，接待他们的是位姓季的小学老师，长得很清秀。她要在下课后在操场上教他们，刚好第二天是周末，他们连着学了一天半。这次她教了他们几个慢节奏的很优美抒情的舞蹈，一个是《蒙古的希望》，一个是《新疆的康巴尔汉》，这同以前跳的《鄂伦春舞》和《乌鲁木齐河边》完全是两种风格。季老师带给黄琳一个新的视角，即慢节奏、舒缓所表现出的美更能体现宁静与深沉而令人回味无穷与经久难忘。季老师不仅教了他们几个舞蹈，而且在基本功训练方面也给了很多有益的指导，包括如何练功和改正了他们过去做得并不到位的一些动作，例如兰花形手指等。大家都觉得镇江一行收获颇多，很满意[③]。

高二整个一年舞蹈队有了很大发展，这几乎占去了黄琳全部业余时

---

① 黄琳：成长与转变。2017年，未刊稿。资料存于采集工程数据库。
② 朱传铳，朱琍媛，殷福华，等：黄琳和我们的扬中舞蹈队。见：黄琳先生八十华诞文集编委会编，《唯真求实 矢志创新——黄琳先生八十华诞文集》。北京：北京大学出版社，2015年，第9页。
③ 同①。

图1-13　黄琳（后排右一）高中毕业时舞蹈队部分队员合影

间。团市委提出要以他们为主办一个面向全市中学的舞蹈训练班。为了这件事，黄琳专门去新华书店买了一些苏联民间舞的书籍和吴晓邦写的《新舞蹈艺术概论》，对于前者可以照图学舞，而对后者就只能一知半解地看看，但书中关于舞蹈和原始图腾的关系给他留下了深刻的印象。另一个事件是团市委帮他们建立了和苏北军区文工团的联系。这一下他们高兴极了，在基本功训练方面得到了不少指导。在练功一段时间后他们也都能做劈叉，而且能做朝天蹬，即抬起一条腿，把脚放在头上面用手拿住。其实在舞台上并不需要这些动作，但自从练功以后他们的动作就好看多了。文工团还教了他们一些表演舞，有苏联的《马车夫舞》。这是需要一男三女来完成的一支十分欢快的舞蹈，男的穿着上白下红的衣服，腰间还系了一根带子，脸上留着很大而上翘的黑胡须，一副标准俄罗斯农庄老头的形象，三个女伴个子不高，一身雪白的衣服，互相挽着饰演三匹小马，左右二人合拿一个挂满铃铛的半圆道具当作马车。女的或做高抬腿以示奔跑，或站立做马踢蹄的动作，男的时而跃起时而下蹲，还不时抹抹胡子表现出很滑稽的样子。这个舞时长也就三分钟，但跳完后一定是满头大汗，气喘呀呀。有一次扬州市搞活动，让他们与文工团同台演出。那天原来演老头的仲明华身体不好，临时让黄琳顶了一场《马车夫舞》，这也是他唯一一次在正式场合跳这个舞，下来后队员们都笑他，说他脸上表情太紧张。那次演出有个演员的踢踏舞让黄琳很着魔，演出一结束黄琳就去找他，第二天应约去了苏北军区文工团，这位演员很热情地教了他几个基本动作[1]。

舞蹈队当时在扬州小有名气，由于演出多还有高人指点，有些队员从此就爱上了舞蹈。仲明华后来进了中央歌舞团，成为甘肃歌舞团的资深舞蹈家，曾出演过《丝路花语》中的男主角神笔张。另一个是许大有，他后来去了南京前线歌舞团，曾以男主角出演过《小刀会》，现在是一级演员并担任一个文化团体的艺术总监[2]。

1951年5月9日，黄琳加入了扬州市音乐协会[3]。9月28日，他被扬州市团市委任命为扬州中学初中部少年儿童队的辅导员[4]。

黄琳十分喜欢各种体育活动，体操、田径都是他热爱的项目。在校运动会中他还得过奖牌。当时教体育课的刘老师是全国知名的"杠王"吴玉昆教授的高足。在黄琳等几个体育爱好者的请求下，刘老师偶尔会做几次示范动作。那种难度极高的优美动作让黄琳他们大开眼界，刘老师也因此成为他们的偶像。一些有一定难度的动作成为大家努力的目标，其中黄琳

图1-14　1951年黄琳参加文联音乐协会证书　　图1-15　1951年黄琳任少年儿童队辅导员的聘书

[1]　黄琳：成长与转变。2017年，未刊稿。资料存于采集工程数据库。
[2]　扬州市文学艺术界联合会会员证。扬州市文学艺术界联合会，1951年5月9日。存地同[1]。
[3]　同[2]。
[4]　黄琳1951年的辅导员聘书。存地同[1]。

是最积极最刻苦的一个，每天课外活动时间，在单杠、双杠的旁边都可以看到他的身影。经过一段时间的努力，他率先学会了"蹬足起""徒手倒立"等高难度动作①。

高二这段时间黄琳参与的社会工作多一些，学习成绩还可以，成绩在班上不是最好但也在前四分之一以内。在即将进入高三时班上组织去宝塔湾游泳，黄琳和二十几位同学不幸患上了血吸虫病，高烧不退。学校只好开辟了两间大的房子收治他们，血防站派来了大夫和护士，这样黄琳就在病床上度过了近两个月不上课的日子。到了这年国庆节的时候他们被允许外出走动了，可以站在一边观看在扬州中学操场举行的国庆集会了，虽然身体还非常虚弱。国庆节后不久就回家住了，由于身体原因舞也不能跳了，社会工作没有了，时间也就多了起来，加之功课也落下了一些，又是高三，黄琳知道必须一心一意用功读书了。到了期末，他的平均成绩已接近九十分，父母亲因此很满意。到了高三下学期，他的学习成绩又产生了新的飞跃，大概在全年级名列前茅了。紧接着迎来了大学入学考试，黄琳认为题目并不难，做得比较顺利。他最终以第一志愿考进了北京大学数学力学系。那一年的录取名单还登在了《人民日报》上。②

图1-16 黄琳中学时获体育运动优秀奖章

---

① 任德麟：回忆与印象——记中学时代黄琳几个片段。见：黄琳先生八十华诞文集编委会编，《唯真求实 矢志创新——黄琳先生八十华诞文集》。北京：北京大学出版社，2015年，第8页。

② 黄琳：成长与转变。2017年，未刊稿。资料存于采集工程数据库。

第二章
风华正茂　才华出众

黄琳考入北京大学数学力学系，相继进行了本科和研究生阶段的学习。通过听钱学森先生讲授他的专著《工程控制论》以及跟苏联专家托洛依茨基学习控制科学方面的课程，黄琳基本掌握了控制这一门新兴学科分别以苏联和美国为代表的主要研究成果，从此开启了从事控制科学的研究之路。作为主要人员之一，他参与了由北大和一机部四局及中科院数学研究所有关人员组成的历时半年的研究小组，研究拟设计的喷气式飞机的安定性问题，这使他有了深入实际运用理论解决问题的机会以及提炼科学问题的能力，走在了理论和应用的第一线。在此基础上完成了他的第一篇学术论文《关于多维非线性系统衰减时间的估计问题》。

刻苦会学　铸就坚实学术基础 [①]

1953 年 10 月，黄琳考入北京大学数学力学系。在选择专业上，父亲

[①] 本节内容主要参见黄琳：病中上大学。2017 年，未刊稿。资料存于采集工程数据库。

希望他学物理，但他没有听从父亲的建议而是按照兴趣选择了学数学。在此前的体检报告中，他被戴上了一顶肺门结核的帽子，这使他北上京城就读北京大学是既兴奋又忐忑不安，实际上在他心里已做好可能因身体原因随时被遣返回家的思想准备。好在这样的事情并没有发生，他很顺利地通过了学校的体检。

他们几个考上北大的同学一起从镇江坐火车，历经三十多个小时到达天津，又从天津转车到了北京当时最大的火车站前门站。出了车站将行李交给北京大学迎新的接待人员，就坐公交车来到了设在北大西门的新生报到处。刚在西校门做了登记，就看到有一位长者来到他们面前，问他们吃过晚饭没有，得知他刚下火车就赶紧领他们到对面的小饭馆吃了晚饭。那位长者一直陪着他们，直到回到西门，然后关照两个同学分别领着他们去了宿舍。当时数学力学系与物理系的男生被分配住在第二体育馆的楼上，几百人一大间，从南到北可能有五六排，每排几十号人共用一个大通铺。当天他们都是随便找个空位，放下铺盖卷就睡了。后来他们才知道那天陪他们去小饭馆吃饭的人叫严任庚，当时已是教授，一位大学教授陪几个新生去馆子里吃晚饭，这给黄琳留下了很深很好的印象。

让黄琳高兴的是有一天接到哥哥的同学宋光弼的电话，约他在西四牌楼见面，然后一起去看哥哥黄瑶。黄瑶 1950 年冬天临近高中毕业时参干，当时去了位于张家口的一所军事工程学校，由于有点文艺特长先去了文工团学习吹黑管，不久前调到北京一个军队部门当文化教员，单位就在北海与景山那一带的平房里。这是自从黄瑶三年前离家参军后他们第一次见面，哥俩都很高兴，聊了很多家里和家乡的事情，一起去参观了北海公园和景山公园。

很快就上课了，当时北大上大课的教室就那么几个，除原燕京大学的几座楼外新盖的就是现在的第一教学楼、文史楼与地学楼，地方也还比较集中。一到下课马路上就都是摩肩接踵行色匆匆的人，大家斜背着书包和一个用来装吃饭家什的口袋。据说当时背着一个装着饭碗的口袋在北大几乎与北大校徽有同样的功效，学校的门卫看到拿着饭袋的一般就不看校徽了。入学时每个人都领到一个白色搪瓷碗，好像还是捷克造的，男生的大，足可装一千多毫升的水，女生的小一些。当时全是包伙的，吃饭不花钱。一个大饭厅既用来用餐也用来开大会。八个人在一张桌子旁围一圈，吃饭时只有桌子没有凳子。端上来的菜常放在一个大的搪瓷盆里，汤则装在一个大桶里，由自己去盛，饭和馒头各人按需自取。

当时数学力学系的主任是段学复先生。黄琳这届新生比历届学生之和还多，再加上一批重读一年级的学生，至少有250多人。全年级按高考成绩分了班，黄琳和大多数人一样被分在甲班里，甲班又按上习题课分成四个小班，乙班大概有三四十人，半年以后经过一学期的学习与考试又重新做了分班调整①。这年11月，黄琳因爬西山受风寒突发急性肾炎，住进了校医院，这一住就是一个多月。期间杨芙清和李琨两位学姐来医院看他，她们分别是北大舞蹈团的正副团长，是数学力学系和物理系的老生。黄琳与她们相识是刚刚进大学没多久的时候，当时黄琳被找去跳舞。其实早在扬州中学患上血吸虫病的时候黄琳就已经意识到两点：一是自己身体状况已不允许他再那样蹦蹦跳跳了，另一点则是他意识到自己并不具有这方面的天赋。在扬中时是工作需要让他克服这两方面的困难而坚持下来的。因为这次生病，他就彻底地与舞蹈告别了②。

黄琳出院后又回到了第二体育馆。回到班上以后主要的事就是补课，借同学的笔记抄，但实际并没真正弄懂。老师还刻意安排了学习好的同学来帮助他，但实效不大。出院后已经是隆冬季节，到处天寒地冻。一天，几个北京的同学相约去未名湖滑冰，黄琳也同他们一块去了。这是他第一次见识到真正的滑冰，觉得很新奇。在大家的鼓励下他穿上冰鞋试着上了冰，摔跤是免不了，由于摔得不重反而摔出了兴趣。后来他常在下午没课的时候跑到未名湖，租上冰鞋自己练习，很快他也能在冰面上自由滑行而不再跌跌撞撞。因为感兴趣，他三天两头地往未名湖跑，贪玩喜欢运动的天性让他一时忘掉了落下的功课是需要花功夫去补的，也忘了大病以后应该继续休养生息，避免做剧烈的运动。时间过得很快，一转眼就迎来了期末考试，考试采用笔试的形式。考试结果出来后黄琳感觉很不理想，数

---

① 黄琳访谈，2017年11月17日，北京。资料存于采集工程数据库。
② 同①。

学分析得了 5 分，解析几何与天文都是 4 分，而高等代数则得了个 3 分。成绩不理想对黄琳还是有很大的触动，这使他清醒地认识到在这里只有自己努力才是唯一正确的途径。

第一学期结束，按期末考试成绩重新分了班，有两个小班是学习成绩最好的，黄琳也被分到这样的班里，据他自己回忆除成绩还可以外，老师可能也考虑到他曾因住院耽误了一些功课。这种按成绩分班给大家的压力很大，当时同学中普遍存在的思想问题是："我是我们那个地方的状元，凭什么到了这儿竟会这样？连成绩好的那个班都进不了。"这类思想问题一直到三年级分专门化时才淡化了[①]。

经过一学期的适应，黄琳学习已经相当主动，还被任命为班长。当时的学习压力很大，大家都很努力，包括上课在内大部分同学花在学习上的时间每周都在六十学时以上，有些甚至高达七十多学时，一天学习十一个小时的也大有人在。晚自习大家都很喜欢去办公楼礼堂南边的大图书馆，就是现在校史馆东边的档案馆。那儿的条件特别好，每个人有一个圈椅，桌子很大，对坐两排八个人或是十个人共用，每个人面前有一个台灯，室内非常安静，几乎可以听到呼吸的声音。在这里看书累了出去走走，附近的环境比较好，西边是老物理楼和老化学楼，中间是树和草地，晚上看书累了出来往草地上一趟，看着天上闪烁的星星，不一会儿精神就来了。有时也去文史楼三楼的阅览室，这里的条件不如大图书馆，但有不少杂志可供浏览。每周也会去一两次第三阅览室，那是一个平房，原来是燕京大学的电机馆，那里有很多开架小说可看，也可借阅，第三阅览室就在现在地学楼与文史楼两楼的东边，紧挨着当时的校门。那时晚上在阅览室要找到座位不是太容易，一般吃完晚饭就要去排队，从大图书馆能排到北阁，在文史楼能从三楼顺楼梯排到一楼，排不上的就只能去开放的教室，那儿的条件就差多了。

第二学期的期末考试除俄语外全部实行口试的形式，四门口试：数学分析、解析几何、政治和普通物理，黄琳得的都是优。数学分析口试时，他按要求先写了个提纲，其中有一处关于函数相乘求导有一个严重的错误，陈杰老师看了对他讲："你把提纲拿回去仔细检查一下！"他坐下来很

[①] 黄琳访谈，2018 年 4 月 16 日，北京。资料存于采集工程数据库。

快就发现了这个错误并作了改正。口试完，陈老师语重心长地对他讲："不要以为自己学得好就可以乱写不严格的东西，这也反映了你还是不够扎实。"黄琳深深地记住了他的话。这一学期学校决定奖励成绩全优的学生，当时传出他的俄语笔试可能是良，他以为没希望了，想不到教学秘书通知他按规定可以进行重考，重考结果拿到了优，这样第二学期他就获得了全优的成绩。

大学第一年的暑假，共青团和学生会组织了在北京北部山区的一次军事野营活动，黄琳知道后很动心就报了名。军训安排在泰陵村，大家在一片空场子上搭起了帐篷。黄琳记得这个场子是在群山环抱之中，不远处有一条河流，河面也就五六米宽，河水在满是石头的河床上奔流而过，泛起白色的浪花，哗哗流水的声音也非常大。四周群山不仅高大而且不乏陡峭的山岩绝壁，顺着山谷望去，青山隐隐。黄琳长这么大从没见过这样的景致，用兴奋已不足以形容他当时的感觉，激动、暇想、陶醉、向往交织在一起，这成了他第一天的主旋律。

这一带从抗日战争时起就是平北根据地，山高林密，居民居住分布稀疏，山里人在近水的高处而居，这样既方便取水又不致为山洪所害。军训的一个内容就是请老乡讲述抗日与革命的故事，这里从打鬼子到解放战争前后十几年，那儿的碾子有谁帮着推过，那儿的山崖后面曾经藏过老乡，到处都有故事。老乡还把他们领到山崖上看"消息树"，那是长在山脊上一棵好远就能看到非常醒目的但并不大的一棵树，发现敌人进沟了就在树上挂上衣服，大家就可进山躲避。同学们都听得津津有味，在看"消息树"的同时他们还进行了一次山地行军的训练。在其中的羊肠小道中行军并想象当年的游击战，自然也充满乐趣与自豪。在野营快结束时还进行了一次实弹打靶，黄琳的成绩在周围的人中处于下游。军事野营持续不到一周，但却给他留下了终生难忘的印象。

进大学以后的政治课学习对于黄琳的世界观产生了很大影响。一年级开设了中国革命史；二年级是马列主义基础，实际上是苏联共产党的历史，用的教材是联共（布）党史简明教程；三年级是政治经济学，用的教材是列昂节夫写的《政治经济学》；四年级是马列主义哲学。前面两门课的学习帮助他学习了党的思想和建党的原则，也树立了基于信仰的世界观，随后学习的政治经济学与哲学，特别是前者因含有科学概念和相对科学的分析方法，在四门政治课中是最接近理科思维的，因而对他来说更有兴趣，并使他从科学层面坚信资本主义必然灭亡的道理。

经过一年的适应，黄琳学习已经相当主动了，再加上身体明显好转，从二年级开始各门专业课基本上做到了课堂上解决问题，课下就有余力干点别的事情以提高业务综合能力。在其回忆文章《病中上大学》中，黄琳对所学的部分专业基础课做了很详细的描述，主要内容如下。

数学分析是最重要的主课，由陈杰老师主讲。当时没有教材，全靠记笔记，后来图书馆才进了很多翻译自苏联的大学教材，供学生借阅，同时也能从新华书店买到了。一开始老师上课参照的是苏联斯米尔诺夫写的一套《高等数学》第一册，后来改用辛钦写的《数学分析简明教程》。由于是数学分析，自然理论性就比高等数学强多了，而"简明"两字主要指叙述简洁，不拖泥带水，这是莫斯科大学数学系上课用的，确实是一本写得很好的教材，但对部分同学来讲还是有一定的难度。一次黄琳在外文书店看到了《数学分析简明教程》的俄文原著，不太贵，就买了回来，这样他在复习时不仅有了教材而且也有意通过原版书来提高自己阅读俄文数学书的能力。当时还有一套菲赫金哥尔兹写的《微积分学教程》，一共三卷，每卷还分几个分册，已陆续有中译本出版发行，他也买了一套。这套书讲得非常全也非常深，在一些大学实际上是作为老师的教学参考书用的，而黄琳和同学们几乎把这套书当作了上课复习的材料。这样数学分析课后他就可以先用俄文原著复习，然后再看微积分学教程来扩大知识面。作为习题课后的补充，大家用的是吉米多维奇编的一本习题集。由于这本习题集收的题目很多但大家认为难题甚少，就常选题号为单数或双数的去做，不过瘾时就用微积分学教程上的内容来练习。当时印象较深的是每天晚自习后大家在洗脸房一边洗漱一边讨论习题。陈杰先生上课讲得很细，在一年级时大家觉得很必要，那时一方面还不适应大学的学习方法，同时对数学分析中极限的精准描述既不适应更不能作为工具来使用。一年以后就开始不满意陈老师上课讲得过细的做法了，陈老师肯定知道了这一点，但考虑到全年级同学的状况他不可能改变上课方式，于是他选了近二十多个同学组成了一个课外研究组，专门去研读前人关于处处连续处处不可微函数的例子，这使他们开了眼界，也就是在那个时候黄琳知道了在数学上大器晚成的大家魏尔斯特拉斯（Weierstrass）和他的很多事情。应该讲在数学分析上经过这样的培养和训练，使黄琳有了一个非常坚实的基础，并受益终身。

数学分析课在所有的课中课时最多，一年级时一周为8学时，讲课与习题课各占一半，二年级一周也达到6学时。黄琳在回忆文章中写了他对数学分析的认识：

> 数学分析最核心的概念是极限，这个概念是把数学讨论从固定对象引入到变化对象的关键。在历史发展中却是先有极限并不严谨的概念并会计算包括无穷级数的和、无穷序列的极限、微分与积分这些数学对象，但如何在数学上严谨且可操作地刻画极限的概念却是在牛顿与莱布尼茨建立微积分以后近二百年后的事情，是由法国数学家柯西解决的，并由此给出了整个微积分乃至数学分析的基础。

他们这些学生要学的不仅是微积分的方法，而且要掌握柯西的理论贡献以及作为数学分析另一基石实数的基本理论，其困难与跨度都非常大，这也是这个课与所有过去学过的数学课最本质的区别。在学习过程中，黄琳慢慢地明白了各种极限有着相同的本质，但表现形式差异有时很大，在初步有了这种想法以后，他一方面抓住各类形式极限的共性，同时弄明白它的特殊性，这样就可以去思考与小结他所学的东西，从而就有了一定的提高。到了学习含参变量积分和多变量函数时，他才意识到当有不止一个极限过程同时出现在一个处理对象中时先做哪个后做哪个是不同的，不同次序将可能产生不同的结果，而要求结果相同则是有条件的。从而对于极限概念中包含"一致"这个词的作用认识就更为清楚了。由于他抓住了这些理论的关键点，后来碰到各种与数学分析有关的学习就受益良多了，特别是控制中常碰到的积分变换。有一次一位长期教数学分析的老师同他讨论数学分析理论最核心之处时，他们很容易就达成了共识，那就是极限和多重极限的换序。

  高等代数课一共开了三学期，大课是由丁石孙和系主任段学复上的。一开始上课就讲群、环、域，这种抽象内容与中学代数的具体形成了极大的反差，很难适应。一年级上学期由于开学晚，只上了三个月的课，而黄琳又住了一个多月院，越发加剧了这种不适应，结果考了 3 分，这件事让他认识到千万不能大意。后来学习情况迅速有了转变，不仅成绩上去了而且有了非常扎实的基础。在研究生毕业时由于他线性代数的功底比较好，成功地完成了关于衰减时间估计的毕业论文，不仅因此参加了全国自动化学会的成立大会，而且被推荐参加了第二届国际自动控制联合会大会。他至今还记得在研究生毕业论文答辩时，段学复教授高兴地说："真高兴，这线性代数和矩阵还这么有用！"后来在改革开放以后，由于工作的需要他从事了几年数值线性代数的研究工作，并出版了一本很有影响的专著《系统与控制理论中的线性代数》，这一切后续的事情可能都源自大学一年级对"不适应"的觉醒。

  还有一门数学基础课就是解析几何，江泽涵先生是主讲老师，当时他好像刚五十岁，在他们这些刚进大学的小青年心目中绝对是学界泰斗，而他有时手持雪茄烟斗的样子更让学生们心生敬意。他上课时还有不少别的学校的老师来听课，由于是名教授所以常让大家不能明白他讲的深意，他在课上经常爱说的一句话就是："我想说的意思是……，但我不清楚我是否说清楚了没有？"他在讲空间坐标系转动的三个欧拉角时喜欢用当时的痰盂盖来解释。当时教室里的痰盂有一盖子，是一个圆盘，中间有一根与圆盘垂直的木棍用来挪动它。江先生让学生们想象在圆盘上画两个互相垂直的直径作为一个平面的直角坐标系，然后用那根木棍作为第三根轴，这就成了一个空间坐标系。关于空间转动，他让大家想象圆盘中心不动而让这痰盂盖动，在原来坐标轴和动后坐标轴之间的三个夹角就是欧拉角。后来有一次大家去拜访他，他给大家解释拓扑学中的不动点定理时把连续变换比作橡皮随便捏，而不动点定理说明捏过后和捏之前的橡皮之间至少有一个点没有动，并告诉大家这个定理很有用。当时虽不能完全理解他的意思但觉得特别新奇。

甲班一年级上学期还上了一门天文课，是由戴文赛先生主讲的，他后来很快就去了南京天文台，北大数学力学系的天文课就取消了。辅导老师易照华有时晚上还带大家到校园里去认星星与星座，当时北京的天空非常美，没有任何污染，虽然大冬天有点冷，但给大家留下了很深很美好的记忆。那个时候北阁的楼上还有天文望远镜，随着易照华去了南京也就没了。

理论力学课是数学与力学两个专业的公共基础课，上课的是钱敏老师，用的教材是由他和钱尚武两位老师翻译的苏联蒲赫哥尔茨著的《理论力学基本教程》，这是一本崇尚数学、重视理论的书。钱先生毕业于物理系和西语系，而院系调整后一直在数学力学系工作，是周培源领导筹备成立力学专业的六人小组成员之一。钱先生课讲得很好，语言很实在，可谓一语中的。他在上第一堂课时提出了一个问题：什么是理论力学课？他不像有些老师从内容、大纲、特点和方法进行介绍和分析，而是针对学生如何学这个问题惊人地说出一句妙语：理论力学课就是理论好懂习题难做。这句话当时给黄琳的印象很深，第一感觉就是真要学好必须多做各式各样的题。后来他才真正理解这句话的深意，乃是力学不同于数学，它不是由公理经过形式逻辑演绎出的一门学问，而是有非常丰富的实际背景，这门课的学习除清楚理解反映力学真谛的定律和少数定理外，还应该学会针对实际问题如何用这些知识去进行分析和解决。当时钱先生上课非常注意教与学的互动，特别喜欢在课堂上提问并指定堂下某个听课的人回答，大家一直弄不清楚他选人回答问题的原则，有时他叫名字，有时也会像现在的新闻发布会那样要求例如第三排左边第二位来回答，此时他会用手直接指向那位听课者。由于他的提问总是即兴的，往往事前无从准备，因而也带来一点紧张的气氛。有一次他提一个问题叫了某同学的名字，由于他的口音和学生的紧张竟同时站起来两个同学。他的这种方式促进了互动，同时让学生上课不能开小差而必须聚精会神跟着他的思路走。由于在力学系统中力和力矩、速度和角速度虽然都可以用向量表示，但在分析和运算时却存在本质的区别，为了弄明白这一点，黄琳在学期结束准备考试时花了点时间写了个对比和小结，原只是作为自己学习心得之用，后来还被一些同学要去参考了。理论力学课结束进行了口试，他费时很少就顺利地获得了好成绩。

普通物理也是数学力学系的公共基础课，上课的老师是钱尚武。黄琳在回忆录中写道：

>普通物理与钱敏先生对理论力学的评价有相近之处，即理论好懂而实验难做。这种共同特点表明这些课与纯粹数学课在学习上的天然区别。钱先生课上的风格不同于数学课以公理体系与形式逻辑为主线，而是从大量实际存在的自然事实经过理想化的抽象，去粗取精地抽象与提炼出规律性的东西，是一种不同于形式逻辑而更广的一种理论思维。当时我自然还不可能有这样的认识，但物理直接的含义应该是"物理，物理，事物的原理"，而事物自然不可能仅是数学这一点还是清楚的。当时在上物理课时已注意到物理的表述是定律而不是数学表述的定理，这名词的区别决定了学习和思考上的区别。钱先生的课讲得是清楚的，用的教材是他参与翻译来自苏联的教科书，可谓驾轻就熟，由于他上的课提供的是另一种思维方式，大家也有一种适应过程和不同的体验。

实验课是由唐子健老师担任，他腿脚不好但工作非常认真。平时实验前的准备工作都是他课前做好，这样大家可以很省事地拿到结果但却不知如何做好准备工作，有一次他表示这次关于偏振光的实验他不为大家做准备工作了，一部分得由大家自己弄，那一次黄琳觉得玩得很开心。物理课上的训练对于黄琳后来参与的一些实际工作还是很有帮助的。比如，在汉中期间，曾到宝鸡工厂搞技术革新，分配给黄琳一个与射流无关的恢复工厂的技术革新成果——振动送料器的任务，问题是这个装置的电路坏了，原因是一个可控硅管子烧坏了，结果他没有任何胆怯而是领来了管子自己动手焊电路，使它重新工作了。后来他还因陋就简地为射流常用的仪表定值器设计和搭建了一个纯粹用水管搭成的测示台，这个台除水流保护的操作上限与条件不完善外还是能用的。黄琳把这两件事的顺利完成归功于当初物理实验课上的训练。最重要的是后来他在做控制理论研究过程中不会选择物理上没意义而仅凭数学上感兴趣的事情去做,他很自觉地强调做控制问题首先要重视物理,这也与早年的物理熏陶有关,他很感谢钱尚武和唐子健先生。

当时学习苏联,课分大课和小班习题课,考试大都用口试,给全体学生排个时间表,一门课考完要好几天。黄琳由于学习好,不少老师都喜欢他,口试给他准备时间就少,往往排在最前面。老同学陈良焜在回忆当年学习时这样写道:

> 报考北大数力系的青年绝大多数都是中学数学课的佼佼者,对学术有一定程度的自负。我来自北京的教会中学,初高中时的数学老师都是北京的名牌。进了数力系才知道大学的数学和中学数学完全不是一回事。每堂课连续两个50分钟的讲授,第一个50分钟我尚能跟上老师的思路,第二个50分钟就有追不上的感觉。看看周围固然也有些同学和我类似皱起了眉头,但是总有一些同学却津津有味地不断点头。老师为了吸引学生的注意力,讲课时会故意自问自答地提出一些问题,也总有一些同学立刻自言自语地给出答案。这些同学中就有黄琳。

常微分方程是胡祖炽先生教的,他是满黑板边抄边讲。当时还是用毕卡序列证明初值问题解的存在唯一性和与之联系的解对初值及参数的连续依赖性,证明还没有用到压缩映射不动点定理,也就是采用很烦琐冗长的证明方法,并告诉大家这些内容不作为课堂基本要求,不在考试的范围。不过黄琳还是花了一些功夫去思考这一理论的实质,也花了苦功夫去独立地做过那些很烦琐的推导,这对他来说虽觉得很枯燥但却锻炼了他不害怕枯燥烦琐的能力。后来在学习运动稳定性理论时,由于他将稳定性理解为解对初值的连续依赖性在无穷区间上的推广,再加上他在极限收敛上基本功比较扎实,使他在对稳定性的理解和研究上受益匪浅。

变分法是一门小课,也是胡祖炽先生教的,他依然是满黑板地写。黄琳认为不论怎么说,对于有一定独立性的学生来说,任何老师的讲授都有可取之处,即使对于刻板的"三板"先生(面对黑板、地板和天花板,与学生没有任何互动而语言又乏味的老师）而言，完全跟上他的思路与所讲所写的内容也是一种能力的锻炼，而从中能凝练出思想应该看成是自己要努力的事情。而不厌其烦是上这种课最基本的素质，因为你不喜欢或厌烦什么用处也没有，学会适应是重要的。由于黄琳秉持这样的态度，变分法仍然让他有所收获，最主要的是他有了函数本身可以是自变量而由它决定的不再是函数而是泛函的概念，并能把泛函求极值和在自变量函数产生变分下的分析与数学分析中函数求极值和函数求导相对应。这种对应使他不仅对变分法有了正确理解，而且对他后来从事最优控制理论的教学和研究有很大的帮助。

　　复变函数课还是陈杰老师教的。在讲到回路积分与函数零极点关系时，黄琳恰好刚从钱学森先生讲的《工程控制论》中知道了奈奎斯特判据（Nyquist criterion），当时钱先生说这个判据的证明要用到复变函数中的幅角原理，他就不证明了。于是黄琳就去查找有关资料，发现幅角原理就是有理函数回路积分的一种表示，这样对于这个著名的判据他就有了基于严格证明上完整的认识。碰巧的是复变函数口试刚好抽到的题就是回路积分，于是他在回答完题目后顺便说了这个事，老师得知这一应用后会心地笑了。在学多值函数在奇点附近的黎曼曲面时黄琳觉得很好玩，虽然过去也想过复平面本身就是人们定义出来的，但比起这个要直观好想象得多。由于听人讲保角映射在计算机翼的受力上很有用，这种把一个图形变成另外一个图形的保角变换使他对此有一种神秘感。老师上课说这种变换有一个最重要的定理叫黎曼定理，由于证明太长他只能解释定理的意思，证明就不讲了。陈老师这么一说反而把黄琳的好奇心调动起来了，他钻进图书馆，终于找到了一本又大又厚的复变函数方面的书，作者好像叫马库谢维奇，他花了不少时间终于弄懂了证明。后来他才知道这保角变换在理论流体力学和弹性理论中有不少用处，但都是在非常理想化的条件下得到的，结果非常漂亮，然而任何实际问题都很难用这种办法去加以解决。从他后来搞控制的角度来看，经过钱学森先生在课上的指点，他才抓住了复变函数中最应该弄明白的东西。

　　微分几何的老师是吴光磊，不同于陈杰、钱敏和胡祖炽当时都是讲师，他已经是副教授了。他上课有板有眼，逻辑性很强。有人讲："将吴先生的课进行录音，在停顿的地方加上标点，不用整理写出来就是教材。"

听他的课一般会觉得有些累。这门课也是口试，黄琳回忆称他已记不清当时抽到的是什么题目了，只清楚地记得那道题的内容老师在上课时给出的证明很长，可能是为了让大家好懂吧。黄琳在复习时把它做了精简，口试时是按精简后回答的，老师什么问题也没问，给了个优，就让他走了，他出来时后面等着考的人很诧异，说："啊？这么一会儿你就考完了！"

进入二年级后黄琳学习比较顺利，成绩也处于上乘。他被评为北京大学1954—1955学年的优秀生[①]，优秀生的奖状由当时的校长马寅初签发，同时还发了一个奖章。1957年5月5日，邓小平、彭真、杨秀峰等陪同苏联最高苏维埃主席伏罗希洛夫参观北京大学，领导号召同学们捐出优秀生奖章，全校的奖章拼在一起组成了一个五星，作为礼物送给了伏罗希洛夫。

当时政治活动比较多，黄琳还承担了较重的社会工作。1955年5月，黄琳加入了中国共产党。他入党的动机并不是简单地受形势的推动，更不是为了个人获得什么，而是基于一种信念。当时他并不认为很快能实现共产主义，但那是一个理想，把一生献给她是值得的。黄琳入党的介绍人是陈良焜和王玛丽。陈良焜是比较老的党员，年纪稍大一些，知识面非常宽，学习很好。王玛丽比黄琳高一年级。7月1日，黄琳作为新党员被安排去中山公园参加庆祝活动，中央领导毛泽东、周恩来、刘少奇、朱德及越南劳动党主席胡志明也出席了这项活动，这是他一生唯一的一次和这么多领导人近距离地在一起参加活动。这一年全国开展了肃反运动，暑假黄琳被安排在党委的办公室做义工，负责来往函件的收发、填报、登记等事情[②]。

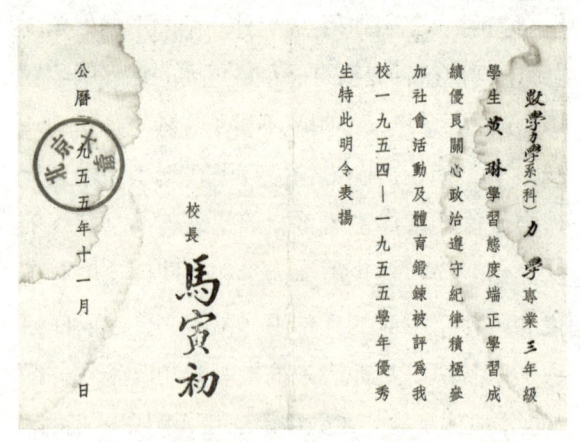

图2-1 1955年黄琳获1954—1955学年优秀生称号的奖状

---

① 北京大学优秀生奖状，1955年11月。资料存于采集工程数据库。
② 黄琳访谈，2018年4月16日，北京。资料存于采集工程数据库。

1955年暑假后开始分专业，分专业前陈良焜找黄琳谈了一次话，讲了分专业以后的想法并建议他选力学专业，说力学专业需要党员更多一点。那时黄琳刚刚入党，再加上力学开始的课程理论力学学得还可以，于是就同意去力学专业了。选了力学专业以后，中间有一段时间他情绪不是太好。思想上的剧烈斗争刚开始是来自力学专业开设的材料力学课程。从三年级起力学专业与数学专业上的课就不一样了，力学这边上材料力学而数学那边上实变函数，这两门课迥然不同。材料力学是力学专业所有课程中最不理论化的课程，它由各种工程问题中提炼出在一定假设下成立的模型，例如梁和柱及其边界的规定，例如简支、自由和夹紧等，无论是假设还是这些规定都没有严格数学意义上的支持。上课的是叶开源老师，他可能并不清楚他们这些学生经过前两年严格的数学训练，思维已经相当数学化了，在课上也没讲清楚这些力学思维和结论在实际工程和应用上的价值和意义，学生不习惯力学和工程的思维，因此材料力学给黄琳的感觉就成了一个"不讲理"的课。当时做了一下调研，大部分同学对材料力学课都很不满意。与材料力学形成鲜明对比的是数学专业的实变函数课。这门课从实数集合讲起，理论严谨，一些直观上难以想象的例子例如康托集、有理数集测度为零、集合的势等都很吸引人，而其中

图 2-2　1956年黄琳（前排左一）与同年级力学专业党员在颐和园过党日

图 2-3　黄琳（前排右一）与大学同学颐和园放歌

第二章　风华正茂　才华出众　45

一些题又很难证明，所有这些都是晚上洗脸房内数学专业的同学津津乐道高声争论的话题，而这时的黄琳听不懂更难以插嘴，再想到他们学的材料力学竟是那么乏味，心头充满了一种失落感，尽管后来黄琳的材料力学考试成绩也是优，而且知道就真正在社会上实用的角度来说，实变函数是远不如材料力学的。这种因选专业而产生失落的苦闷延续了整整一个学期。

力学专业除材料力学外还开设了流体力学与弹性力学。流体力学讲了两个学期，第一学期由吴林襄老师授课。流体力学首先碰到的问题是对这个对象从数学上如何刻画，这是黄琳第一次真正接触到向量场，虽然在常微分方程中有过接触，但这里要复杂很多。不同的是常微分方程在方程已定的情况下场是完全确定的，而流体力学的方程是偏微分方程，方程给定后场并不能确定，而要取决于边界条件的给定，这自然增加了难度。流体力学留给黄琳另一个比较深的印象是对于不可压缩理想流体二维运动中的绕流问题可以用复变函数中保角映射的方法求解，而且用保角映射可以把圆变成儒可夫斯基机翼，于是机翼绕流问题可以通过圆柱绕流来做。后来他才了解到实际的绕流问题并不这么简单。流体力学的教学最欠缺的是气体力学基本上没有讲，以致后来工作中碰到类似问题时明显感到先天不足。

1956年暑假，黄琳回到了阔别三年既熟悉又有点陌生的老家扬州，心情很是激动。由于父亲已由扬州中学调到了苏北师专（即后来的扬州师范学院），家也随着搬进了师专院内。在扬州，黄琳去看望了数学老师黄久徵与徐定一，历史老师袁凤初和英语老师陈影真，顺便去了扬州中学看了看原来住的地方。几个中学同学相约游瘦西湖，意外地碰到了舞蹈队的几位女队友，于是大家一起照了一张难得的合影，四十年后与舞蹈队队友在京重逢时大家看了这张历史照片都觉得分外欣喜。

进入四年级力学专业课尚未修完，第二学期的流体力学主讲老师由吴林襄换成了陈耀松，另外还有胡海昌讲的弹性力学和钱敏讲的数学物理方程。弹性力学由于也是由偏微分方程描述的，当时既无现在好用的电脑，也没有要用电脑才方便计算的有限元方法，于是弹性力学只能针对特殊假定和特殊对象在特定边界条件下才有可能求解。这样试凑法就成了一个好方法，这种方法需要很深厚的力学素养，依靠这种素养先猜出一个大致的

图 2-4　1956 年黄琳（二排右一）与扬州中学同学及舞蹈队队友在瘦西湖相聚

解来，然后代入方程试凑直至完善。胡先生在上弹性力学课时特别喜欢说的一句话就是："我们来猜个解。"与弹性力学课同时开的数学物理方程，由于学时少只学了分离变量法和少量由常微分方程边值问题引出的特殊函数。1957 年年初，黄琳因肺部切除手术住院未能按时参加流体力学、弹性力学和数学物理方程这三门课程的考试，其后进行了补考。

这次肺部患病起因于当年的国庆节游行活动。大家前一天晚上进城，被要求在沙滩红楼等着，等轮到他们时才能走向天安门广场。那天天公不作美，在快到天安门广场时就开始下雨，而且越下越大，活动不得已中断。因找不到合适的地方避雨，当时他们就冒着雨走到西直门以便早点返回学校。等他们赶到西直门时等候 32 路车的人已排成长龙，他们穿着湿透了的衣裳又等了一个多小时才上了车返回学校。过了两天黄琳开始咳嗽而且很快痰里带血，一开始还比较少，一个月后几乎天天咳血，他用一个玻璃瓶子当作痰盂，里面装上一点水，每天水上面一层几乎全是血痰。到校医院开了一些止血药，但基本不起作用，咳血量时多时少但每天都有。

第二章　风华正茂　才华出众　　47

校医院对他的病也感到相当棘手，始终没有确定是否是结核病，但大量咳血又很像结核病后期，在这种无法断定有无传染问题的情况下黄琳搬了家，在23斋楼下找了一个单间。校医院不收他住院理由也比较合理，若收进结核病房却又并未明确为结核病患者，住普通病房则又被视为高度可疑的结核病患者，无论是传染别人还是被别人传染均不可取。在黄琳病重的时候不仅同学们很关心他，老师乃至系里的领导也给予了很多关心。一次段学复先生要黄琳去他家谈点事情，在向他汇报学习情况以后，他对黄琳说："听说你最近病了，肺病也不用怕。我就是有肺病的，已经多年没有犯，现在不是很好吗？但一定要注意不要过度劳累，保养得好是可以好的。"黄琳对当时的情景记忆犹新，一个系主任又是知名数学家对一个普通学生这么关心，这让黄琳很是感慨。

经过一段时间的折腾，校医院决定让黄琳转院去北京市结核病医院接受检查，后又到府右街北大医院做碘油造影，最后由结核病院确诊咳血的原因是支气管扩张，并不是肺结核，要根治咳血只能手术切除病灶。黄琳经考虑决定进行手术治疗。这样1957年1月5日就住进了位于白塔寺的友谊医院，又称中苏友谊医院，也称北京人民医院。手术是在1月17日进行的，做得很顺利，进行了五个多小时，左肺几乎都切除了，只剩下一个肺尖，手术过程输了1600cc的血。住院期间，哥哥和同学吴士科给了他很多照顾。母亲后来得知他做了手术，也请假来北京照顾了他一周。出院前不久大夫对黄琳讲：为了以后左臂能自由运动而不致被左胸伤口所累，他应开始强制做左手摸高训练，即自己站在墙边以身体左侧紧贴墙体，然后举左臂沿墙向上尽量摸高。从这天起他严格遵照医嘱，坚持每日勤练，初练时伤口总是隐隐作痛，时缓时剧，但想到若怕疼等伤口长好再练可能复原无望，他还是坚持了下来。坚持的效果使他看上去不像动过肺切除手术的患病之人。黄琳在动手术前也有过迷茫，他的同窗也是入党介绍人陈良焜来看他，并带来了毛泽东致王观澜的信，就是很多人都知道的"既来之，则安之，自己完全不着急"的那封信。这封信不仅解决了他当时的思想负担，而且告诉了他在今后面临各种病痛和挫折时应持有的乐观和淡定的态度。

黄琳从友谊医院出院后转到了北大校医院，这时新学期已经开始，他向医院提出希望试着去听课，医生在经过考虑并询问了他的情况后就同意了。这一学期上的课有非线性振动、陀螺仪和哲学，同时开始做毕业论文。第一次是去一教听课，从医院走到教室并坚持两小时的不容懈怠的听课等一些对正常人来说轻松就能做到的事情，对他来说都变成了具有挑战的事情，家人建议他回家休养一年，而他却坚持留在学校硬是挺过来了。这一点给当时系里管教务的姜景熙先生留下很深的印象，后来在研究生院工作的姜先生在事隔二十多年后见到黄琳时还常提起这件事。当时陀螺仪的课是由北京航空航天大学（简称北航）的郑元熙先生讲授，他用的是在北航使用的讲义。在讲了原理后主要是介绍陀螺仪表，这样的讲义比材料力学更工程，一方面它着重讲如何使用，另一方面介绍这个应用在工程上怎样用一些零部件来加以实现，这种思维对于黄琳他们纯理科训练的学生来说是一种全新的方式。另一门业务课是朱照宣老师讲的非线性振动，他介绍了一本斯托克（J. J. Stoker）的非线性振动的著作给他们，刚好当时该书已影印出版，黄琳就买了一本。朱老师的课与北大数学系的课有不小的区别，不追求抽象但重视物理包括直观的理解，这对他们而言也是一种方法论上的补充。哲学课是介绍恩格斯、列宁与毛泽东的一些著作。陀螺仪只进行了考查，大家都合格。另两门课进行了笔试，黄琳均获得了优的成绩。而关于毕业论文，由于黄琳生病住院了很长时间，系里免去了论文这一环节。

1957年5月，北大和全国一样加入了整风运动和反右派斗争，党支部确定黄琳作为保卫干事负责管理由基层送来的各种材料，起着一个上传下达的作用。由于在整个运动中他所处的特殊情况，使

图 2-5　1957 年黄琳同寝室同学毕业合影（左起：吴仕科、黄琳、刘泰山、周起钊）

第二章　风华正茂　才华出众

他避免了亲手将同窗划为右派或自己因界限不清而受处分或被划为右派。这期间黄琳完成了两件事情。一是报名参加了研究生考试，当时系里从他们年级确定了三个人留校，准备参加研究生考试，为此他们还搬到了专门住研究生的25斋，黄琳忙于保卫干事的任务根本没时间看书。经过近半年的等待，学校通知说他考上了。北大研究生招生走上正轨是1955年开始的，当时北大颁布了《北京大学培养研究生暂行条例（草案）》。1957年开始反右派斗争，当年招生人数骤减，全校只招了八名研究生[①]。第二件事是他虽然已参加考研，但他四年级上学期三门需通过考试的课程弹性力学、数学物理方程与流体力学均未进行考试，在他毕业留校后的10月份，同样是在基本上没有准备的情况下进行了考试。结果数学物理方程和弹性力学两门笔试课均得了4分，而口试的流体力学是由陈耀松考的，得了5分。黄琳认为这个结果既和口试容易表述清楚有关，也可能和陈老师是参与决策将他留校的而对他有极好的印象有关。

可以说四年大学的学习，其结束是极不正常的。没有毕业应有的快慰和欢乐，而是各人以不同的心情告别了四年大学的学习生活。回顾这四年

图 2-6　2012 年北京大学同学重聚首（最后一排左三为黄琳）

[①] 王洪喆，柳林何：特殊岁月的研究生教育。见：北京大学研究生院编，高岱、徐泓主编，《江山代有才人出——北京大学研究生教育90周年》。北京：北京大学出版社，2007年，第98页。

的学习，除结尾很短时间的不正常外基本上没有政治运动的干扰，北大很强的师资力量，包括党发出"向现代科学进军"等重视知识的持续激励，加上黄琳本身刻苦用功、方法得当，这四年打下的坚实基础以及养成的善于独立思考的习惯确使他在后来的工作中终身受益。勤于思考、善于思考成为他日后开展学术研究工作的重要武器。

机缘难得　兼收控制东西之长

1956年，国务院制定并发布了1956—1967年12年科学技术发展远景规划，向全国人民发出了"向现代科学进军"的号召，大学准备开始建立副博士与博士制度。2月，钱学森回国在中国科学院力学研究所讲授他的专著《工程控制论》，北京大学数学力学系力学专业抽选了十五位学生前往听课，黄琳就是其中之一，是钱先生的影响使他日后走上了动力学与控制的研究道路[1][2]。

当时北大力学专业仅有流体力学与固体力学两个专门化，与学习的模板莫斯科大学相比较缺少应用力学与一般力学两个专业方向。莫斯科大学这两个专业方向不同于流体力学与固体力学，从学术角度看主要是研究有限维力学系统，这两个专业方向的理论基础相同，一般力学更为基础，如研究运动稳定性和分析力学，而应用力学则偏重应用，如控制和陀螺力学。在党中央向全国发出"向现代科学进军"的背景下，数学力学系特别是力学专业很想利用钱学森讲课的机遇建立起相关的专业，遂决定借选派学生前往力学研究所听课的契机正式成立一般力学专门化。可能是考虑到学习新东西的难度和建立新专门化的需求，这十五个人从学习成绩看至少

---

[1] 段志生，王金枝，杨莹：黄琳传略。见：钱伟长总主编，《20世纪中国知名科学家学术成就概览·信息科学与技术卷·第二分册》。北京：科学出版社，2014年，第409页。

[2] 陈良堉：漫天晚霞　实至名归——祝贺黄琳老友八秩寿辰。见：黄琳先生八十华诞文集编委会编，《唯真求实　矢志创新——黄琳先生八十华诞文集》。北京：北京大学出版社，2015年，第13页。

都是中等以上水平，从政治上也都是拥护党、拥护社会主义的，在当时的标准应基本上归属于又红又专的队伍。

黄琳回忆这段听课经历时这样写道：

> 钱先生不愧为大师，听他讲课是一种享受，他讲的内容引人入胜，诱人思考。他讲的是自己写的书，其中一些是他自己的研究工作。而对于当时已发展得相对丰富的自动控制的不同理论方法，他将其进行了凝练，指出其精华所在。①

从工程控制论这门学科的萌发与发展来看，它一开始同电机与拖动或随动系统关系最为密切，在中国的高校中最早建立的控制院系也大都由电机系中派生出来。中国当时的状况是工程类学科数理基础普遍比较弱，来自这些工程类专业的老师在听钱先生讲课时遇到的困难可能不比黄琳他们这些有厚实数理基础的三年级大学生少。就是因为听了钱先生的课，黄琳

图 2-7　北京大学数力系力学专业 53 级一班毕业纪念（前排右一为黄琳）

---

① 黄琳：病中上大学。2017 年，未刊稿。资料存于采集工程数据库。

的专业思想稳定了下来。每次上课时黄琳都相当认真地记笔记。

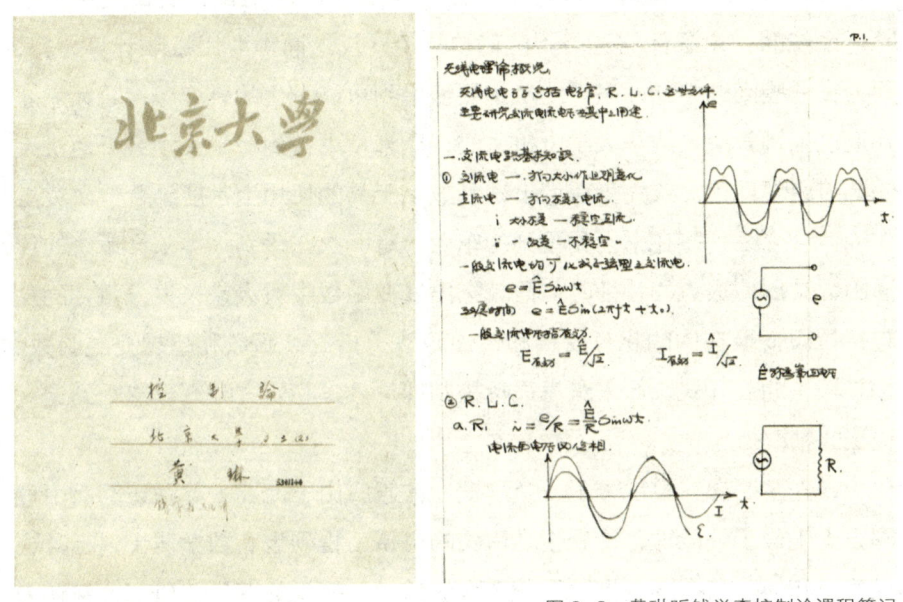

图 2-8　黄琳听钱学森控制论课程笔记

这门课既不考查也不考试，但从学习态度上看黄琳可能比对任何要考试的课程都更认真。那时他常常是在当时由 1—15 斋原来的宿舍改成的教室里上自习，那里有黑板与粉笔，他在黑板上推演公式或画一个简单的框图反复思考钱先生在课堂上讲的内容，基本上掌握了工程控制论的基本理论和方法，这为他后来从事控制科学的研究工作打下了坚实的基础。钱先生讲课时与通常从海外归来的人不同，他在整个课堂上除英文字母的发音以外没有一句英文，甚至 sin、cos 这些三角函数的名称也只讲正弦、余弦，而不用英文的发音，这对于一个在美国生活了十七年刚刚回国的人来讲，应该是刻意而为，也是很困难的。曾有人问黄琳："当初钱先生刚从美国回来，讲他用英文写的书，你们能听懂吗？"黄琳笑着告之钱先生能做到课上没有任何英文，大家听起来自然没有什么困难啦。听到这个回答他们也感到十分惊异。说到底还是他讲课站的角度比较高，能抓住那些最重要的东西[①]。

---

① 黄琳访谈，2018 年 4 月 16 日，北京。资料存于采集工程数据库。

有一天上课，钱先生在黑板上写了"感谢钟教授"五个大字，大家感到很好奇。他随即解释说，钟士模教授向他指出在用拉氏变换处理问题时，系统的初始条件的选取不能简单用 $t=0$ 代入而需要用极限计算才行，因为在一些问题中初始条件的确定要考虑到可能发生的跳变。接着大家才知道这位钟教授是清华大学电机系的，后来黄琳曾到清华大学旁听他讲授的调节原理课程。钱先生在课上谈到数学工具的使用上常能结合他研究工作的体会介绍一些在书上见不到的东西。有一次在讲到一类采样系统的传递函数具周期极点的特征时，他就指出复变函数中对人家来说最重要的是包括拉氏变换在内的积分变换和传递函数（指亚纯函数和超越亚纯函数）按其极点的展开式。后来黄琳进行控制理论教学和研究时充分感受到这一说法的精辟。

钱先生的课完整地讲了一个学期，暑假后由于他要去苏联访问而由许国志先生代了一段课，许先生是留美的机械工程硕士和数学博士，当时钱先生正和他一起在国内推动系统工程的前身运筹学的普及与研究，并在力学研究所筹建相关的研究室。许先生的课讲得也很好，但有两点不同留给大家很明显的印象。一是钱先生很少穿西装打领带，而许先生知道是替钱先生讲课，不仅穿了西服，而且还在领口结了一个很显眼的蝴蝶结。另一个明显的区别是许先生上课时用英文的地方比较多。这些在今天开放的中国是司空见惯的，但在当时处在封闭状况的中国，对他们这些从未见过洋世面的学生来说还是觉得很新奇。

由于黄琳生病住院了很长时间，为了减轻他的负担，系里免去了他本应该做的毕业论文。后来发现他很快就适应了课堂教学，于是朱照宣老师找他谈了一次话，建议他参加中国科学院数学研究所（以下简称数学所）秦元勋主持的运动稳定性的讨论班。当时秦先生的讨论班以读李雅普诺夫的博士论文《运动稳定性的一般问题》这一经典著作为主，并将重点放在他提出的第二方法上，参加这个讨论班的数学所有王联、王慕秋、刘永清和史松林，北大由朱照宣带着黄琳去参加，其他单位的还有北京工业学院的孙树本和北航的高为炳。参加这个讨论班的人有近一半已是讲师以上的大学老师（即当时划定的高级知识分子），在当时这样的队伍无疑是很强的了。这个讨论班的目的就是希望读懂一本六十五年前发表的博士论文，这听起来有点不可思议，其实这与当时科学交流的形势有关。这本博士论文发表十五年以后才在法国译成法文，这得益于在欧洲大陆上法国与俄国在学术交流上有着悠久的传统。又过了近三十年才出现英文译本，是由美国普林斯顿大学出版的。在黄琳的印象中还不是全文，俄文全文是登在李雅普诺夫的文集上，很快这本文集在中国就能买到了。英文全文是于1992年（即在该文发表一百周年时）由英国的杂志 *International Journal of Control* 才正式刊出。出现这种状况的根本原因是论文发表后的前五十年学术界只将其视为常微分方程范围内的一个特定问题，既不清楚它的理论价值也不明白其应用前景。但到了20世纪50年代，由于主要是控制科学的兴起与推动，使得这一结果在西方获得了惊人的发展。不清楚秦先生当初办这个讨论班时是否已预见到未来的发展前景，但不可否认的是他确实抓住了发展的先机。

当时能看到李雅普诺夫之后的苏联学者写的俄文运动稳定性的著作主要有两本，一个是马尔金的，另一个是杜勃兴的，前者是依据李雅普诺夫的原著改写并补充了不少后来发展出的内容，特别是他在1966年出的第二版做了不少补充。而后者基本上没有跳出李雅普诺夫原著的内容。讨论班基本上是读马尔金的书，在读这本书时，黄琳深深地体会到了在北大数学力学系所接受的严格数学训练的好处，这使他在讨论班上赢得了主动，不仅可以看得快看得明白，而且还可以把自己的理解、体会和思考融合进去，这是他第一次真正地在没有老师讲授的前提下主要靠自己走向一个新的学科分支。每一个学科从它发展的一开始到它成熟都会在概念上方法上发生明显的变化。运动稳定性产生在19世纪末，因而其表述的特征就一定受那个时期的限制，这表现出严格的数学分析的运用和只需完成数学的严格证明而无需考虑证明过程的实际应用价值，例如对于收敛性一般并不考虑对收敛速度和快慢的要求，这就使得反证法成了常用的手法。可能是由于对反证法叙述问题总感到别扭，黄琳尝试改写关于渐近稳定定理的证明，并获得了成功，这当然并不难，只是相当于一个习题的工作量。当他在讨论班上谈起时，秦元勋先生给予了充分的肯定。遗憾的是随着各单位反右派斗争的先后展开，讨论班也不得不画上了句号，这本博士论文也没有读完。讨论班没有了，但在以后的日子里黄琳还是有空闲就会想点问题，直到两年后有机会参与到飞机安定性分析的任务时，他才从这个改进证明的习题转向了研究微分方程解收敛从总体上进行估计的工作，并以此完成了研究生的论文答辩。

1957年黄琳研究生入学后，系里按以前要他留校的决定，由苏联专家做其导师。当时北京大学学的是莫斯科大学的模式，没有力学系，只有数学力学系，但莫斯科大学数学力学系的力学部分有两个重要方向北大都没有。要引进这两门学科，相应的也要引进这方面的专家。黄琳就是在这样的背景下，师从当时引进的苏联数学力学专家托洛依茨基①。

托洛依茨基是苏联列宁格勒工学院的副博士，也是搞控制的，年龄比黄琳大近十岁，比较低调且年轻有为。他的老师鲁里叶相当有名气，一方面他开拓了绝对稳定性这一控制理论的分支领域，另一方面他又是分析动力学的行家，后来他出版了一本分析动力学的书，其特点是从应用角度叙述分析动力学，即抓住其中最具应用性的部分并配合以大量实际的例子。托洛依茨基在北大开了一门非线性调节理论，用俄文上课，由黄琳的同班同学丁中一担任翻译。这门课讲的就是绝对稳定性的内容。算起来黄琳他们了解这个方向比西方学术界至少要早上五年。托洛依茨基一周上两次课，讲了快一学年。由于他讲的内容当时算得上是个理论问题，又用了当时工程界并不熟悉的线性代数化若当型的方法，满黑板的公式，没有这方面基础的人就觉得很高深，接受起来有些困难，但对连空间分解定理都明白的北大学生来说不是什么难事。一开始听课的人很多，满满一大教室，大概都有一百多人，外单位来的人也很多，但后来坚持下来的大概不足三成②。

苏联专家的到来让黄琳这些刚毕业的小助教有了接触大教授的机会，董铁宝先生从美国一回来就被聘为二级教授，黄琳与他的对话就是一次

---

① 王洪喆，柳林何：特殊岁月的研究生教育。见：《江山代有才人出——北京大学研究生教育90周年》。2007年，第98页，内部资料。

② 黄琳：毕业、工作——在动荡中求索。2017年，未刊稿。资料存于采集工程数据库。

在陪苏联专家夫妇逛颐和园的活动中进行的。董先生问黄琳："专家的课你们听得懂吗？"黄琳自信而又轻松地说："还行，一点不难！"这大概与他听到其他人的反应有很大的差别，遂好意地对黄琳说："你小子不要太傲，要谦虚谨慎。"此后他们的联系就多了起来。董先生在美国参与过很多高速公路等基础建设，当时的研究兴趣在材料的蠕变上，他的知识面很宽。1956级的沈光朝想在他指导下做毕业论文，但董先生不是一般力学的教授，遂改为由黄琳具体负责带他，但由董先生负责把关，这样联合来指导学生。他们选择做随机系统按概率的稳定性这一相当难弄的理论问题，沈光朝克服了很多困难算弄明白了这个方向，并得到一点进展。黄琳也从中向董先生学到了不少东西。由于董先生在美国接触过计算机，后来就去了承担计算机研制的计算数学教研室活动了，而他原来有兴趣的蠕变由于没有实验设备，同时也没有安排专人跟他做，慢慢地也就消亡了。

为了发挥托洛依茨基的指导作用，他在来京的第二个年度，大概是在1959年上半年开始对年轻教师的研究工作进行指导，他曾让几个搞控制的教师做一个题目：给定一个控制系统，并以与系统状态相关的函数的平方积分为评价指标，利用当时简单的计算机进行系统参数的最佳选择。积分指标采用了 $\int_0^\infty x^2 dt$ 和 $\int_0^\infty (x^2+\tau^2 \dot{x}^2) dt$ 两种形式，通过分析两种指标的实际效果，让大家认识到由于引入 $\tau \dot{x}^2$ 以后过渡过程的振动特性得到了明显的抑制。当时参加这个计算的有王肇明、邱淑清、陈滨和黄琳，他们分别独自进行研究，也都交出了较好的答案。由于这种指标已经是一种解析的指标，它不同于以往调节原理或伺服分析中工程的方法，在国际上是控制系统解析设计方法的萌芽，能否有更为一般的理论是当时国际上十分关心的问题。1963年，黄琳带领两个六年制大学生郑应平、张迪一起解决了这一问题，建立了二次型最优控制的存在性、唯一性、线性控制律以及求解的迭代方法。获得的这一结果比国际上同期作者的结果早近三年。应该说这一结果的获得与当时苏联兴起的关于解析设计研究的推动有关，而黄琳最早了解到这个问题应该是从托洛依茨基给他

图 2-9　1958 年苏联专家托洛依茨基、系里教授及一般力学成员合影（后排左三为黄琳）

们做这个题目开始的①。

　　托洛依茨基是 1952 年获得的苏联副博士学位，相当于美国的博士，他当时的职称是副教授。当时中国给苏联专家的待遇相当的好，是国内的教授完全不能比的。托洛依茨基住在友谊宾馆，配专车供他上班使用，在六院有一间很大的办公室，这是六院最好也是最大的一间办公室，两边有窗帘，地上铺有地毯，平时桌上都有筒装牡丹牌香烟。而北大的正教授上班不是步行就是骑自行车，离学校远一点的只能乘公交车。数学力学系的办公室是按教研室配置的，几何代数是一个教研室，只有一间不大的办公室，在这儿活动的包括两名学部委员江泽涵和段学复，室内有书架和几张普通的桌子。面对这种特殊优厚的条件，托洛依茨基表现得相当低调，没有表现出丝毫气使颐指的托大的样子②。

　　托洛依茨基供职的列宁格勒工学院的力学力量很强，他和他的老师鲁

---

①　黄琳：毕业、工作——在动荡中求索。2017 年，未刊稿。资料存于采集工程数据库。
②　同①。

里叶所研究的东西更像莫斯科大学的应用力学而不像传统的一般力学。当时北大的建设目标是按莫斯科大学建的，应该说托洛依茨基的到来是真正符合在北大乃至在中国建立动力学与控制这一有用学科需求的。但遗憾的是他的到来刚好赶上反右和接着到来的"拔白旗"、思想改造以及随之而来的"大跃进"和人民公社化运动，使他的作用大受影响。另外他所讲的内容对中国当时主要由电机专业转过来研究控制和力学中主要由工程力学转过来搞振动的人来说数学略显困难，从而造成听课困难，而他讲的颤振当时国内几乎还无人涉及，这也大大影响了其可能产生的效果。除少数人能理解其讲的内容并做出少量成果外，他的付出所产生的结果是十分有限的[1]。

1958年下半年，苏联专家的课已正式结束，系里就安排托洛依茨基对青年教师如何读书给予指导。当时对非线性振动的研究在中国刚刚开始，于是确定王大钧、黄琳、陈滨等几位年轻人，以斯托克的一本非线性振动的著作作为材料自己阅读。托洛依茨基每周了解大家的进度并进行答疑。由于这本书实际上只是讨论到范德波尔方程（Van der Pol equation）引起的自振，并未涉及当时国际上特别前沿的内容，所用工具也不难，因此大家阅读得非常顺利。这对于他们来说，向托洛依茨基汇报与交账成了一件非常容易做到的事情。

托洛依茨基在北大只待了两年，黄琳感到遗憾的是在这两年里没能集中向他学习更多相关的东西。

从1956年春天听钱学森先生讲授工程控制论到1959年苏联专家离开也就三年多一点时间，尽管经历了重病和一系列政治运动的干扰，黄琳还是抓住了这个难得的机遇基本掌握了控制这一门新兴学科以苏联和美国分别代表的主要成果，加上他创造性地研究前沿课题，使得他走在了理论和应用的第一线[2]。

---

[1] 黄琳：毕业、工作——在动荡中求索。2017年，未刊稿。资料存于采集工程数据库。

[2] 陈滨：桃李满园，共建国防。见：北京大学力学专业建立65周年采访文集编委会编，《师道心语：北京大学力学专业建立65周年采访文集》。北京：北京大学出版社，2018年，第118-119页。

深入实际　学习提炼科学问题[1]

1959年年初，由北大和一机部四局及中科院数学研究所有关人员组成研究小组，研究拟设计的喷气式飞机的安定性问题，历时半年。当时一机部总工程师昝凌教授来到北大，其目的主要是寻求研究力量，开展对拟设计的喷气式飞机进行安定性分析。昝凌来北大正式交代任务时，参与讨论的主要有朱照宣、黄琳和陈滨，后来真正参加研究的北大方面就这三人。在黄琳他们的建议下还请了数学研究所的秦元勋，他每周来北大一至两次，而代表一机部四局参加的有汤梅芝、胡功瑾、岳保康、李竞，后来又来了一位姓李的女士，她是以计算员的身份参与进来的，同时还负责资料方面的事情。实际上一机部四局全程参与研究的就是胡功瑾、岳保康和李竞，他们也都是1958年毕业的工科学生，汤梅芝是他们的领导，毕业也早些。由于这是一项国防研究项目，自然就有保密问题，于是系里将北阁楼上腾出两间房子供他们使用。黄琳被安排住在那儿保管资料且全职研究，一周有一至二次大家在一起汇报进展。此外，有时也会请人来介绍相关的文献和方法。

图2-10　1959年飞机安定性研究联合小组在北大北阁前合影（后排左二为黄琳）

---

[1] 本节内容主要来自黄琳：毕业、工作——在动荡中求索。2017年，未刊稿。资料存于采集工程数据库。

无论是北大还是一机部四局参加这项研究的人几乎都从未接触过这方面的课题。一机部四局的人员都是工科毕业，那个时候中国工科大学的教育基本上是培养技术员和工程师，这种教育使他们熟悉工程、规范和工艺以及对应的手册，并能根据要求进行工程设计，但对于研究和分析几乎没有碰到过，也缺乏应有的基础。而北大的人员从未接触过真正的工程，对于飞机也只是看见它在天上飞过，对于它飞行过程中的特征以及描述这个过程的性质也从未听说过。看上去三位相对年长的人员对此事能做到什么程度心里也没底，可以说所有的人几乎都是首次干这个并非得心应手的事情。因此这个项目注定了是一个边学习边干的过程。

在这个阶段，他们针对飞机安定性分析所做的工作大致可分为两步。第一步主要是学习和熟悉飞机的质心运动和绕质心的姿态运动方程。从动力学的角度创建上述方程对于力学专业的他们来说并不存在实质性困难，但为了了解飞机飞行的复杂性，他们弄来了培养飞行员的挂图，以便了解实际常用的一些非巡航飞行的典型动作以及在操纵舵面后这些动作的变化。这些知识当时虽然没有用上，但给他们留下了很深的印象，在半个世纪后当黄琳参与到高超声速飞行器受控飞行的研究时，对于碰到的飞行器失速、荷兰滚这类概念并没有生疏之感。第二步是进行飞机巡航飞行时的安定性分析，具体的工作也分为两步，即首先根据所提供的数据计算出飞机纵向、航向和滚转的方程和解耦后的特征多项式，然后安定性分析归结为求特征多项式根的问题。这对黄琳他们来说并不困难，他们分析了长周期与短周期运动。由于当时只有机械式的可进行加减乘除运算的电动计算机，他们实际上只能求次数不高的代数方程的根，他们的工作就是用所给定的数据来求对应的根，对于纵向运动根据根分析了可能存在的长周期与短周期两种运动。那时虽然已有一百六十年前由高斯给出的代数基本定理保证了在复数域中每个代数多项式都存在根这一结论，但在没有电子计算机的当年要具体算出根依然具很大的挑战性。著名的林士谔方法作为麻省理工学院的博士论文是在1939年得到的，正式发表是在1941年，到那时也仅仅过了十八年。而这一方法基于的劈因子其因子也只能是低阶的，特别在求实根时才有效，而对于求出高次代数方程的根依然很困难。黄琳记得朱照宣曾告诉他当时苏联一个工程师杂志上刚发表了一篇文章，介绍了一种方法，于是黄琳就到图书馆找到了这篇文章来研究。这篇文章提出了一种基于辗转相除的思想，给出了一种将一个 n 次多项式分解为 k 次和 $n-k$ 次多项式的乘积的办法，并给出了算例，但无法在数学上严格证明，因而有时有效有时则未必。所幸黄琳在用此方法时想出了一个实用的思路，即通过调整 k 和基于分析先给出一个初始多项式，并利用经验来选择系数，结果算是顺利地完成了任务。后来他还将这一方法结合他的体会写进了他所编写的《控制系统动力学讲义》中。应该讲这个方法在当时中国还没有计算机当然更不存在对应算法软件的情况下还是有其价值的。同时黄琳还用赫尔维茨判据（Hurwitz criterion）在有待定参数的情况下给出了该参数的稳定性区域，这些就构成了项目技术报告的主要内容。

飞机安定性分析的研究工作进行了不到半年，最后完成了一个技术报告，交给了昝凌先生，得到了非常正面的肯定。

在研究飞机安定性问题时经过讨论大家已经意识到只考虑定常巡航飞行是不够的。一天，一机部四局的人拿来了一本 A. A. 列别捷夫有关有限时间稳定性的博士论文，并介绍说论文的背景是在分析苏联一架飞机失事的原因时发现飞机在机动飞行时状态变量的扰动方程是时变的，而对于时变系统即使对每个时间 t 对应的方程的特征根均具有负实部也无法保证系统状态的扰动会趋向于零。这是一个在工程应用上具有颠覆性的结论，因为当时在工程应用上对时变系统稳定性总采用冻结系数法，即认为如果将每个 t 固定所对应的时不变系统是渐近稳定就可以认为时变系统是渐近稳定的。而上面提到的飞机失事的分析报告直接指出常用的冻结系数法并不总正确。这篇博士论文引起了黄琳很大的兴趣，很快地他就对这一论断举出了数值反例，并向大家报告了这篇博士论文的内容，它提示黄琳应该沿着这个思路做点什么。

由于黄琳对其中的理论课题有了相当的了解和兴趣，他开始思考从有限时间稳定性出发能做些什么？对这一类系统应该怎么做，它的解怎么来估计？他考虑可用李雅普诺夫函数（Lyapunov function）作为系统扰动的总体指标来研究其如何随时间衰减的，联系到他在参加秦元勋讨论班时曾用李雅普诺夫函数进行直接估计来证明系统渐近稳定的办法，很快地他心中就有了清晰的思路，对解的衰减时间怎么估计有了明确的框架。恰好1959年秋天有一段空余时间，他就把它推导整理了出来，写了一篇论文，题目为《关于多维非线性系统衰减时间的估计问题》。文章投到《北京大学学报》，没想到很快就在1960年的《北京大学学报》上发表了。这是黄琳发表的第一篇论文，在同专业的同学中也是第一个发表学术论文的。有了这一结果做基础，他觉得事情并未做完，于是在心里开始思考和规划下一步可考虑的问题[①]。

1959年春季学期结束的时候，组织上告诉黄琳准备让他和陈滨去苏联留学，后因中苏关系恶化，他们留苏的事情相继被取消了。暑假黄琳从扬州探亲回来后去看望了哥哥，哥哥对他讲：你身体不好，给你买个乐器吧，弄弄音乐对身体会有好处的。黄琳表示他会吹一点箫，也拉过二胡，都是自学的，但水平都很低。最后哥哥带他到王府井一个乐器店花了三十元买了一把龙头二胡，当时的三十元在一些小城市几乎是一家四五口人一个月的生活费用。从此在黄琳的生活里多了一件事情，那就是拉二胡，它能排解他的孤独和寂寞，充实了他的生活。因为这把二胡他后来成了演出团的一名准成员。

暑假后回到学校时，苏联专家已经离开北大回列宁格勒了。由于他来北大工作而来进修的陈子晴和朱照宣也相继回到了他们原来的学校西安交大和同济大学，此时一般力学除有黄琳他们这一届留下的六个人之外，还有比他们早毕业的两位学姐卢绮龄与王肇明。苏联专家离开时大家曾议论过他走之后大家下一步应该怎么办。朱照宣老师在这两年里同大家一起学习工作，几乎已是准北大人，他曾给黄琳他们上过一门比较简单的非线性振动课程，后来也一直在这个方向上做研究，甚至还打算做这方面的实验。他临走前向大家大力推荐了当时由苏联院士 A. A. 安德劳诺夫和他的两位弟子在1959年出版的近千页的巨著《振动理论》，当时书的原版已经在中国发行了。安德劳诺夫的工作当时在国际上已相当知名，特别是关于

---

① 黄琳访谈，2018年4月16日，北京。资料存于采集工程数据库。

粗系统与结构稳定性方面的工作更是在非线性振动中开拓出了一个崭新的方向。另外，他们在托洛依茨基指导下读过斯托克的一本非线性振动的著作。诸多因素促使大家决定啃安德劳诺夫的这本原著。一开始对于这一决定并无疑义，但很快就出现了歧见。原来约定是将这部巨著分成若干块，几个人分头去读，然后轮流依次报告，用一年时间将书读完。由于参加的人都是同班同学，能在几年前入选一般力学的学习至少名列年级的中上，两年下来由于有苏联专家及朱照宣等学长在前面，大家跟着做还比较和谐，但现在变成自己独立去做就不太自然了，加之各人今后干什么，每个人想法也不一样。黄琳对自己有清醒的认识，因为从与一机部四局合作研究飞机安定性问题以后，他觉得无论做什么只要有价值，时间上有保证，他是会出成果的，而且心中已有一些问题需要解决。至于这部巨著黄琳试读了一下，也未感到太难，所以他倾向于认真去读这部著作。真正与他看法相同的是陈滨，但要把这个讨论班或读书会办下去仅二人之力是不行的。果然开始后不久就有人质疑这样读上一年将来究竟有何用，不应拘于既定的框框，而应另辟蹊径，于是读书会在苦撑了一个多月后也就夭折了。

1960年，北大发生了两件在科技上极其荒唐的事。一是迷信超声波，不少单位就闹起了"超声波热"，并希望能用土法造出超声波发生器；二是寻找新的半导体。在上述两项技术革命的群众运动中，数学力学系并不是主角，但此时数学力学系的领导提出要下厂向工人阶级学习，开展技术革命运动。一般力学的一部分同学在校内开展陀螺平台和火箭轨道计算的研究，当时黄琳被指定带几个高年级的学生做这项工作。无论是火箭轨道计算还是陀螺平台都是当时心目中未来一般力学应该做的事，陀螺平台由学生做了一个只起原理演示作用的东西，吴良芝等人利用一个自行车的轮子，在其上安装上陀螺用来测点角度信号，实现了单自由度的定位，这当然是非常土的做法，但基于当时的条件也不失是一种训练。至于火箭轨道计算，他们找到了一本火箭技术概论，总算弄明白了一些，然后利用书上的数据基本上依靠手算，算了一下轨道。这两件事做了一阵子，但随着形势的变化就自生自灭了。

1960年暑假前，党总支组委李龙堂找黄琳谈话，告诉他由于他是研究生身份，不宜再负责系里保卫工作，也不宜再担任力学教员支部的职务，待手续办好即重新回到研究生的编制中活动。这三年来黄琳身不由己地被安排在这些岗位，工作很繁重，一直忙忙碌碌，在业务上浪费了许多向苏联专家学习的宝贵机会，在生活上一直靠拿助学金维持日常开销，而同时毕业的同学早已拿上了正式工资。现在能回到主要搞业务的岗位上，他内心感到如释重负，因为这才是他真正应该做而又能够做好的事情。他从内心非常感谢当时党的决定，因为没有这个决定就没有他后来的发展。这样一个转变实际上改变了他人生的道路，陈良焜在回忆文章中这样写道："六十年代'文化大革命'前，偶尔听说黄琳一心一意地'闭关'于控制理论的研究，逐渐疏离政治。"邱淑清在访谈中也讲道，后来的历次政治运动，黄琳不属于冲在前面的，也不属于整人的积极分子，他是属于比较冷静的，不跟风，是非清楚，这点给她的印象很深。

这年暑假后黄琳搬到了研究生住的29楼，与比他高一年级的宋连城和陈定亚住在一起。名义上他是回归做研究生了，但实际上一开学教研室当时的领导王肇明就来找他，要他给1956级一般力学的学生上专门化课程。

为了上课，黄琳买来了当时国际公认的经典著作，美国切斯特纳特（H. Chestnut）和迈耶（R. W. Mayer）合著的伺服系统与调节系统设计的俄译本，他开始津津有味地读了起来。他用这套书边学边给学生讲，为了讲好这门课他花了大量的功夫。因为这本书涵盖的内容比较多，他只讲了其中一部分。当时正值国家三年困难时期，吃不饱饭，黄琳有几次夜里去厕所头晕乃至昏倒过，很快他身体就出现了浮肿。当时学校已经停止上体育课，开始建议大家根据摄入的能量安排自己的生活，也提出如果谁家乡灾情不严重，可以先请假回乡度过灾荒再回来。由于极度缺乏营养，黄琳浮肿加剧，于是在课上完后教研室同意他回家休养，但提出了一个条件，回来后开设一门新的课程。这样，他就带着一本刚弄到手的J. H. 兰宁和R. H. 白亭合著的《自动控制中的随机过程》（*Random Processes in Automatic Control*）和一把二胡回到了老家扬州。

黄琳在扬州的任务就是准备下学期要开设的自动控制中随机过程的课程。在家这段时间，有时父亲会提出一起去瘦西湖边的茶社坐坐，服务员往往会把他们引到一个很安静的地方，泡好一壶茶，他们两人一人一本外文书，在那儿一坐就是半天。因为在家里，就有很多时间练习拉二胡，这样两个月下来，除了身体和业务都有了很大的改善和进展，拉二胡的水平也有了很大的进步，可以名符其实地说实现了三丰收。

快开学时黄琳回到了北京，此时宋连城、陈定亚两位学长已经毕业。面对还有半年就要研究生毕业了，他向王肇明咨询这半年除了要他上课，怎么做才能顺利毕业。她说她去问系领导，结果有意思的是系里都知道黄琳是研究生，而教务处的研究生科表示对这位研究生没有任何印象。过了几天，教务处终于找到了当年黄琳被录取为研究生的资料，这才确认了黄琳的研究生身份，他应该在 1961 年夏天前毕业。接着系里通过王肇明告诉他毕业前主要工作是要完成一篇毕业论文。由于当时根本就没有培养计划，考虑到他已经给本科生上了专门化课程，业务课就不用考了，但研究生应掌握两门外语。黄琳大学时学的是俄文，因此还要考一下英文。考虑到他在北大并未去上过任何英文课，自然没有成绩，由系主任段学复先生提出要黄琳翻译一本英文原著的序言，由他亲自审核决定是否可以通过，这件事完成后才能进行论文答辩。由于黄琳当时上课就是参照着英文书讲的，因此翻译序言对他来讲没什么困难。将翻译稿交给段先生后，过了一周王肇明告知黄琳，段先生的意见是：总的来说翻译得不错，英语可以通过，但他指出黄琳才开始读英文书，遇有生字必须认真查字典，不能像我们这些老人一样，不查先猜，这个习惯不好。英语考试既然通过了，剩下的事情就是在上课的同时写出一篇论文来准备答辩，由于已有一篇正式发表的论文做基础，他脑海里早就有进一步做什么的想法，这个想法就是将李雅普诺夫函数不仅是看作研究稳定性的工具，而是将其看成衡量系统中扰动的一种度量，用研究其衰减的快慢来描述系统中扰动的衰减，沿着这个想法将发表的第一篇论文深入地研究下去得到更为有价值的结果，论文很快就弄出来了。虽然在整个完成论文的过程中缺乏指导，但答辩还是很正规的，答辩委员会的组成在当时应该讲是很豪华了。主席由段学复教授亲自担任，他是学部委员（即现在的院士），答辩委员还至少有秦元勋和张芷芬，秦元勋是哈佛大学的博士、中科院数学研究所的副研究员，张芷芬是莫斯科大学的副博士、北京大学数学力学系副教授。答辩进行得相当顺利，提问的主要是数学力学系的黄文肇，他比黄琳低两个年级，当时刚留校当助教。因为黄琳在论文中应用了线性变换化矩阵为实若当型的方法和结论，而段先生是代数学家，所以很开心地说没想到在这儿矩阵还这么有用，这给黄琳留下了很深的印象。这样黄琳就于1961年8月通过了论文答辩，可以顺利毕业了。

在答辩完成以后，黄琳在一次和别人讨论李雅普诺夫方法时提到苏联专家让他们做的平方积分评价可能与李雅普诺夫方法存在某种联系，这样一个当时闪过的想法是基于平方积分评价的被积函数可以看成是系统的李雅普诺夫函数对系统的全导数，而平方积分评价不仅是对扰动过程优劣的一种刻画，而且就是对应李雅普诺夫函数在初始扰动的取值。虽然当时还没有这样清晰的认识，但可能具有的这种联系经常萦绕在他脑中，直到两年后郑应平、张迪和殷金生做毕业论文时他将这个问题与他们讨论，结合当时已有的关于解析设计的思想在国际控制界受到重视，遂将其确定为他们毕业论文的总方向，和他们一起从不同角度进行研究，由于他们已经了解并掌握了动态规划的方法，从而使问题得到了完整的解决。

黄琳的研究生毕业评语是这样描述的：

> 1. 黄琳同志的工作是有意义的，是独立工作的结果，它表示了黄琳同志已具备一定的独立科学研究的工作能力，论文本身有一定的创造性。2. 论文中问题提得明确，工作细致、正确，获得的研究结果比较好。3. 缺点是对于国内外别人工作了解注意得不够，有部分重复的地方。未能很好地把自己的结果和别人的结果对照起来进行分析比较。4. 最后希望黄琳同志能进一步学习掌握更高深的某些数学工具，这对今后研究工作是很有利的，并希望黄琳同志多注意联系本国实际，从国内实际需要出发，继续进一步开展科学理论研究。在历次政治运动中，立场坚定，表现积极，工作努力，学习钻研，但有时表现出群众观点不够，比较主观。①

---

① 《1961年研究生毕业评语》，1961年。存于北京大学档案馆。

在黄琳毕业前的那半年，他萌生了要离开北大的想法，因为他觉得北大不是能真正让他在控制学科发挥作用的地方。他开设了一些控制课程，但是这些在控制中很重要的课程在这里并没有得到支持。当时参与研究飞机安定性问题时黄琳就希望能真正用上控制理论，而在北大这并不容易实现。他希望研究生毕业后去国防科研单位工作，但事实是没有征求他的任何意见就被告知他将留校的决定，就这样他就正式地成为数学力学系教师队伍中的一员。

决定黄琳留校后给他调了工资，这样他就比同时本科毕业的人员工资高了一级，相当于原助学金的一倍半，达到了月工资69元，但一时没有房子，还让他暂住29楼。就在这个时候，北大与山西特别是太原工学院商谈让他们派一些青年教员到北大数学力学系读研究生，当时一下子就来了七八位，其中有一位要来一般力学学控制，他叫齐隆范。领导决定这个研究生由黄琳来指导。黄琳了解了他的情况后，给他介绍了几本重要的书让他去读，因为他刚来还谈不上选题做研究。那时黄琳还住在29楼，这位同学被分配与黄琳住在同一屋。后来系里在18楼给了黄琳一间朝北的宿舍，他这才搬到了教师宿舍。

混乱的四年研究生生涯是现在人们难以想象的，黄琳的经历可能更特殊一些，其他的研究生也会有各种各样的问题，那时能像现在这样有计划有指导地认真读书做研究只是小概率事件。其实，在1956年党提出"向现代科学进军"的时候曾经向苏联学习，准备建立培养副博士和博士研究生的制度，但在反右派斗争后就没有再提过，直至"文化大革命"结束。黄琳研究生读完了，但并没有相应的学位。因为这件事，黄琳在美国做学术交流时还闹出了一些花絮。有一次黄琳在霍华德大学做学术报告，主持人事前看了他的简历，弄不明白就问黄琳当时读研究生是什么学位，黄琳告诉他当时中国没有学位，他听后极为诧异，于是在介绍黄琳时特意加了一句话：当时中国没有学位体系。这一句话立即引起下面一些人复杂的反应，有点头的，也有感到非常诧异的。

纵观黄琳在北京大学的八年求学经历可以看出他后来能有所成就的原因主要有：

其一，北京大学数学力学系有优秀的师资队伍、认真的教学和浓厚的求学氛围，而黄琳学习目的明确、刻苦用功、勤于思考又方法得当，使他铸就了非常坚实的学术基础。

其二，他后来从事的控制科学研究此时刚兴起不久，钱学森和苏联专家向他提供了美国和苏联在这方面的最新成果，而这个客观条件在当时国际上也是少有的。尽管这段时间他曾身患重病，肩负繁重的社会工作，并面临不断的政治运动的干扰，但还是以顽强的毅力同时掌握了美苏双方相关领域的研究成果。

其三，由于研究飞机安定性的需求，使他有深入实际运用理论解决问题的机会，而北大的教育经历使他不停留在解决现有问题的阶段，而是由此作为开端凝练有价值的科学问题，坚持不懈地探索研究。

第三章
春华秋实　贡献卓越

黄琳是第一届控制理论专业委员会十五位委员之一。他的论文《论衰减时间估计》(On the estimation of the decaying time) 作为中国自动化学会遴选的两篇稿件之一入选 1963 年第二届国际自动控制联合会大会。他参与筹备一般力学全国大会并做大会报告，并在此基础上完成综述文章《控制系统动力学及运动稳定性理论的若干问题》，他的报告及文章对国内业界均产生了很大的影响。黄琳与郑应平、张迪合作给出了国际领先的现代控制理论的奠基性成果，即极点配置定理和二次型最优控制问题解的存在性和唯一性，线性控制律和对应黎卡提方程（Ricatti equation）的解法。

未届而立　跻身控制学术之林

1961 年，就在黄琳留校后不久，王肇明拿来一个开会的通知，上面写着当年 11 月要在天津召开中国自动化学会成立大会并举行学术报告会。当时北大数学力学系已经在 1960 年正式成立了自动控制专业，并挂牌招收本科生，自然很希望与国内同行结识并交流。系里希望黄琳能带两位老师去参加会议，并做适当的准备。当时黄琳准备了三篇文章，其中两篇是关于衰减时间的，另一篇是关于多维随机输入的。让黄琳没有想到的是三篇论文都被接受了，这样他就和俞达成、易继锴结伴前往天津开会。当时俞达成、易继锴不是正式代表，是作为旁听者出席会议的[①]。

参加这次大会时黄琳尚未定职称，应该是正式代表中资历很浅的一位，自然他们三人没被安排住在开会的宾馆而是住在会场附近的一个客栈，与他们同住在客栈的还有清华大学的几位刚从苏联回来的留学生以及其他一些与会者。当时代表的论文都是由各参会单位自行印刷，装订好带来的。由于困难时期刚过不久，这些文章大量还是用毛边纸印刷的，内容可能不多，但看起来也都是厚厚的一沓[②]。

黄琳虽然年轻，但在会上还是秉承在北大的作风，敢于提出问题。有一次一位先生在报告一个非线性问题时把不能用数学证明的东西说成了已经证明，黄琳当时就直接提出了质疑，后来也有几位跟着说了些批评的话。[③] 中国科学院数学研究所秦化淑研究员也参加了这次会议，她刚从波兰获得数学博士回国不久，这次是代表中国科学院数学研究所研究员吴新谋参加大会的。她回忆起这次会议时曾这样描述："时任职于中国人民解放军导弹研究院、大尉军衔的宋健在会上作了关于最优控制的大会报告。会上，黄琳提问质疑说：'你的假设不合理'。让我很是惊讶，印象深刻。我

图 3–1　1961 年中国自动化学会成立合影（二排左十六为黄琳）

---

① 黄琳访谈，2018 年 4 月 16 日，北京。资料存于采集工程数据库。
② 黄琳：毕业、工作——在动荡中求索。2017 年，未刊稿。存地同上。
③ 同①。

当时感觉,这位北大年轻学人说话怎么这样冲?一点脸面都不留。"①

这次大会之后成立了控制理论与应用专业委员会,第一届专业委员会委员共十五人,黄琳在不知情的情况下也位列其中。他应该是委员中年纪最小、职称最低的一个,估计职称还只是助教的仅他一人。当人们说起此事时,他总将此归结为是因为北京大学在国内的地位。从此黄琳一生就同控制科学结下了不解之缘。

中国自动化学会成立大会结束不久,黄琳接到学会通知说1963年8月要在瑞士召开第二届国际自动控制联合会(IFAC)世界大会,学会决定遴选论文参加会议,学会经过初步研究认为他在天津会上宣讲的论文可以参加遴选,要黄琳按时准备好文稿送交学会,等等。这在当时也算得上是件大事,与相关领导商量后黄琳就开始准备,由于国内遴选只需中文稿,考虑到天津参会的论文针对多维随机输入他只是采用了矩阵描述的方式并将方差由单随机过程扩展成随机李雅普诺夫函数,黄琳觉得工作只是把标量扩展至向量,对任何有着较好线性代数基础的人来说难度并不大,他觉得缺少本质性的推进,不值得送选,于是他把精力集中到研究衰减时间估计的问题上。稿子弄好后就接到通知要参加审稿会,1962年春天审稿会召开,在这个会上宣读了不少论文,但最后只确定了两篇送往国际自动控制联合会参会,其中一篇就是黄琳的《论衰减时间估计》,还有一篇是宋健与韩京清的关于最速控制综合的文章。据黄琳回忆当时有一些工作还是很有特色的,但由于各种非学术原因而未获选,例如张嗣瀛先生的关于追踪方面的文章,因为举了一个火箭的例子,涉及保密而没有送出去。

获准投稿国际自动控制联合会的论文需要翻译成外文,在翻译文章时,北大程民德先生给了黄琳很大的帮助。他帮忙请了北大的丁同仁和钱敏两位先生,黄琳又请了他的老同学丁中一,这样才完成了俄、英两种译文和俄、英、德、法四种文字的摘要。在那个时候,即使在北京,要找一个地方将文章打印出来也是很难的。最后数学系办公室的黄敏在东单找到

---

① 秦化淑:皓首忆友情　虔心赞英才——记与黄琳逾半世纪的交往。见:黄琳先生八十华诞文集编委会编,《唯真求实　矢志创新——黄琳先生八十华诞文集》。北京:北京大学出版社,2015年,第47页。

了一个打字印刷社，解决了问题[①]。

过了好几个月，程民德先生拿来一封从国外寄来的信，告诉黄琳文章已被录用，并对他表示祝贺。

自动化学会告诉黄琳要做好准备去瑞士宣读论文。但是临近出国前，学会又通知黄琳不能去参会了，文章由宋健代为宣读，并要求他与宋健交谈一次，讲清楚文章的细节，黄琳照办了。在开会前夕，他们拿到了会议论文的预印本，于是在西苑旅社开了一次预备会，其任务是要大致弄明白别人的文章都做了些什么。由于当时的政治形势，"反修"的任务比较重，此时已有消息传来说宋健与韩京清的论文未获国际自动控制联合会录用是苏联学者作梗所致，遂决定携带该文的抽印本在会上散发以扩大影响，为了防止苏联方面造事，领导特别要黄琳仔细阅读苏联人的论文并从中找出毛病。黄琳用了很长时间终于在一篇文章中找到了一处在数学上不严格的证明，完成了任务，并写了一个说明，以便去开会的人在必要时拿出来进行反击。在这次预备会上，黄琳有机会能够近距离地接触到当时中国控制界的知名教授，由于分配黄琳与宋健住在一起，他正在打算帮钱学森先生改写《工程控制论》，就给了黄琳一份刚写出来的手稿，希望黄琳能帮他看一下，并提出意见。在这个会上，清华大学钟士模先生认真负责而又平易近人的作风给黄琳留下很深的印象，不知他从哪儿知道黄琳会打桥牌，临走时他专门跟他讲："黄琳呀，这次时间太紧了，下次再有机会一定找人，我们一起打一次桥牌吧！"当时他已是国内控制界的顶级教授和领军人物，而黄琳只是小助教，未曾想到的是后来钟先生在一次外事活动后竟突发急病去世了。钟士模先生是电机与自动化领域的专家，他在控制界的活动中始终不渝地提倡和推动控制理论的研究，并积极倡导将理论应用于工程实际[②]。

国际自动控制联合会大会开完后，学会组织了一次活动，专门介绍这次大会的相关情况。屠善澄先生传达了会议业务方面的情况，重点介绍了参加大会时散发宋健和韩京清的论文后引起了热烈反应，在众多国际（主要是西方国家）学者支持下，国际自动控制联合会领导机构决定将该文正

---

① 黄琳：毕业、工作——在动荡中求索. 2017年，未刊稿. 资料存于采集工程数据库.
② 同①.

式刊入会议论文集，这样大家的努力算是取得了成功。在谈到黄琳那篇论文时说论文的内容受到了国际知名学者拉塞尔（LaSalle）和塞戈（Szego）的关注，并引起了热烈的学术讨论[①]，有一些外国学者还很有兴趣地追问这篇论文的背景等问题。随后宋健又将会议上针对这篇论文所提的问题正式交给黄琳，后来在作出正式回复后将回复交给了国际自动控制联合会并在正式文集中刊出。事实上，这个工作的原始出发点是 1959 年黄琳在和航空部门合作做飞机安定性分析时所考虑的，又受当时一位苏联学者列别捷夫关于时变系统有限时间稳定性研究的启示，而后者的工作据说是源于一次飞机用自动驾驶仪飞行出问题后所做的分析，即认定对这类时变系统采用冻结系数法是不正确的。

未能去参加国际自动控制联合会大会对黄琳影响并不大，因为他心里尚有几个最优解析设计的问题需要解决。当时他们已经搬到了十三陵，那一年暑假他没有回家，想利用十三陵安静的环境读点书，争取解决一两个控制理论中的问题。

敢于担当　科学本是强国之事

1962 年春天，国内打算筹备召开一般力学的全国大会，黄琳受周培源先生委派参与了筹备工作[②]。筹备小组的组长是林士谔先生，参加筹备的还有北京工业学院（现在的北京理工大学）的胡助和赵经义先生，北京矿业学院的郝桐生先生等。在林先生的领导下大致确定了一般力学所应包括的主要研究方向，即应包括分析动力学、控制系统动力学、运动稳定性理论和陀螺仪理论等，这些方向在当年全国一般力学大会的大会报告中得到了充分体

[①] 段志生，王金枝，杨莹：黄琳传略。见：钱伟长总主编，《20 世纪中国知名科学家学术成就概览·信息科学与技术卷·第二分册》。北京：科学出版社，2014 年，第 409 页。

[②] 苏先樾：追求卓越　勇于啃硬骨头。见：黄琳先生八十华诞文集编委会编，《唯真求实　矢志创新——黄琳先生八十华诞文集》。北京：北京大学出版社，2015 年，第 40 页。

现。在筹备会上林先生提出控制方面的大会报告由黄琳来做，黄琳当时表示自己年纪太轻，有可能的话还是请别人做更合适，但最后林先生还是坚持报告由他来做。黄琳积极准备，提交了题为《有控系统动力学的几个问题》的报告，并在大会上做了宣读。他做完报告后，钱学森先生做了长篇发言。首先他肯定了黄琳的报告，并纠正了黄琳在文章中将 Y. H. Ku 翻译成顾逸修是不恰当的，而应翻译成顾毓琇，随后他介绍了顾毓琇这个人的政治态度，特别谈到了顾毓琇与国民党政府的关系。顾毓琇是中国近代史上杰出的文理大师，他学贯中西、博古通今，集科学家、教育家、诗人、戏剧家、音乐家和佛学家于一身，是中国电机、无线电和航空教育的奠基人之一。

这次一般力学大会之后，《力学学报》的编辑董务民找到黄琳跟他说：有人建议将他在一般力学大会上的报告整理出来发表，而且提出希望把张嗣瀛先生讲的运动稳定性的内容也包括进去。这个建议是谁提出的董务民没有直说，黄琳当时建议由董务民出面将这件事告知张嗣瀛先生。黄琳在仔细研读了张先生的报告后决定另起炉灶，按自己的想法把控制与稳定性有机地结合在一起，写成了一个综述报告，题目为《控制系统动力学及运动稳定性理论的若干问题》。文章交给董务民后，很快就在1963年《力学学报》的第二期上发表了。这篇文章是他在原大会报告的基础上经过补充完善而形成的，文章论述了线性系统，稳定性理论的发展与非线性系统稳定性、非线性系统中的自振与周期过程，最优控制理论等，这些内容对当时国内的一般力学界乃至控制界来说很多都是新的，无论是大会报告还是后来的《力学学报》的文章对国内业界均产生了很大的影响。后来担任西北工业大学校长的戴冠中在回忆此事时这样写道：

> 黄琳以特有的学术敏感性，将经典力学中的非线性动力学系统与控制理论相结合，提出"有控力学"这一崭新的概念。当时盛行的经典控制理论主要研究伺服系统的控制问题，被控对象是单变量的线性定常系统；"有控力学"一文中以复杂的动力学系统为被控对象，研究多变量的非线性系统的控制问题。不仅如此，文中还给出解决上述问题的一种重要工具——Lyapunov 方法。因此，这不失为一篇叩响"现

代控制理论"大门的佳作。由于该论文的前瞻性和深刻性，我一直以为黄琳是一位资深年长的老先生，直到在厦门大学参加控制理论学术会议第一次见面时，才惊讶地发现他竟是一位青年教师。[①]

也是在这一年，国家决定对1956年制定的12年国家科学技术发展规划进行修订。林士谔先生负责力学中一般力学的部分，他把黄琳叫到民族饭店去讨论此事，并要黄琳负责撰写控制和稳定性的部分，其他还有分析力学、陀螺与飞行力学、机构运动与动力学等方向。这样大家就在林先生的领导下将一般力学研究的方向写进了国家科学规划中。这五十年来我国一般力学事业的发展基本上是沿着这一方向进行的。20世纪末在国际力学界充分肯定动力学与控制在力学发展中的重要地位后，国家自然科学基金委决定按国际通用的说法将"一般力学"这一学科的名称正式改为"动力学与控制"，而这一变化恰好与林先生当时推进发展中国一般力学事业的初衷相符合[②][③]。

1962年的秋天，由于之前导弹发射失败，经过分析认为是由弹体的振动而导致的。七机部在这个背景下由钱学森先生出面召集当时的控制理论界的学者，在颐和园龙王庙召开了一次研讨会，黄琳也参加了这次会议。会议一开始由宋健代表钱先生谈了弹性体控制问题与导弹发射失败的原因。来的很多人都是学数学的，当时在钱先生的建议下在中科院数学所成立了与七机部联合建立的控制理论研究室，在北大停办控制专业的同时山东大学和复旦大学相继建立了控制学科，于是张学铭、陈祖浩、李训经等都来了，再加上关肇直、秦化淑、毕大川、韩京清等中科院数学所的人，形成了以数学为主的控制理论格局，真正学力学的就黄琳一个[④]。秦化淑在一篇回忆文章中曾写道：

---

① 戴冠中：永葆学术青春。见：黄琳先生八十华诞文集编委会编，《唯真求实　矢志创新——黄琳先生八十华诞文集》。北京：北京大学出版社，2015年，第50页。
② 黄琳：毕业、工作——在动荡中求索。2017年，未刊稿。资料存于采集工程数据库。
③ 黄琳：《林士谔先生诞辰百年论文集·序一》。北京：北京航空航天大学出版社，2013年。
④ 秦化淑：皓首忆友情　虔心赞英才——记与黄琳逾半世纪的交往。见：黄琳先生八十华诞文集编委会编，《唯真求实　矢志创新——黄琳先生八十华诞文集》。北京：北京大学出版社，2015年，第47页。

在这次会议上，钱学森先生讲到导弹飞行中如何抑制弹性振动是尚未解决而且有相当难度的理论和设计问题。接着又谈了"要下水"的问题。意思是，要了解并参加与控制有关的实际任务，必须深入到实际中去，否则是做不出创造性成果的。深入到实际中去，就好比要学会游泳必须要下水一样，而不是仅站在岸上观看。钱先生的讲话引发了与会者的强烈反应。黄琳对此响应热烈。他发言时说，对这个两端自由的弹性振动问题，如何为设计者提供有指导性的原理方案，是控制理论工作者们应当十分重视并应真正深入到实际中去探求的。当时感觉，他对钱先生的讲话和对控制工程的理解比其他与会者要深刻得多。①

龙王庙会议可以说是控制理论队伍在中国真正形成的标志，这个队伍的特征就是以数学为主，这在一定程度上也影响了后来几十年理论与工程脱节的状况，因为数学更注重理论上的严谨，而控制要解决实际问题，但由于这支队伍基本上不太了解控制解决实际问题的关键并不在理论是否在数学上严谨，而在于能否结合实际有综合性的思维，这是理论与工程在一定程度上脱节的原因之一。

1965年在北京召开的全国自动化学术会议上，有几位老先生提出希望能有一个关于非线性控制方面的综述报告并点名要黄琳去完成。此时黄琳正在编写完善他刚讲完的一门选修课最优控制理论的讲义，照理他无暇再弄这篇非线性控制的综述，但他在认识到这项工作的意义后，考虑到自己曾经开设过类似的课程并对非线性振动有相对充分的了解，便欣然应允了此事。他不只关注自己熟悉的领域，而且又一次钻进图书馆，从能找到的国内外杂志上收集重要的素材，思考其发展前景和存在的问题，在"四清"前抓紧时间完成了这个报告。当时刚好情报所想办力学的情报杂志，即将苏联的力学文摘分开出版，其中一个就是一般力学，在全部翻译苏联出的有关文摘外再加上国内的相关结果，并且希望邀请国内专家为其

---

① 秦化淑：皓首忆友情　虔心赞英才——记与黄琳逾半世纪的交往。见：黄琳先生八十华诞文集编委会编，《唯真求实　矢志创新——黄琳先生八十华诞文集》。北京：北京大学出版社，2015年，第47页。

撰写综述文章。也不知从什么渠道他们知道了黄琳正在撰写非线性控制方面的东西，就派人来将其要去。当时黄琳正面临去农村"四清"，而国内政治形势的反复和北大社会主义教育运动的冲击使得他不知何时方能一切正常，在这种形势下为了省却麻烦他就将稿子给了一般力学的文摘杂志而去了农村，他从农村回来后这篇综述发表了[①]。在这篇文章中，他从绝对稳定性、李雅普诺夫方法的进一步发展、非线性过渡过程、自振与周期过程、非线性系统综合、变结构控制等六个方面进行了论述并指出了可能的研究方向，其中一些方向是当时国内远未注意的，例如变结构控制在国内真正引起重视已经是二十年后的事情了。该文发表不久便爆发了"文化大革命"，接着国内科技期刊全部停刊。虽然当时因文章发表在力学的文摘杂志上而不被控制界大多数人所熟悉有些遗憾，但能及时发表至少从侧面说明了黄琳在实实在在地尽力地为促进中国控制事业发展而努力。

坚韧不拔　　终获国际领先成果

从 1962 年秋到 1963 年夏，在北大可以算得上是从事控制研究的黄金时间，一方面数学系的程民德、张芷芬两位教授兼领导面对力学专业不愿意再出人支持控制理论发展的思潮明确表示，数学专业要派教师与黄琳合作，而且说到做到，当即派来了林振宝、廖可人和周芷英与黄琳及 1957 级的学生办起了联合讨论班。此前同一个教研室的王肇明老师在第一时间请她的先生刘易成从苏联买到了庞特里亚金（Lev Semionovich Pontryagin）的原著送给了黄琳，使他成为国内能及时读到这一重要著作的极少数人之一，这些都为他们顺利开展最优控制的学习、研究以及在 1964 年能顺利开出最优控制的课程并完成相关讲义的编写创造了很好的条件[②]。

[①] 黄琳：非线性控制理论的发展概况与某些问题。见：黄琳先生八十华诞文集编委会编，《唯真求实　矢志创新——黄琳先生八十华诞文集》。北京：北京大学出版社，2015 年，第 176-183 页。
[②] 黄琳：毕业、工作——在动荡中求索。2017 年，未刊稿。资料存于采集工程数据库。

  1963 年的春天 57 级的学生要毕业，在选择毕业论文方向时竟有五个人选择了控制，分别是郑应平、张迪、邢光谦、严拱添和殷金生，其中殷金生是早就确定留校，已算是教员了。这些人学习都在班上位列中上，郑应平则是全年级有名的聪敏学生。五个学生、三位数学老师再加上黄琳组成了一个规模空前的讨论班。因为黄琳不能同时指导五位大学生的毕业论文。于是就把邢光谦和严拱添分配给了数学老师林振宝和廖可人指导，但他们二人做什么方向和遇到问题都会来找黄琳讨论。当时他们首先了解到苏联以列托夫（Letov）为代表的学者开始做关于最优解析设计的工作，同时看到了美国人写的一本书《线性反馈控制设计》[1]，再加上原来在做平方积分评价时利用李雅普诺夫第二方法进行处理时思考过的问题，黄琳就让郑应平与张迪考虑连续线性系统二次型最优控制问题，让殷金生研究相应的离散线性系统。由于数学系的老师毕竟刚刚进入这个领域，黄琳建议邢光谦做最优控制与变分法关系方面的工作并给予必要的指导。很快郑应平有了明显的进展，他与黄琳讨论得也最多，几乎他们一有想法就去推导然后讨论。张迪在变系数系统上给出一个有趣的例子，而离散情形依然没有进展。这样黄琳就与郑应平、张迪将动态规划与李雅普诺夫方法相结合，成功地证明了常系数线性系统二次型最优控制问题解的存在性、唯一性，给出了最优控制的线性控制律、黎卡提方程求解的序列逼近法和单输入线性系统极点配置定理。极点配置定理告诉人们，对一个可控的系统，用状态反馈可以任意移动系统的极点，它揭示了状态反馈移动系统极点的能力与系统结构性质的密切关系。已故学部委员关肇直曾发表文章多次提到这一创造性工作[2]。他们将得到的这些结果整理出来，写成《李雅普诺夫第二方法与最优控制器分析设计问题》发表在 1964 年的《自动化学报》上。文中给出的单输入系统的"极点配置"定理，要比 1965 年 Bass 和 Gura 给出的单输入单输出（SISO）解和 1967 年旺纳姆（W. M. Wonham）

---

[1] Newton G C, Gould L A, Kaiser J F: Design of Linear Feedback Controls. Analytical, John Wiley and Sons Ink, NewYork, 1957.

[2] 段志生，王金枝，杨莹：黄琳传略. 见：钱伟长总主编，《20 世纪中国知名科学家学术成就概览·信息科学与技术卷·第二分册》. 北京：科学出版社，2014 年，第 410 页.

给出的多输入多输出（MIMO）解都早，而极点配置是现代控制理论的奠基性定理之一，意义十分重大。他们所证明了的二次型最优控制问题解的存在性和唯一性、线性控制律和对应黎卡提方程的解法，又是现代控制理论的另一奠基性成果，而国际上克莱曼（D. L. Kleinman）是工作多年后才获得类似成果的①。有意思的是二十多年后高为炳先生曾告诉黄琳当他阅读这篇文章时，很快发现在旺纳姆所著的专著《线性多变量控制：一种几何方法》(Liner Multivariable Control. A Geometric Approach)的最后一章关于二次型最优控制在理论处理的写法上竟与黄琳等发表的文章的写法相当一致，而旺纳姆的书出版于1979年，比他们文章的发表整整晚了十五年②。

后来黄琳自己去考虑离散情形时发现，从最优性原理出发建立贝尔曼方程（Bellman equation）来讲似乎比连续情形还容易些。在他给1958级一般力学专业上最优控制课时讲授了此方面的内容，并写进了最优控制理论的讲义里。当时邢光谦做的是把最优控制问题用非线性变换的方法转换成变分法中的博尔扎-迈耶问题（Bolza-Mayer problem）来解，这个方向刚好是由黄琳的老师托洛依茨基首先在苏联的应用数学与力学杂志上发表的，自然他的好奇心与兴趣也更大些。当时他们还搞了一个读庞特里亚金原著的讨论班，应该说科研形势和环境非常好。遗憾的是，到了1963年的夏天学校决定他们搬往十三陵，几个学生也毕业了，当时的交通条件也不再允许他和还在海淀的数学系的几位老师继续合作开设讨论班，黄琳又不得不回到了单干的状态。②

黄琳多年后回忆起这段经历时仍然觉得没能继续合作下去是一件非常遗憾的事情。由于当时他只是一个助教，不能带研究生，郑应平去了中国科学院自动化研究所（以下简称自动化所）做研究生，邢光谦与严拱添也去了自动化所工作。黄琳对郑应平的才华和能力很欣赏，他曾回忆道："郑

---

① 王飞跃：一本书的力量：与黄琳老师的交往与相关回忆。见：黄琳先生八十华诞文集编委会编，《唯真求实　矢志创新——黄琳先生八十华诞文集》。北京：北京大学出版社，2015年，第68页。

② 黄琳：毕业、工作——在动荡中求索。2017年，未刊稿。资料存于采集工程数据库。

应平是我多年来碰到的素质最好的学生，当时他六年级，年轻好学且富于想象力，他外语特别是英文很好。在我们将方向和题目定下来以后，他会经常告诉我有什么新书和新的文章并能很快就把文章或书送来，由于我看书的速度也快，这样在一些新东西出来后不久我们就能形成共识，应该具体去做什么，很多结果我们常常是同时得到的，应该讲这么高效率的合作是不多见的。他不仅头脑灵活而且踢足球也很在行，参加运动会还得了跳远的亚军。"退一步讲，如果当时他们不搬往十三陵，与数学系及同在中关村的郑应平、邢光谦与严拱添的讨论班应该还会继续下去，科研情况和成果应该会好得多。当时北京的交通条件使得黄琳和他们三人很少再有联系，后来经历了十五年的风风雨雨，等黄琳从汉中返回后这三位又成为他家的常客时他们都已经成为各自单位的学术达人，大家回忆起当年在一起工作的时光时还是很怀念[①]。

图 3-2 郑应平、张迪、殷金生、黄琳（从左至右）合影

1966年要在伦敦召开第三届国际自动控制联合会大会，黄琳将他们近期得到的结果扩充整理出来准备投稿。没想到发生了意想不到的事情。毛剑琴教授在一篇回忆文章中写道：

> 1965年自动化学会征集参加1966年在英国伦敦召开的第三届国际自动控制联合会会议的论文，黄琳将他指导下的57级学生郑应平

---

① 黄琳：毕业、工作——在动荡中求索。2017年，未刊稿。资料存于采集工程数据库。

和张迪合作用中文发表在《自动化学报》上的论文加以扩展、提高和系统化写成有关连续和离散系统二次型最优控制的基本理论和极点配置的论文，稿子交给当时进驻北大搞运动的社会主义教育工作队，却遭到了封杀，同样是政治原因，不过这一次竟连文章都不许送出去。令人遗憾的是，在这篇论文中所发表的一些在控制理论上有基础意义的成果在当时至少领先国际同类研究三年，因为论文未能发表，使其在国际上长期未得到认可。这些事也只能作为具有中国特色的案例留在我国自动化领域国际交流的历史上了。2014年得知国际自动控制联合会授予黄老师"会士"（Fellow）的理由中谈到了这方面的贡献，历史终于还给他一个公道。①

图 3-3　2014 年黄琳当选国际自动控制联合会会士证书

这样一个当时控制理论上领先的可以写进教科书的基础性成果没有送到国际上去发表当然对黄琳个人来说是不公正的，但也不仅仅是他个人的

---

① 毛剑琴：有一种学风是"唯真求实"——为黄琳老师80诞辰作。见：黄琳先生八十华诞文集编委会编，《唯真求实　矢志创新——黄琳先生八十华诞文集》。北京：北京大学出版社，2015 年，第 86 页。

损失。黄琳当选国际自动控制联合会会士，在国际自动控制联合会官方文件（会士证书）中给出的表述是这样的：对线性二次型最优控制、多项式族的鲁棒稳定性理论和极点配置作出奠基性贡献。这样的表述算是给了中国人对控制理论基本问题所作贡献的一个公开的认可。

后来针对用输出反馈能否实现二次最优这一业界关心的问题，黄琳在1988年给出了用输出反馈实现二次最优的充要条件并指出该条件实际上难以满足。当他在曲阜召开的会上宣读后引起业界的强烈反应，吴麒教授向他讲："你这个结果要早些出来就好了，因为我们还一直在希望做这一工作，特别是近似实现，现在我们就清楚了这是行不通的。"相应成果先发表在 *International Journal of Control* 上，后来根据郑大钟的建议进行了修改补充后用中文发表在《中国科学》上。

第四章
兢兢业业　踏实工作

　　20 世纪 60 年代的前半段，黄琳为一般力学的学生开设了控制系统动力学、非线性调节原理、高精度系统、随机输入下的线性和非线性系统、稳定性理论和最优控制理论等热门课程，其内容大多选自新出版的书籍或杂志，包含了当时控制理论中的最新成果。他撰写了《控制系统动力学讲义》与《最优控制理论》两本讲义，《最优控制理论讲义》已于 2021 年由科学出版社出版，《控制系统动力学讲义》将于 2022 年由科学出版社出版。这两本具有特色的讲义体现了他深厚的理论功底和个人独特的理解，在今天仍具有鲜明的特色和重要的学术价值。

初上讲台　密切关注国际前沿

　　1960 年，黄琳开始给本科生上课，当时他研究生还没有毕业。秋季学期一开学教研室当时的领导王肇明就来找他，要他给 1956 级一般力学的学生开设专门化课程。当时不只是生活上进入了困难时期，一般力学专门化的办学也进入了艰难时期，一方面是苏联专家已完成任务离开学校，而当时已是讲师的朱照宣和陈子晴也离开了北大，事实上朱照宣一段时间以来一直在负责一般力学的事情，而陈子晴曾经给1954级和1955级上过一次相对简单的调节原理的课程并留下了一份讲课的资料。另一方面数学力学系在"大跃进"的影响下于1960年宣布成立自动控制专业并在当年招生，与黄琳同时留校的六个人，包括陈滨、叶以同、丁中一、周起钊、邱淑清，和黄琳一起就成了办控制专业的主力。留校时陈滨确定将来搞陀螺力学，丁中一搞振动理论，主要是非线性振动，以便和固体力学的以线性振动为主加以区别，周起钊与黄琳搞控制。此前周起钊曾用陈子晴的材料给学生讲过调节原理的课程，由于黄琳回归研究生并搞控制而将他定位到理论力学上。邱淑清留校时的任务和丁中一一样做苏联专家的翻译，苏联专家走后她提出希望去教理论力学，叶以同因北大决定办北大附中把她调走了。在这种情况下，黄琳虽然是在读研究生，但不上课实际上已经是不可能的事了。

事实上在黄琳读研究生的最后一年里他就一直在上课，这些课的开设都相当仓促，几乎都是为了应急。在1960年他为当时五年级学生开设了专业主课的调节原理。当时国内尚没有合适的教材，1958年出版的钱学森的《工程控制论》面很广，是一本专著，难以作为教材，而苏联人索洛多夫尼柯夫的《自动调整原理》虽已由王众托翻译陆续出版，但篇幅过大，仅中文译本就分上、中、下，其中每册又分分册出版，自然也无法使用。为了上课，黄琳买来了当时国际公认的经典著作，美国切斯特纳特（H. Chestnut）和迈耶（R. W. Mayer）合著的伺服系统与调节系统设计的俄译本，他用这套书边学边给学生讲。因为这本书涵盖的内容还是比较多，他只讲了其中的一部分内容。又据1956级同学后来留校成为同事的王敏中和叶庆凯回忆，黄琳还给他们年级讲了非线性调节原理、高精度控制和随机输入下的线性与非线性控制等[①]。非线性调节原理课程实际上主要讲授苏联专家曾讲过的绝对稳定性方面的一部分内容。开设高精度控制课程则纯属偶然为之，当时他刚好在外文书店看见了一本迈洛夫写的关于高精度控制系统篇幅不多的俄文原著，由于感兴趣就买来读之，于是在征得领导同

---

① 1960-1961学年第一学期各系开课情况统计表。存于北京大学档案馆。

意后就仓促上阵了，边学边教。而到了讲随机输入下的线性控制时，由于他因吃不饱饭导致身体浮肿而获准回家休养，于是他就使用刚影印出版的美国学者 J. H. 兰宁和 R. H. 白亭合著的《自动控制中的随机过程》一书，一边养病一边准备，这算是有较好准备的一次授课，但即使这样，要使没有学过随机过程和仅有简单微分方程知识的一般力学学生在课上听明白依然相当困难，例如对线性时变系统谁都知道它有一个共轭系统，但对其在控制中的作用的理解，到这次上课前黄琳也才刚刚弄明白，要想在课上讲清楚自然就相当费劲了。至于随机输入下的非线性系统，当时还不存在像样的理论，黄琳刚好看到了 Davanport 等人写的一本实际上是讲经过非线性元件前后信号变化特征的书，他选讲了其中的部分内容。可以说，为了讲好这些课程黄琳花费了大量的功夫，尽可能在能弄到的外文原著中找合适的资料，其中有些资料是刚刚出版的，这同当时国内在这方面几乎是一穷二白有关。为了上好课他尽了最大努力，可以说是呕心沥血了。

北大数学力学系 1955 级改成了五年制而 1956 级又改成了六年制，56 级学生在 1961 年夏天本应毕业，现在又凭空增加了一年，原来五年制的教学安排就已经捉襟见肘，现在是越发困难了。此前黄琳因毕业后的去向还没完全确定，因此没有被安排上课。而现在已决定留校，王肇明没有其他办法，又来找黄琳救急。经过商量，黄琳答应先缓冲一下，讲一小课脉冲系统，半学期就结束，这样可以为他人披挂上阵赢得两个月的时间。这是黄琳最后一次救急，救急是当时的需要不得已而为之，但也为黄琳掌握控制理论各方向各学派的基础创造了条件。依仗着他能阅读英文、俄文的书籍和文献，同时具备钱学森和托洛依茨基带来的西方和俄罗斯两大学派的理论基础，又有救急任务的强大压力，加上在这个压力下绝不能马虎，要把看的东西都弄明白再讲的行事原则，诸种因素促成了黄琳不只是满足教学所需或想做一个题目就只看这个题目涉及的相对狭窄的知识领域，而是基本上掌控了当时控制的发展全局。再加上他在本科阶段学习普通物理和力学相关课程中所接受的注重追求问题的实际意义的思维训练以及严格的数学训练，确实让他有了一点与众不同的特殊素质，这些特质让他受益终身。

后来经过一段时间的教学实践，经研究决定将黄琳的教学工作稳定在三门课上，即调节原理（考虑到理科特点与工科有所区别，黄琳将其称为控制系统动力学）、最优控制和稳定性理论。并说好待控制系统动力学的教材稳定后将这个课交给后来的老师上，理由是这门课更应结合工程实践，争取能开出相应的实验课，这样由能搞实验的人接手更好些。当时单在这个方向从1956级就留下了叶庆凯、俞达成和陈乃斌三个人，其中陈乃斌是专门按模拟计算机方向留下的，叶庆凯曾被派往清华大学自动控制系进修一年，而俞达成是支部书记同时也在弄调节原理，可以讲当时找人来上调节原理课应该没有什么问题。稳定性理论课一直由数学专业搞常微分方程的人在讲，但由于力学系搬到了十三陵，离校本部较远，不好安排就决定由黄琳来上。由于当时国内已先后出现秦元勋和许淞庆写的运动稳定性的著作，前者是秦先生完全参照俄文的两本类似的书（李雅普诺夫的博士论文和杜博兴按这个论文而写的一本教材）而编写的；后者则是许淞庆留苏回来后写的一本教材，书中还阐述了作者的一些研究工作。这样黄琳也就不急于去弄这门课的教材了。

图 4-1　黄琳（前排左二）与 1956 级部分同学合影

关于相关的控制理论课程，多位老师在《唯真求实　矢志创新——纪念黄琳先生八十华诞文集》中的文章中都有所提及。1956 年入学的王敏中教授在《刻苦研究　辛勤躬耕　提携后辈》一文中写道："一两年内，他给我们开设了好几门课，如非线性调节原理、高精度系统、随机输入下的线性和非线性系统。当时这些课程都是很热门的，其内容大都是在新出版的书上或杂志上。"叶庆凯教授在《与我相处半世纪的老朋友》一文中写道："1956 年我考取北大数学力学系力学专业学习，1960 年提前毕业进入力学专业一般力学教研室工作。当时给我指定的第一个指导老师就是黄琳老师";"记得,上世纪六十年代初,正值困难时期,黄琳老师常常在寒冷的教室中,手里拿着一本刚出版的外文书,把控制理论中的最新成果仔细地、耐心地介绍给学生们。黄琳老师开设的课程内容往往在北京地区是唯一的,常常能吸引其他高等院校的学生来听课";1957年入学的毛剑琴教授在文中写道:"黄琳老师那时刚刚毕业,我们应该算他的第一届学生,他教专业课自动控制原理,当时在北大首次开这门课";"黄琳老师讲课时,让我感觉到他的功底很深,不像是第一次讲这门课";"我后来几十年在自动控制理论及其应用领域里从事的教学和科研工作,也可以说就是在这时得到启蒙和打下基础的"。1958年入学的吴淇泰教授在《师恩难忘》一文中写道:"我的第一篇文章用映射方法分析非线性系统周期运动时用的一个算例就是黄琳老师在讲非线性控制系统中的一个带有间隙和时滞的例子。在我其它文章中用到的诸如谐波平衡法、动态规划法等等也都是老师在课堂上讲述的。"1958年入学的李铁寿、钱财宝、冯永清在《忆黄琳老师年轻时》写道:"黄琳老师在讲课中还非常注重体现北大力学专业的特点:从概念和定义到论断的叙述和推理都具有清晰的理论内涵和严密的逻

图4-2 1963年黄琳(二排右六)与1957级毕业生合影

图 4-3　1964 年黄琳（前排右二）与 1958 级毕业生合影

辑性，并长于使用简洁的数学语言。比如，课程中利用复变函数论给出了线性系统频率域稳定性 Nyquist 定理的证明，使学生不但学到如何应用该定理来做控制系统分析设计，而且从推导中了解到系统零点极点与频率响应之间的对应关系、开环与闭环频率响应之间的关系，并进一步懂得用不同方式描述系统的重要性。据我们中的一位后来基本上一直从事这方面工作的同学介绍，这些都在他后来工作中起了重要作用，使他深深体会到黄琳老师在培养我们理论研究能力方面的良苦用心，是一位很尽责的老师。"秦寿珪教授在《耿直的黄琳》一文中写道："在 1959 年刚刚成立的一般力学教研室里，他顶起了控制理论这个方向，很快就取得了一些当时在国际上领先的成果，并在国内外

图 4-4　黄琳与他指导的 1958 级学生合影（左起：赵英海、黄琳、凌德海）

第四章　兢兢业业　踏实工作

潜心控制的拓荒人　黄琳传

较早地开设了包括最优控制在内的一些课程。"由于北大数学力学系一般力学专业没有招收1959级的学生，而仓促建立的自动控制专业由于严重缺乏工科基础加之高年级去农村"四清"和继而爆发了"文化大革命"，从严格意义上并未培养出应具备自动控制专业特征的毕业生。培养学生只是在一般力学专门化内进行的。合起来听黄琳讲授有关控制课程的学生也就几十人，而真正以控制方向做毕业论文的也就十人左右，但在90年代成为控制方向教授与博导就有六七人之多。

图 4-5　黄琳（二排右二）与1958级学生攀爬沟崖

黄琳学术上的成就与他重视教学，把教学和科研看成是相辅相成的理念也有着密切的关系。由于在他进入控制科学领域之初就开设了这些控制理论相关课程，且内容包含了当时控制理论中的最新成果，这也间接地使得他迅速牢固地掌握了控制领域相关方向的基础理论以及最新的研究方

图 4-6　1958级学生毕业五十年后看望老师（左起：吴淇泰、黄琳、冯永清、李铁寿）

向，这毫无疑问对他的科研有很大的帮助，同时也使得他成为国内控制领域内公认的理论基础雄厚知识面宽广的少有的专家之一。

工程基础　也能具有理科特点

2017年暑假，黄琳的学生在整理黄琳老师办公室资料的过程中发现了一本保存完好的厚厚的手刻蜡纸而后经油印的《控制系统动力学讲义》。之后在黄老师家中又找到了另一个版本，两本讲义主要的不同是是否包含非线性控制一章的内容。这两本讲义的诞生还得追溯到20世纪60年代左右。

黄琳接触控制科学是在1956年，他以北大数学力学系学生的身份在中科院力学研究所听钱学森先生讲授其专著《工程控制论》。钱先生的著作覆盖面很宽但作为大学教材其实并不适宜。黄琳这一届学生的调节原理课是在清华大学旁听的，是清华大学电机系钟士模先生讲授的，但黄琳因当时病重听了不到一半就未能坚持下去。随后北大几届一般力学学生曾先后由进修教师陈子晴和留校的周起钊老师给他们讲过调节原理的部分内容，但并未形成系统性的教材。黄琳于1960年研究生未毕业时就开始承接调节原理课程的教学任务，研究生毕业后他就开始正式负责此课的教学，包括上课和编写教材。一开始他给同学们发的讲义完全是散篇的，既不系统也不及时，印刷粗糙但内容很充实，在当时国内是独具特色的。王敏中教授在一篇回忆文章中曾写道：

图 4-7　黄琳编写的《控制系统动力学讲义》

那时的讲义都是油印的，需要刻钢板，由于处在国家困难时期，纸张相当粗糙，每本讲义都比较厚，几年下来黄老师给我们的讲义，有的同学估了一下其厚度，说不到一尺也有八九寸。这么多的讲义是黄老师刻苦研究、辛勤躬耕的成果。讲义的印刷虽很简陋、纸张也很差，但价值不菲。我们有的同学分到外单位，这些印刷简陋纸张粗糙的讲义都被人借走，却不想归还。①

黄琳经过几年的教学实践再经过一段时间的认真修改后形成了一本适合北大数学力学系特点的教材。该教材第一次正式使用是在给1958级上课的时候，而且做到了课前发给学生。关于黄老师的这本讲义，1958年入学的李铁寿、钱财宝、冯永清教授曾回忆道：

我们大概是从四年级开始有了自动调节方面的课程，黄琳老师先后给我们上过控制系统动力学、非线性系统控制理论和进入六年级后的最优控制理论，这些课程当时用的教材都是老师自己编写的适合北大一般力学专业需要的讲义。②

在给1958级上完课后教研室在研究一般力学的教学计划时提出，非线性控制应作为一门课程单独开设，这样黄琳在进一步修改讲义时就删去了非线性部分。由于当时黄琳是唯一讲授此课程的老师，他以极大的热忱和艰辛的努力完成了两版该课程的讲义并定名为"控制系统动力学"，该讲义于1965年正式定型，按当时习惯以北京大学一般力学教研室名义油印成册。这本自编的讲义相对于"文化大革命"前中国高校有关控制专业的调节原理的教学完全依赖苏联教材的中译本来说是十分难得的。讲义定型后曾在1965年给1960级学生上课时使用过。

---

① 王敏中：刻苦研究　辛勤躬耕　提携后辈．见：黄琳先生八十华诞文集编委会编，《唯真求实　矢志创新——黄琳先生八十华诞文集》．北京：北京大学出版社，2015年，第36页．

② 李铁寿，钱财宝，冯永清：忆黄琳老师年轻时．见：黄琳先生八十华诞文集编委会编，《唯真求实　矢志创新——黄琳先生八十华诞文集》．北京：北京大学出版社，2015年，第89页．

从 1965 年使用过这本教材之后很长时间都没有经过认真的教学实践。之后唯一一次发挥作用是在三十多年后北大力学系要开设经典控制理论的课程，当时请了北京理工大学孙常胜教授前来授课，在他考虑如何选定教材并结合北大特点开展教学时，得知黄琳老师曾编写过这样一本讲义，便毅然决定采用这本讲义授课。此时改革开放已经走过了二十年，国内经典控制理论已有或厚或薄的多部教材，但这些教材均出自工科院校，并不切合理科需要，相比之下这本讲义更符合要求。

《控制系统动力学讲义》共包含五章的内容。第一章绪论，包括引言、控制系统中常见的基本元件、控制系统举例（介绍了直流随动系统、汽轮机调速系统、飞机纵向自动驾驶仪）以及控制系统动力学中的基本概念。在引言中论述了自动控制在我国国民经济建设与国防事业中的作用；控制系统动力学的任务；控制系统动力学与其他学科的关系；研究与学习控制系统动力学的方法以及自动控制的简单发展史。第二章介绍了拉氏变换、传递函数与频率特性。第三章为常系数线性系统的解析方法，包括常系数线性系统的稳定性、稳定参数的选择、李雅普诺夫第二方法与扰动界估计以及常系数线性系统设计的解析方法。第四章介绍了常系数线性系统的频率法根轨迹方法，包括特征曲线、米氏判据与稳定性区域划分、反馈系统及其镇定、调节系统之过渡过程及其品质指标、调节系统的校正综合以及根轨迹的建立与应用。第五章为非线性控制系统分析，包括非线性系统通论、研究非线性系统的相空间方法、谐波平衡法与自振以及非线性特性对随动系统的影响。

《控制系统动力学讲义》从序言到涵盖的内容还是有其特点的，仅仅通过阅读序言就可以快速地、清晰地了解控制是一个什么样的学科、它的特点都有哪些[1]。黄琳讲授和整理控制系统动力学讲义，一个基本的出发点是因为调节原理过于工程化，北大总还是希望道理能够多说一点，使其更具有理科的特点。讲义里有一章叫作解析方法，这个大概是别的调节原理里面很少有的，而这个解析方法里面有一个东西叫作平方积分评价，就是把

---

[1] 黄琳：《控制系统动力学讲义·序言》。资料存于采集工程数据库。

输出的平方从零积到无穷，或者用输出的平方加上输出速度的平方，这个实际上就是二次型最优控制的萌芽。后来黄琳及其合作者把二次型最优研究得那么完整跟这些都有一定的关系。这本讲义的特点就是它不是完全工程化的，它比较讲道理，比如像稳定性区域的内容，别的书上都很少讲，当然现在更不说了，现在都是用 MATLAB 算，并不讲其中的道理，所以应该说当时写这份讲义还是花了很多功夫。黄琳多年坚持的传统就是搞一样东西，包括上课，若要卖一瓢水给人家，自己得有一桶水的储备①。

此次出版《控制系统动力学讲义》没有作大的实质性变动，只是修改了个别与时代不相符的语言，重新画了一些示意图等。这本讲义从定型到现在毕竟已过去半个世纪，由于当时计算机还是以电子管和半导体为主，无论从硬件还是算法软件与现在完全无法同日而语，在这本讲义中自然无法述及。如果在此讲义基础上进行改写特别加上计算机辅助研究和辅助设计方面的内容，它依然不失为一本很有特色的教材。

学科初成　　力求凝聚各家精华

发现五十多年前编写的《控制系统动力学讲义》油印本之后，黄琳依稀记起北京理工大学孙常胜教授曾用这本讲义作为教材给北大力学系学生上过课，于是通过电子邮件与他核实相关情况。孙老师看到邮件后立即给他打来电话，告知以前黄琳还曾借给他一本同一时期编写的《最优控制理论》讲义，看了以后觉得非常受益，并于当天下午来到黄琳家，带来了那本他精心包好的已经发黄了的油印讲义。有意思的是那天他在肯定《控制系统动力学讲义》的同时却用主要的时间谈他仔细阅读了《最优控制理论》讲义后的感慨，认为是一本有很高学术价值的讲义。前面曾提到黄琳曾经给北大数学力学系 1958 级的六年级一般力学专门化的学生开设过最优

---

① 黄琳访谈，2018 年 4 月 16 日，北京。资料存于采集工程数据库。

控制的课程。能开设这样的课程在当时的北京乃至国内外应该说都是很罕见的，这门课程所涉及的内容涵盖了当时最前沿的研究成果，也包括了中国人得到的一些处于国际领先的研究工作。由于课后反应良好，力学专业就将这门课确定为一般力学专门化的课程，由此黄琳就将上课的讲稿进行补充编成了这本最优控制理论的讲义。这本讲义好像当时并未正式发给学生，也没有用来上过课，而且讲义很有可能还是散篇的。为了保存，黄琳请人装订成了合订本。

图 4-8 黄琳编写的《最优控制理论》讲义

这一讲义得以编写成功应该感谢北大数学力学系领导的支持，当时中国力学界并不认为控制也是力学应该关注的领域，黄琳在力学专业研究控制理论就显得势单力薄。但数学力学系的领导程民德和张芷芬等教授都给了黄琳很大的支持，他们派出数学专业的老师和黄琳一起组织了最优控制讨论班，并指导大学毕业生从事这方面的研究工作，为当时的科研营造了很好的氛围。另外，也非常感谢王肇明老师，是她在第一时间请她的先生刘易成从苏联买到庞特里亚金的原著送给黄琳，使他成为国内能及时读到这一重要著作的极少数人之一，这些都为他能顺利地完成讲义的编写创造了很好的条件。黄琳也非常感谢北京大学难得的重视学术发展的传统和优良的学术氛围，不管业界如何看待一个学科，只要老师确实在认真做研究，学校都会给他以自由发展的空间。他也很感谢北京理工大学孙常胜教授，孙老师不仅十分精心地将该讲义完好地保存了十多年，还认真阅读了讲义并给予了充分肯定和支持。

学术界对于最优控制理论的构成有一个共识，那就是它形成于 20 世纪 60 年代的前半段，主要由三方面的内容组成，即庞特里亚金的最大值原理、贝尔曼的动态规划和由控制受限简单力学系统追踪而发展起来的最速控制，特别是线性系统的最速控制。当时国际上除庞特里亚金和他的弟子合写的系统介绍他们所作的贡献的书之外，关于基于最大值原理包括给出较初等证明的文献也只是在杂志上发表。关于动态规划虽然已经有书出版但那还只是停留在论述动态规划本身，而利用动态规划中的最优性原理讨论最优控制器设计也还是只能在期刊发表不久的论文中才能找到。同样最速控制方面的文献也都是发表在期刊或会议文集里。不同于在50年代就已成熟的经典控制理论学科，无论是在西方还是在东方均已有专著或教科书正式出版，最优控制是一门刚刚成熟成型的学科，当时无论是东方还是西方都没有一本能够包含上述三方面内容的著作。

1963年春天黄琳和数学专业的教员合作指导五名1957级六年级学生从事最优控制的研究，因而对于国际上关于这方面的成果已经相当清楚，接着在1964年春天他又为1958级六年级的学生开设了最优控制的选修课，与此同时又指导两位毕业生继续做最优控制的研究，这一切都为他在讲课的讲稿基础上编写讲义提供了很好的条件。此外，1959级没有一般力学的学生，不需要上课，因而为他赢得了宝贵的时间，十三陵又远离海淀总校，处于近乎世外桃源的地方，使他可以整天泡在图书馆阅览室中查阅相当丰富的登载有最优控制论文的杂志。这样他就顺利地编写出了当时国内外很少有能同时包含上述三方面的内容和另一些重要成果的最优控制理论讲义[①]。

《最优控制理论》讲义共包含五章的内容。第一章绪论，介绍了最优控制问题的提出过程、最优控制的数学提法以及研究最优控制的方法，并介绍了几个实际的例子，包括单摆的最优制动、受控对象有限时间的最速过程、火箭运动的一种最优导引以及最优控制器的解析设计。第二章介绍了最大值原理，包括一般控制问题最大值原理、最速控制的最大值原理、最大值原理与古典变分之间的关系、终端最优控制的最大值原理、最大值原理的讨论与例题、具有活动边界条件的最优控制问题及一些应用以及右端受限制的终值最优问题。第三章为动态规划方法与最优控制，包括最优

---

① 黄琳：毕业、工作——在动荡中求索. 2017年，未刊稿. 资料存于采集工程数据库.

性原理与动态规划方法基础、离散及连续最优控制器分析设计问题、最大值原理与最优性原理的关系。其中最优控制器分析设计（即常系数线性系统无穷时间二次最优调节器）方面的结果是黄琳和他的学生郑应平与张迪合作首先在国际上得到的。第四章介绍线性最速控制系统，包括可达性问题、极值控制与最优控制、等时区与由点至域的最速控制、线性最速系统的综合以及控制作为过程受限制的最速控制。其中关于综合的结果是中国学者宋健与韩京清的工作。第五章为最优控制的其他几个问题，包括庞特里亚金最大值原理的几何说明、最优解原理与庞特里亚金最大值原理之另一证明方法、变分法中的博尔扎－迈耶问题与最优控制的关系，包括泛函逗留值的若干必要条件与最大值原理等。

《最优控制理论》讲义是迄今为止能见到的同时从极大值原理、动态规划和线性最速控制三方面论述最优控制理论的著作。讲义体现了黄琳对这门课程深厚的理论功底和个人独特的理解，也包括他对已有成果的诸多改进，甚至包括当时尚未发表的离散定常线性系统二次最优的理论。作为一个系统性的学术资料，《最优控制理论》讲义也将由科学出版社出版，此次出版原则上没有作大的实质性的变动，一些微小的改动如下：（1）关于拉塞尔引理，原讲义只给出了结果但未给证明，由于其重要性这次增加了一小节，补充了证明。（2）20世纪60年代是现代控制理论刚刚兴起的时候，有些科学名词还处在百花齐放没有统一的情况，从字面上可能与现在通用的概念不一致而容易引起误解，这次做了改正并增加了必要的注解。（3）由于当初原稿交出后是由系里请人刻印的，刻印好后一放就是半个世纪，这次改动了一些明显的失误。

采集之功　尘封半世又见天日

为了出版《控制系统动力学讲义》与《最优控制理论》这两本讲义，耄耋之年的黄琳足足经历了近一年半的时间来完成这件事情，其中完全用于此事的时间当在九个月左右。从他发给他学生的电子邮件可以看出：他先弄的是最优控制理论的讲义，这本讲义是纸已发黄且有些脆的孤本，要工作只能在复印件上进行。当他请李忠奎去复印时，由于该讲义是五十多年前请人根据其手稿刻蜡板印出来的，时光久远，纸已由白变黄，而字则由黑变浅。一开始复印店复印出来的字和纸的颜色反差太小模糊不清，根本无法辨认。后来他分析黑白印品无法看清楚而原讲义绝大部分尚能勉强阅看的原因后，估计彩色复印可以解决问题，果然如此，但一些部分阅读困难依然很大。《控制系统动力学讲义》由于在20世纪末曾作为教材使用，重印了一次，复印件可以阅读。这样他从2017年7月底开始到年底先后对这两本讲义完成了在复印件上的修订工作，并交出版社进行电子版的录入，将于2022年由科学出版社出版。《最优控制理论》由于其内容本身要用的数学工具比较难而当时使用的材料都是选自期刊上的，为了避免出错，他先后请杨莹与李忠奎从网上下载了当年发表的近十篇原文重新阅读并对讲义进行比较，以便改正原讲义中的少数失误。为了评估该讲义的价值，他又请李忠奎找来了近些年来出版的有关最优控制理论方面的教材进行研究比对，发现这些正式出版的书与他以前写的讲义内容差别太大，基本上没有对最优控制的三个主要组成部分进行系统严谨的论述，对当年中国学者所作的重要贡献也只字不提，遂下定决心将此讲义正式出版。《最优控制理论》讲义录入的电子版于2018年5月完成，在2018年的一年内他一共校改了两次，第一次完成于6月底，交出版社修改。收到出版社的修改稿后他又请杨莹与以前发给她的在修改之处做了标注的稿件进行对比，检查这些标注处是否已完成修改，同时他又将这一修改稿再次通读一遍，再一次进行修改，然后结合杨莹对比的结果于2018年年底完成定稿，已于2021年由科学出版社出版。《控制系统动力学讲义》的修改相对要容易得多，这是由于一方面该讲义的复印件还比较清晰，另一方面其内容也比较易于理解，他只在原复印件上作了修改，其录入的电子版就请李忠奎进行校改，完成后他再认真通读一遍并修改就可以了。

如果能将黄琳当年编写的《控制系统动力学讲义》与现在的计算机相结合，把算法加进去，与现在的经典控制理论相关教材比起来还是有其明显的特色，即他的理科特点更突出一些。至于《最优控制理论》，由于当时世界上除庞特里亚金和他的学生写过一本只介绍他们的工作且篇幅不大的专著外，尚没有任何进行全面论述的专著或教材出版。当年为了编写讲义他仔细研读了好多本当时能从图书馆找到的包括庞特里亚金的著作和叙述动态规划以及控制系统解析设计在内的著作，此外他还研读了几十篇引用得比较多的相当经典有分量的文献，在此基础上加上他的思考和理解，最终形成了这本理论和方法都比较系统的具特色的讲义。在编写过程中他还把很多内容用不同的写法进行了改写，比如说动态规划中最优性原理的阐述，他用数字矩阵其元按向右和向上方向前进，由位于（1，1）位置的元出发至位于（m，n）位置的元求经过各元数值总和取最小来进行阐述，十分清楚简洁，而在别的动态规划书上还真没有这样的写法，在讲义中类似这样的一些东西是黄琳读书时所独立得到的体会，有些也是和别人在一块吵吵嚷嚷讨论出来的[①]。

在黄琳参加工作初期就花费大量时间在没有立项需求、没有出版计划、在北大设置控制专业前景还不完全明确以及对个人提职被冻结的前提下（黄琳自 1961 年研究生毕业到升为讲师整整经历了十八年），撰写这么丰富且有特色的两本讲义是需要有理想、有巨大勇气的事情。这两本凝聚了黄琳心血和努力、体现了他深厚理论功底和个人理解、涵盖了当时许多控制理论最新成果的有特色的讲义尘封了五十多年，没有发挥其应有的作用，不能不说是一件非常遗憾的事情。值得高兴的是这两本讲义经历了搬家、内迁汉中和返回北京等多次迁徙，仍得以完整地保存了下来，不仅成了难得的历史见证，而且在今天仍具有鲜明的特色和重要的学术价值。希望这两本涵盖了控制系统动力学和最优控制基本理论及方法的系统的讲义出版后，作为相关的学术资料能起到独到的积极作用。

---

① 黄琳访谈，2018 年 4 月 16 日，北京。资料存于采集工程数据库。

第五章
动荡岁月　有所作为 [①]

黄琳接触天津 707 所关于核潜艇中惯性导航方面的工作，但由于当时的形势和条件未能长期进入这一大的工程。他因会拉二胡和弹琵琶参加了多个演出队，经常深入山区为大众演出。黄琳随北大力学专业迁往陕西汉中，其间曾给留校的大学生补习数学课程，与同事去北京、天津和上海等地的科研单位调研如何办一般力学专业，给汉中分校招收的工农兵学员上课，并带领学员深入工厂开门办学。在汉中的后期专心编写完成了有着重要意义和影响的《线性代数应用理论讲义》。

身不由己　核潜研究失之交臂

1965 年，国家的一个战略任务是研制核潜艇，北大一般力学教研室的朱照宣和叶庆凯参与了其中关于惯性导航方面的研究工作。当时，黄琳正在河北正定县新安村参加农村"四清"运动并担任组长，时间约半年，后

[①] 本章内容主要参见黄琳：十年汉中梦。2017 年，未刊稿。资料存于采集工程数据库。

因为要他去天津707所带学生做毕业设计而离开正定回到北京。他被告知即将做的是代号09的核潜艇惯性导航方面的研究工作，并告知他在这方面要有长期的打算。朱照宣还曾向他展示了从资料上弄来的关于地球并不圆而是像个梨子的说法和示意图，并指出这对精确的惯性导航来说是非常重要的。接到这个任务后黄琳开始全力以赴地投入到去天津的准备工作，包括跑外文书店找参考资料等，因为惯性导航不同于控制理论，对黄琳来说几乎是一个全新的领域。不久他应约在总校的招待所见到了707所惯性导航方面的相当于室主任的领导人宁国栋。他在苏联留过学，属于当时国内国防科技方面的实力派人物。他对黄琳讲他们希望能把国内有关方面的专家集中起来攻克这个国家特别需要做的事情，而之所以找他也是经过调查研究的。核潜艇希望长航时或长时间潜伏水下不露出潜望镜而保持精确定位，必须采用不依赖外部信息而只依赖惯性器件定位的办法，而这类惯性器件无论是加速度计还是陀螺均需用当时最高精度的液浮气浮技术以及如何形成惯性平台和惯性系统来进行工作，而当时不仅没有任何惯性系统甚至连相关的分析工作也没有。黄琳大体看了一些文献后也清楚了这个惯性系统虽然也要用控制，但它与控制理论以及曾碰到过的飞机安定性分析差别都很大，认识到将要投入的研究工作将是长期的，应该是一个大的工程。其一，需要弄明白惯性系统的组成并做出相关的分析；其二，实际研制出惯性系统的各部件而后合成为系统并能进行有效的测试；其三，根据作战的要求完善系统。

这一年的五一过后，黄琳就带上资料去天津707所工作了。所里给他安排了一间办公室，给了一点他们手头有的不多的资料和出入办公地点的通行证，并在招待所给他安排了一个单间。这样他就开始了办公室—食堂—宿舍三点一线的单调有规律的生活。可能由于保密单位的习惯，平时很少有人串门聊天，应该讲环境相当有利于他熟悉资料。惯性导航系统虽然与控制有关，但它更应属于精密机械与精密仪器范畴，因此需要相当多的力学与物理知识，要达到的目标主要是提高精度和保证可靠性，而这就不能像控制理论那样从描述系统动力学的数学模型出发进行研究，而应该从实际的物理因素着手就实用的工程角度分析寻求结论，必要时还必须借助实验，而这种实验对环境有极苛刻的要求以保证精密性。所有这些对应用数学出身的人来讲是一个严峻的挑战。有了这样的认识以后，黄琳下定决心沉下心来不求快出成果而力求保证顺利入门。

这期间宁国栋到黄琳的办公室与他作了一次长谈，主要谈工作的内容和打算，在讲到为什么要找他们这些搞理论的人来参与时，他讲到了海军舰船研究与力学的关系，特别提到钱令希先生帮他们解决问题的一些事情。黄琳心里明白他的用意，也更清楚要实现真正帮助解决问题所面临的严重困难。确实，具体工作起来进展也不是太理想。二十多天后，由于政治上的原因黄琳就匆匆告别了这个曾寄予期望的国防研究所，而且由于形势的发展就再也没有可能深入到惯导系统这个领域中。

黄琳再次与这件事情产生联系大约是在 1973 年，那时北大数力系的力学专业已经迁往陕西汉中。当时惯性导航的东西已经造了出来但还没法用，于是 707 所就在天津宾馆召集了一个会议，请了一些专家来出主意，帮助找出问题和解决办法。当时来了很多著名专家，有陆元九先生，他当年在美国参与过潜艇去北极的项目，是著名的陀螺与惯性导航专家，还有关肇直、江泽培、宋健等一些专家教授，北大力学系就请了黄琳、陈滨与叶庆凯，黄琳和陈滨是专家组成员，叶庆凯等于说是参加项目的成员。大家像劫后重逢一样互道问候还谈了不少自己的经历。事实上，由于中间搞"文化大革命"，叶庆凯也已经脱离这个东西很长时间了。去了以后人员被分成了两个小组，一个叫系统，另一个叫平台，这个是惯性导航里面最重要的两个方面，黄琳参加的是系统组，陈滨和叶庆凯参加的是平台组[①]。

黄琳被安排和江泽培先生住在一个房间里。江先生是国内概率统计方面的权威，在留苏期间成就斐然，回国后在北大数学系工作，自从许宝騄先生仙逝之后，江先生就是北大乃至全国这方面的领军人物。由于国内"两弹一星"研究的需要，江先生回来后不久便被二机部调去搞核方面的研究，后来又重回北大任教。

---

① 叶庆凯访谈，2019 年 3 月 14 日，北京。资料存于采集工程数据库。

项目的负责人宁国栋表示这次把一切资料向大家公开，希望各位专家帮助解决疑难问题。在这种情况下，激发了被压抑了多年的知识分子渴求以自己知识报效国家的积极性。关肇直先生是我国知名的泛函分析专家，他对于惯性导航并不熟悉，但他几乎放弃了休息从原始公式开始进行认真推导，当有人告诉他这些公式是十分成熟已写进教科书的，不会有什么问题与不妥时，他笑着说他不是怀疑它的正确性，而是希望清楚理解这些项的物理意义，以便对找出问题有所帮助。虽然参会没有报酬，连差旅费都是自己出的，但整个会议期间大家会上会下，尽心尽力，这种积极性充分表现出了知识分子的爱国情怀。由于会期过短加之还有熟悉深入的过程，另外也不可能对样机进行有效测试与分析，最终虽然大家尽了力但问题依然不能找到，也只能对下一段工作提出一些建议。

从天津回到汉中不久，黄琳就被安排给 73 级工农兵学员上数学课并随固体力学专门化的学生活动直到他们毕业。当时在汉中没有做惯性导航研究的任何需求也不具备这方面起码的条件，而教工农兵学员又是头等政治任务，容不得丝毫马虎，虽然教他们数学在内容上不存在任何问题，但要让没有读完高中乃至初中的从劳动战线来的年龄也已偏大的学员学会高等数学，对黄琳说来难度之大并不亚于之前给高年级学生开设新的专业课。在这种情况下，他不得不放弃他曾打算投身的一个新的国家急需的科技领域。

二胡琵琶　业余梨园短暂栖身

1967 年年初 63 军进校支左，黄琳因会拉二胡和弹琵琶被吸收进了数力系教工演出队。4 月份，在秦寿珪的提议和带领下去门头沟的黄塔公社宣传毛泽东思想。小分队只有八个人，其中秦寿珪、曲圣年、卢兰秀、赵素兰和黄琳后来都是胜利团的，另外三人是杨芙清、吴凤仪和叶舜新。他们在百花山一带活动了近十天，有时住在老乡家，向老乡了解抗日战争时平西根据地的事情，相当于采风，还写过一个叙述王家山惨案的小节目。他们在艾峪停留的时间多些，那个村子深藏在群山之中，是十分隐蔽的老解放区，他们在那里接受了很多教育。这次活动还有两个地方给黄琳留下了很深的印象，一个是在百花山林场，那是一个夏天连蚊子都没有的高山林场，那里的年轻人十分渴望能有文化生活，在演出之后几个青年围着黄琳，要他指点他们拉二胡。另一个是去梯子沟拜访民办教师，梯子沟是一个接近山顶的小山村，那里有一所小学，山的那一边就已经是河北省的涞源县，站在小学门口可以看见一条长长的山沟蜿蜒地伸向远方，沟的两边是崇山峻岭，老师是位女知青，她向他们介绍了这个位于深山的小学校的情况。她们这些知识青年把自己的青春献给了这大山里的教育事业，实实在在地为贫苦的山村里的孩子服务。这个给黄琳思想上很大的触动，也为自己现在不能用自己所学服务工农大众而感到内疚。

回校后不久有人找到黄琳要他参加学校的演出团，但要自带乐器。好友朱伟利曾回忆道："1967年春北大两派各自组织了文艺宣传队，后来发展为庞大的拥有一百多号成员的文艺团体，一批爱好艺术的老师和学生从各个系科被招募来排练和演出。当年已是数力系青年教师的黄琳，和还是物理系学生的我便先后加入了这样的文艺团体，黄老师在乐队拉二胡，而我在表演队从事舞台表演。"[1]

文艺宣传队的队员们在一起忙排练忙演出，既没有什么革命的压力也没有写大批判文章的需求，大家和睦相处、百众一心，感到非常自在。在黄琳的心目中，这里是充满惊涛骇浪、动荡混乱的大海中一个难得的平安而又温馨的港湾。为了不致

图 5-1 1967 年黄琳拉二胡

---

[1] 朱伟利：一位可敬可亲的"老人"——写在黄琳院士八十寿辰之际。见：黄琳先生八十华诞文集编委会编，《唯真求实 矢志创新——黄琳先生八十华诞文集》。北京：北京大学出版社，2015 年，第 27 页。

被淘汰出团,黄琳努力改变一贯自由散漫拉二胡的习惯,不求指法的严格要求,但在弓法的一致上基本上要做到不再添乱。从年龄上讲他比一般团友要大上十岁左右,看大家玩得高兴,他也觉得年轻了很多。无论是演出后的热烈掌声,还是演出前后有时受到对立面的围攻,都觉得是一种很有意义的经历,觉得自己与其他团友虽不同龄但却共命运,每当他从 29 楼去哲学楼排练就像是到了另一个世界,他们当时排练的节目叫作"人民战争胜利万岁",是以一组战争年代毛泽东诗词直至反帝反修诗词为素材,配以有声光背景的合唱与舞蹈相结合的音乐表现形式来歌颂人民战争必胜这一主题的大型歌舞节目,至今黄琳那还留有一张胜利团的演出照。在团里大家高高兴兴忙着,由于对毛主席的崇拜与信仰,在这高高兴兴之中还会有一种神圣的感觉而使人的精神得到了升华,这对于像黄琳这样有着严重思想郁闷的人来说不仅是一种解脱而且是一种回归,回归到了他当年在上学时曾经有过的无忧无虑向上的年轻心态。这种充满友谊、和谐而又充满朝气的状况持续了好几个月,至今让黄琳难以忘怀。后来有人告诉他胜利团的学生要到外地演出,这样他就不能参加了。

  黄琳最后一次参加文艺宣传队是在陕西的汉中。1969 年 10 月力学专业迁往陕西汉中搞后方三线建设。其中有段时间为了扩大北京大学在汉中地区的影响,分校决定以力学专业师生组织宣传队前往勉县南部大巴山山区做宣传演出并去乱石窖看望劳动锻炼的师生。因此前黄琳曾受分校派遣去过那里调研遂被任命为队长,程致靖为副队长,队里程致靖、韩若琴、郎燕芬、曲圣年和黄琳都是原胜利团的,另外还有一位工宣队的顾师傅拉二胡,黄琳改弹琵琶,还专门派了吴老师做政治工作,全队十几人经过几天准备后就出发了。

  第一站是去团结水库的工地。团结水库的西边有一座高山,从很远的地方就能看到它耸立在周围群山之上,水库就是拦蓄从这个山上流下的溪水。在水库工地他们住了几天休整,因为每个人都背了背包还外加乐器、简单道具、红宝书和必要的生活用品,经过长途跋涉确实已经很疲劳了。在这期间他们还参加了修水库劳动,拜访当地老乡和做演出的准备。演出

图 5-2　1967 年北京大学数学力学系教工文艺宣传队合影（后排右二为黄琳）

的那天下午，黄琳被村干部带到他们队听他们介绍队里的情况。在他家吃完晚饭后天已经擦黑了，他们下山去工地演出，一路上只见分散住在山上的农民打着火把三三两两从四面八方下来，静而又黑的夜晚，星星点点的火光，三五成串，忽高忽低，向下流动，间或几声犬吠，身临其境真是让人感慨万千。演出就在水库工地的空旷处，老乡有就近坐的也有坐在山坡上的，此情此景至今还在黄琳脑中栩栩如生。

演出的第二站是去漆树坝，因为要翻山怕迷路，事前黄琳和翁天翔先行一步前往探路，在山梁上碰到一个老乡问他路怎么走，他陪着他们走到山下才离去。很快大部队也到了，他们在元墩公社休整了一晚上，第二天即翻山去了漆树坝。一路上都是一上一下的山路，先沿山沟而上，到了沟头就只有翻山。上了山梁，一片开阔，群山蜿蜒，十分壮观。在山梁上走了近半小时开始下山，很快就到了群山环抱的漆树坝公社小镇。

这里是偏僻的深山区，平时老乡很少能看到演出，所以他们的演出队处处受到优待。在汉中当时每人每月肉的定量是四两，但他们在团结水库演出时吃了一顿肉，一人几乎有一碗，到了漆树坝又吃了一次。在漆树坝演出了两场，一次在镇上，还有一次去了一个大队。

这次深入大巴山深处的演出给黄琳的思想以很大的触动。一方面是对中国农村的贫困落后有了进一步深入的了解。汉中盆地历来是鱼米之乡，但附近的山区依然十分落后贫穷，在演出去的深山区由于近亲通婚，呆痴性残疾人几乎村村都有，他还见到有人居住在山上潮湿多虫的岩窟里，从参加劳动的师生生活也能看到当地老乡生活的贫苦与艰难。另一方面"文化大革命"对社会的撕裂也给他印象很深,小分队的人并未参加汉中两派的恶斗,但汉中分校却是很深地介入到两派恶斗与武斗之中。他们在深山区没有老乡关心他们来自何处和什么单位,都一视同仁地欢迎接待。可一出山区到了平川上,情况就截然相反,老乡不仅打听他们是什么单位的,一听说他们来自653(汉中分校)立刻就表现出两种完全相反的态度,一种是热情攀谈问寒问暖,另一种则是扭头就走不理不睬,甚至问路也不予回答。

回到分校后正赶上春节,于是他们又有事可做了。邻居汉江工程局有活动,南郑某公社有庆典,他们均受命前往登台献艺。鲤鱼洲北大宣传队、汉中县文工团来汉中分校慰问他们又同台客串。因为忙这些演出,就连夫人从北京至成都出差专程取道汉中来看他,黄琳都未能好好接待。春节过后的一天在全校开会之后,领导宣布要成立汉中分校的演出队,人员要改组并扩大,经研究由技术物理系白玉华同学任队长,要黄琳担任顾问。从此他就不再过问演出队的事,也未听说演出队再有过什么演出活动。

有了小家　甘苦与共温暖宽松

1968年3月北大开始武斗,8月工宣队、军宣队[1]进驻北京大学。也就是在这一年的年初黄琳结识了后来成为他夫人的李孝珍女士。李孝珍也是扬州人,在石油部设计院工作,这是一个在当时混乱环境下也要确保正常工作的部门。黄琳给她的第一印象是几乎没有什么心机,自己的什么事都会和盘托出,很坦诚。1968年年底,他们结婚了。结婚前她找了个同事蹬着三轮车来北大29楼帮黄琳搬家,跑了两趟才搬完。除了一把二胡、一个琵琶,剩下的几乎全是书。结婚那天的情景黄琳夫人是这样描述的:"那

---

[1] 即工人毛泽东思想宣传队、解放军毛泽东思想宣传队,或二合一的工人解放军毛泽东思想宣传队。

图 5-3　黄琳与李孝珍的结婚照

天北京很冷，天上下着大雪。在那个革命的年代，婚礼十分简单，就请了几个身边要好的同事、朋友晚上聚在一起喝喝茶、吃吃糖。没想到有几个他的学生，已毕业分到别的单位工作了，不知怎么知道了，还冒雪赶了过来，让我们感到很意外。"

1965年中央决定北大等几所高校要在三线办分校，曾委派周培源先生在陕西省选址筹建北京大学分校，周先生坐飞机看了陕北延安和陕南汉中，一个是相当荒凉的黄土高坡，另一个是近于鱼米之乡的汉中盆地，他做了一些调研后决定在汉中选址，在连城山下建设分校。1969年10月下旬，工宣队领导向大家传达了中央一号命令，即要撤出北京做应付战争的准备。这样数学力学系的力学专业与技术物理系、无线电系一起搬到了汉中分校，也称653分校，师生的主要任务是建校劳动。此时黄琳与李孝珍结

图 5-4　1969年汉中分校校景

图 5-5　2009 年黄琳夫妇重返汉中分校

婚不到一年，因李孝珍在不分昼夜忙生产的石油部门工作，常常出差，这期间夫妻也是聚少离多。这次离京去汉中意味着要长期两地分居。黄琳去了汉中后，李孝珍很快就去了湖北钟祥。李孝珍去了钟祥不久，为了解决两地分居，她所在的石油部门就来北大想把黄琳调走，到北大商量调动被拒绝了。于是李孝珍只能舍弃调他的打算，转而考虑放弃当时处在大发展时期的石油事业争取调到汉中，为此她的领导先将她从钟祥调回北京，让她一边忙调动之事，一边在设计院做事。经过近一年的不懈努力，终于在1970年年底盼来了李孝珍即将调来汉中的喜讯，她去了技术物理系，负责与实验有关的工作。学校给他们分配了一间 12 平方米左右的房子，另与他人合用一间厨房，这样就算在汉中建立起了一个完整的家。

　　汉中的生活开始还是比较艰苦的，后来逐渐好一些了。黄琳为了调节和改善生活，在空闲时间竟学会了做几个还算拿手的特色美味。有一次他去汉旺出差带回来很多鸡蛋鸭蛋，除了腌咸蛋，他开始学着做松花蛋，这应该算是到汉中后学会的第三样手艺：第一样是在宝鸡学会了做风鸡；第二样是学会活宰鳝鱼并剔成鳝片，当地的鳝鱼非常多而且不贵，是他们改善营养的主要食材。

图 5-6　1997 年黄琳一家三口合影（李孝珍、黄静、黄琳）

1975 年 6 月，他们终于迎来了盼望已久的孩子，是一个女孩，起名黄静。黄琳当时的心情可用欣喜若狂来形容。李孝珍休完产假后从扬州回到了汉中，黄静则先留在老家由爷爷奶奶照料，后来疯传扬州要大地震，又在上海黄琳表姐家寄养一年，一直到 1977 年 5 月才把她接到汉中，从此开始了一家人其乐融融的生活。

黄琳对女儿的教育有他自己的理念。他曾说："我的父母从来没逼我做一些事情，都是我自己闯荡的。我对女儿也是这样。但作为父母要对自己的孩子有一个正确的估计，要有很好的引导才行。"[①]

在黄静眼里，爸爸总是那样平易近人、和蔼可亲。她清楚地记得在她小的时候幼儿图书非常有限，爸爸就自己动手，文配画，编了《小胖乖做梦》的小故事系列，其中小胖乖就是自己，另一个小朋友是指一个不太听话的小朋友。爸爸编的故事都是小孩子很容易理解、感同身受的小故事，浅显易懂却蕴含一些做人的道理。他还把这些故事画出来装订成小人书的样子，给她看。黄琳和夫人教女儿养成了一个规矩，即该做的事做完了才能玩，这使女儿从小养成了一个好习惯，不论家里的电视开不开，自己的作业没做完就绝对不去看，待她做完作业高高兴兴去看电视时他们也不会加码要她再去看书。黄静从小就感觉家里非常民主，没有把她当小孩，而是家庭里平等的一员。家里午饭、晚饭的饭桌是全家经常进行热烈讨论的场所，有时也进行智力测验或造句比赛。黄琳一家三个人都特别遵守承诺，所有答应的事都一定会设法兑现，这个良好的习惯对黄静后来的学习

[①] 黄静：回忆我的爸爸。见：黄琳先生八十华诞文集编委会编，《唯真求实　矢志创新——黄琳先生八十华诞文集》。北京：北京大学出版社，2015 年，第 30 页。

和工作都起到了很好的作用，可以说是受益匪浅[①]。

黄静就是在这样的家庭氛围下健康快乐地成长起来的，1997 年她于北京大学毕业后获得全额资助留学斯坦福大学，并于 2002 年获得概率统计专业博士学位和流行病学硕士学位，在美国找到了称心如意的工作。如今黄静也已有了一儿一女，他们常常举家回京看望两家年迈的老人。

夫人多年来给黄琳提供了一个非常安定的能专心工作的氛围。在 2003 年黄琳当选院士后北大电视台采访他时，谈起他夫人，他说道："最重要的是她支持我不要去沽名钓誉，不要去追求钱，你想干什么就去认真地干什么，这个应该说是不容易的。特别是在前一段时间北大老师的收入比较低，岗位津贴还没有。""你想在外面我也并不是没有不痛快的事情，也会遇到不公正的待遇，但回到家里后她给了我一个非常安定的环境。"

黄琳与李孝珍从 1968 年相识至今已走过了五十多年相濡以沫的漫漫时光，这期间为了工作，为了生计，经过了风风雨雨，无论是在生病、生活艰难还是在人生遇到沟沟坎坎的时候都能一直互相搀扶，互相安慰，不离不弃，终身相守。

连城山下　书生意气逆境坚持

1969 年 10 月下旬，黄琳所在的力学专业要搬到汉中分校。黄琳对书虽不视之如命但也十分珍惜。临出发去汉中时，黄琳夫人单位派了一辆卡车将全部家当包括他的六七箱书运到学校，临卸车时巧遇系指导员 8341 部队某一官员，当即受到训斥"怎么，你竟还想搞知识私有！"因想到此书乃今后生计所用又多年与他长期共处，有无法割舍的感情，他竟大胆地回了一句"已经运来了，您看着办吧！"大概是混乱的场合，既无法进一步对他批判又无法一一清点，这些书也就随大流一起运到了汉中，这为以后

[①] 黄静：回忆我的爸爸。见：黄琳先生八十华诞文集编委会编，《唯真求实　矢志创新——黄琳先生八十华诞文集》。北京：北京大学出版社，2015 年，第 30 页。

工作保留了一些珍贵的资料。

汉中分校设在秦岭南麓，东傍褒河，南边就是褒城，整个分校依山而建，上下高差近百米，分成了四个区。进了校门向北直至101楼是一区，中间一条由大雨冲出的大沟将一区分成两部分，沟东是办公的101楼、几栋集体宿舍、食堂等，其东边是操场和菜地，再向东翻过一个不高的山脊那边就是褒河。沟西是十栋家属宿舍，再西边是称为馒头山的一个不高而又平缓的山脊，出去又是一个大沟。二区是在家属宿舍的上方，是力学专业所在地，既有办公的也有实验室。三区在101楼的后面，是由一些依山而建的楼房组成，包括金工厂和一些实验室，主要是无线电系所在的位置。技术物理系由于是搞核与放射化学的，需要保密，盖了一批二层小楼在四区，是分校最北也是最高的区域，已经紧贴连城山的山体，比分校门口要高出近百米。在"四人帮"垮台后，技术物理系在紧挨力学系的上面盖了一个面积超过一万平方米的大楼，这个楼盖好后整个分校就撤回北京了。

1971年年初，领导要黄琳出差下厂去宝鸡搞以射流为中心的技术革命。在宝鸡的日子过得很顺利，黄琳被分配和一个姓赵的师傅合作恢复他

图 5-7　1970年黄琳（前排左二）参加的下厂小分队合影

发明的振动送料器。这是一个很不错的发明，可以很准确地区别冲床的待冲块的正反面并直接投送待冲块到给定位置接受冲压，很直观，也没有什么高深理论，但却可以有效地避免工伤。其实这个装置早就在技术人员的努力下做好了，机械部分没有任何问题，但由于缺乏电工维修，只是电路中一个被烧坏了的可控硅的管子未换致使无法工作，闲置的时间一长整个电路也有损坏。黄琳的任务就是修复这个电路，使其可以正常工作。做了一件实事，解决了一个实际问题，为此他非常高兴。在回汉中后他只是如实讲了此事而与工宣队想编造的典型材料完全不符，未曾料到因此受到打击批判，并上纲到反对工人阶级的领导，是阶级斗争的新动向。夫人李孝珍曾回忆道：

> 过了几天之后的一个晚上，都快11点了，他的老同学周起钊、丁中一来到我们家，神色紧张地说："有关送料器的事，你千万别说话了。他们正在准备材料要整你，我们也不能久待，就告诉你一声，千万注意！"其实当天下午在实验室时实验员李凤鸣已经告诉他了："你讲的送料器的事与连里想宣传的事不一样。和连里准备树立的先进典型也不一致。有些人听到后赶紧就到领导那儿告你的状了，真不像话！"第二天晚上我怀着忐忑不安的心情看着他去开会，也不知他会面对什么样的局面。当天很晚他才回来，还好没有垂头丧气。他讲，全系开完会，孔连长（永定机械厂派来的工宣队头头）让参加"射流"的留下来，要讲重要事情。随后即责问他，并要他讲振动送料器的事，黄琳就又讲了一遍。然后他示意要别人发言（因为他们事先做了分工准备），冷场了好久之后，关师傅和邰师傅相继发言表示，他们小分队只有黄老师参加搞了振动送料器，而且恢复了生产线的运转。接着来自汉中机床厂的小俞师傅也讲："二位老师傅讲的都是事实。"四个和黄琳一起下厂参加射流学习班的工人师傅三个都表了态，使得那个总是围着领导转的来自四川的游手好闲的小刘什么话也讲不出来了。这一局面，使得这位孔连长大为恼火，精心安排的整人会夭折了，只好气急败坏地宣布，今天的会就开到这

儿，不开了！①

有一天，黄琳突然开始发烧，高烧41度并呈现出非典型疟疾的症状，很快全身出现黄疸，由于病情急剧恶化，先是几个同事找了个架子车把他弄到汉工局医院，无法确诊，隔了一天决定去汉中医院，可学校没车，最后有一自行式吊车进城办事，这样他被衣服裹着坐在吊臂旁边由夫人扶着进城看病，结果医生就凭黄疸断定他为黄疸型肝炎。李孝珍在文章中曾回忆道："这次病来得很凶险，整个人从眼睛到全身皮肤都变黄了，而且每天下午发高烧至41度，后半夜才开始退烧。几天下来，人实在不行了，但又未确诊，又怕是传染病影响别人，分校只好腾出一些房子建立病房，使他成了分校的第一位住院病人，病房刚建所用被褥凉席都需自备。他每日高烧，退烧时大汗淋漓，送去的毛巾被、薄被常常被汗水洇湿，有时都快拧出水来，只好用被套替换。"治病的过程并不顺利，后来管他的谷翠康大夫告诉黄琳，她们曾经担心他会肝坏死，准备用飞机将他转往西安，后来由于他坚持查疟原虫，还真查到了，使用药物喹咛后不仅疟疾好了而且很快黄疸也退了。经过这场大病他元气大伤，唯一的好处是他被暂时免去了体力劳动和开会。在家没事干他开始学习织毛衣，竟给自己织了一件双元宝针的上衣，给夫人织了上衣和裤子，给妈妈织了一条毛裤②。

1972年无论在汉中分校还是在全国，总的比较平和。抓革命促生产不仅可以喊而且也可以把重头放在促生产上而不致为造反派诟病是促生产压革命，人们可以开始盘算过正常的生活了。就在这年的夏天，汉中分校来了新领导，他们是团中央的马石江和全国总工会的王永成两位老干部（改革开放后，马石江曾任北京大学副校长和中央党校副校长，王永成则出任全国总工会机关党委书记）。新领导的到来与原工军宣队的头头形成明显的对比，比较讲理，作风上与知识分子比较平等，这样大家就可以按业务工作的特点做点事情而不至于遭到横加干涉。黄琳和几个同事办了个随机

---

① 李孝珍：十年动荡　甘苦与共。见：黄琳先生八十华诞文集编委会编，《唯真求实　矢志创新——黄琳先生八十华诞文集》。北京：北京大学出版社，2015年，第17页。
② 同①。

过程的学习班，找了一本英文的但理论并不深奥的书，几个人分工看了以后轮流报告。讨论班还是吸引了不少教师，很多人都来参加。与此同时黄琳还受命给留校的大学生补习数学课，先后开设了线性代数、常微分方程、复变函数和变分法等课程，为当时留校的红卫兵大学生奠定了起码的后续学习与研究的基础知识。黄琳还记得复变函数选用的是一本紫皮的德文书，一开始看还不习惯，后来反正没事硬啃也就习惯了。变分法用了一本牛津的教材，它不像苏联的书写得那么抽象，还写了弦、梁和板作为例子。这段时间还是做了一些有意义的事情，虽然这并不是黄琳的专业，但他还是很尽心尽力。据说当时学的人感到很累，但还是坚持了下来，这说明他们从心里还是渴求通过补习提高业务能力的。

到了这年的秋天，上面下来通知要大家研究如何做专业调查以便办好分校，这是自"文化大革命"以来第一次做这样的事情。其实对于如何办好自己的专业，照理他们应是最有发言权的，同时也应该花力气进行调研的，这不仅仅是要走访外单位，而且应该花功夫钻进图书馆查文献找资料，以便清楚国际上类似的新动态和做法。但在当时他们已被批得一无是处，过去有效的工作方法也被一律归之为脱离实际时，在要走全新的"革命的办专业"的口号下，如何办专业的调研就只能往外跑，去向那些比他们更不了解什么是一般力学的人讨教如何办好一般力学，这几乎是当时大学里普遍存在的现象，即用别人的嘴说自己想说的话来进行互相支持。

他们一行共三个人，陈滨、吴淇泰和黄琳。陈滨是搞陀螺力学的，已经在研究工作上有所建树。吴淇泰是作为领导把握方向的，由于黄琳与陈滨均是他的老师辈，他一路还是很照顾他们的。第一站是北京，在北京调研时，当时在京办事的殷金生、叶庆凯等也参加了，去了航天二院和中科院数学所控制室，这两个单位分别从工程和理论的角度做控制方面的研究，由于知道一般力学中有控制与陀螺，都异口同声讲一般力学有用。在数学所接待他们的是秦化淑，以前就与黄琳认识，从这两个单位同样是由知识分子的口中讲一般力学很有用就使得办一般力学的合理性增加了很重的分量。第二站是天津的707所，黄琳和陈滨过去都曾与他们打过交道。第三站是无锡，选中无锡的理由是那儿有一个船舶工程的研究所。第四站是上海。

1970年，汉中分校开始招收工农兵学员，第一届70级在学校上了一些课后就上不下去了，因为当时认为课堂教学就是脱离实际。随后为了总结经验停招了一年，第二届工农兵学员就是1972级的，这一届进校刚好赶上周恩来出来整顿的时期，就没有开赴工农第一线去折腾而留在了学校上课。1973级学生进校后，给他们上微积分的任务就落到了黄琳的头上。由于学员的水平总体很差，而且其水平又过于参差不齐，再加上部分学员的学习态度也不端正，因此无法进行严格的数学教育，从实际情况出发只能把数学教学的要求降低到能在工作中简单地用这些数学结论，而不追求任何严格的数学理论训练。应该讲由于有充分的思想准备和学员中绝大部分人都有想学好的愿望，他们都很珍惜这个可以集中学习的机会，因此整个教学还算顺利。73级学员武红岭曾回忆道：

> 在七十年代那特殊的历史时期，我们被称为工农兵学员，来自全国四面八方，年龄有大有小，文化水准参差不齐，接受能力有强有弱，教学的困难可想而知。那时也没有统一的教材，都是系里组织各科老师编写，刻版油印，数学教材自然凝结有黄老师的心血了。黄老师的数学课是我最喜欢的科目，他的课深入浅出，循循善诱，让我感觉很享受。①

对于黄琳如何对待培养工农兵学员，他的夫人李孝珍有下述回忆：

> 他这人就是这样，对于自己相信正确的东西绝不妥协，不顾潮流地坚持。以前他对在业务上不懂装懂的人常常很不满，有时少不了讽刺挖苦，但他对工农兵学员基础差出笑话从来没有讽刺挖苦。他曾和我说过，工农兵学员基础差出笑话很自然，要讽刺就应该讽刺造成这一状况的人。"文化大革命"前进来的大学生基础好，但碰上了"文

---

① 武红岭：我心目中的黄琳老师很特别。见：黄琳先生八十华诞文集编委会编，《唯真求实 矢志创新——黄琳先生八十华诞文集》。北京：北京大学出版社，2015年，第92页。

化大革命",不让学,然后又被糊弄着毕了业。今天招进来的又这样,我们别无选择,只能尽量好好培养他们。当他发现这些学员中有好的苗子时,他就会很兴奋,表现出由衷的高兴,并尽心尽力的去帮助他们。他就是这么个人,一个不识时务,凭由内心良知办事,不随波逐流的人。由于有了正事可做,加之工农兵学员也很愿意亲近他,使他的情绪有了明显的变化,唉声叹气明显减少,有时谈到学生的进步,也会由衷地露出笑容。[①]

黄琳与这一级学生关系处得也很不错,即使在包括"反击右倾翻案风"在内的各种运动中他们也能友好相处。在"文化大革命"结束后,他教过的这些学生不仅记得黄琳这个老师而且还经常有联系,2018年部分当时的学生回校参加校庆,在5月4日那天晚上有近十个同学来家里看望他。

黄琳回忆说,从73级工农兵学员进校那天起,他就一直同他们在一起直至他们毕业离校。教过他们微积分,同他们一起下过厂进过山。三年里他同他们相处得一直很好,师生关系堪称融洽,只是一开始给他们上微积分时发生过一个插曲。他在教学工作中一个基本思想是"把我认为重要的、有用的内容一定要真正地教给学生,反对在教学工作中糊弄人和借生动活泼为名把严肃的科学讲成相声"。考虑到他们的接受能力,在讲极限概念时他精心选编了三个例子。第一个是毛泽东引用过的"一尺之棰,日取其半,万世不竭"以说明收敛。第二个例子取自一则古老的童话,即国王与农夫下棋允以每输一盘在棋盘格中放麦子给农民,第一盘输置一粒,第二盘输置两粒,以后逐次翻番,由于国王棋艺太差,盘盘皆输以致破产。他想以此例说明等比级数在比值大于1时发散的速度。第三个例子是一个完全理想化条件下的垒砖问题,证明了给定一自然数 n,就一定有一个垒法,使砖可延伸的长度具调和级数特征,即与 $\ln(n)$ 类似,以示有趣。这个例子是他自己当时想的,后来方知以前也有过。由于坚持要讲真东西并拒绝清华大学在迟群等操持下炮制的"一把大锉刀捅开微积分的

---

① 李孝珍:十年动荡 甘苦与共。见:黄琳先生八十华诞文集编委会编,《唯真求实 矢志创新——黄琳先生八十华诞文集》。北京:北京大学出版社,2015年,第17页。

秘密"的所谓成功经验和经姚文元看过的由上海某大学编写的什么革命性的教材,加上工农兵学员实际学习上的困难等诸种因素,他决定自己编讲稿,从一开始就将这三个例子写了上去。后有人告状,这就成了利用工农兵学员的课堂灌输资产阶级与封资修思想的代表。一日上课,事前未打任何招呼,由数力系1970年留校的红卫兵由国栋(当时已是分校党委副书记)率领一行五六个人前来实地听课调查,其中有数学系毕业后当政工干部的,也有工军宣队的。他们是听了汇报有备而来,而黄琳仍以原来准备的内容应对。课结束后他问他们有什么意见,他们什么也不说就表情严肃地离开了教室,本以为一定要进行批判但又想不出他们会怎么开场。奇怪的是后来竟也未见有什么下文。估计这可能与当时分校领导是马石江和王永成有关。

  1972年虽然迎来了相对宽松的政治环境,但这种宽松一直延续到1973年的年底,很快就被"反击右倾翻案风""批林批孔"等运动所打碎,无论是给红卫兵补课,还是与其他教师联合搞了一个统计与随机过程的讨论班,都是"右倾翻案风"的具体表现,这两点从科学与培养人的角度在今天均无可非议,在"文化大革命"前也是行之有效的办法。大字报用"有人拖着长长的辫子,干着张勋复辟的勾当"来影射黄琳等人的做法。很快讨论班就被迫夭折了,而给红卫兵补课也画上了休止符。黄琳由于读书多记性好,在这样不讲理的环境下有时也能用马克思说过的话来抵制当时的一些错误做法,例如他引用马克思在《资本论》第一卷第一版序言中说"物理学家是在自然过程表现得最确实、最少受干扰的地方考察自然过程的,或者,如有可能,是在保证过程以其纯粹形态进行的条件下从事实验的"这样一句常识性的话,有效地摆脱关于力学要到车间才能讲的无理纠缠。

  1974年1月全国开展的"批林批孔"运动,分校领导为了跟上形势决定成立写作小组,主要由一些比较了解中国科技史的人组成,其中包括力学系的朱照宣、黄琳,技术物理系的毕沫天等。由于要强调中国的古代科技和儒法两家思想的关系,在领导同意的情况下选择以明朝宋应星所著《天工开物》作为研究对象,大家商定主要以介绍《天工开物》一书的贡献兼顾评法批儒的形势要求，在经过讨论确定内容后决定由黄琳执笔完成报告。黄琳在接到任务后除了应付形势需要引用了一些报章上常见的评法批儒的言论，用主要的篇幅实实在在地介绍了这本明代的科技书，写成报告再经过大家讨论后交给了领导。没有料到的是领导看后认为有价值发表，这样就以 653 的谐音"陆武山"的名义将《〈天工开物〉的科学成就与反儒精神》发表在《清华北大理工学报》1974 年第 2 期上[①]。

同年暑假，黄琳奉命与 73 级的学员去绵竹汉旺的东方汽轮机厂开门办学，这个厂子和德阳的电机厂是配套的，都是与他们一样从东部发达地区迁到三线来的单位。这里的设备好，在当时就有每秒运算 3000 次的电子计算机，工程人员的素质也不错。选择到这儿来实习无疑是有道理的，但由于这些学生刚进大学校门不到一年，基础又比较差，因此开门办学也做不了什么，实际上在这里他们主要就是去车间帮助干活。

1975 年，黄琳被委派带领 73 级武红岭等六个同学与曾老师一起去汉川机床厂开门办学，接待他们的是一位从捷克留学回来的总工程师，他希望改进他们生产的精密镗床上的万能镗刀架中关键部分五星轮所需要的一个曲线，但工厂无人能够计算这个曲线。由于这个曲线是决定进刀性能的关键因素而成为提高产品质量的关键所在。由于镗刀架中五星轮的运动既包含绕其轴的自转又包括绕镗床主轴的公转，这样五星轮曲线就归结为椭圆族包络的计算问题。事实上在机械加工中有大量问题可以归结为这类问题，于是他们很高兴地接受了这项任务。由于当时汉中地区没有电子计算机，全部计算任务只能靠电动与手动的计算机进行。在这一工作过程中，黄琳不搞什么形式主义的政治挂帅、忆苦思甜这些当时盛行而与任务无关的活动，在讲清这一工作的意义后他实实在在地教会学生如何分析问题、设计算法直到根据算法做出算表来，经过几周的努力终于完成了任务并将报告提交给了厂方。那位总工程师看完后对他们的工作给了很高的评价并表示了谢意，认为这种包络的计算对于机械制造行业十分有用，并称他们使用了矩阵工具是很现代的，并欢迎他们再来。包络计算在机构运动学中

---

① 陆武山：《天工开物》的科学成就与反儒精神。《清华北大理工学报》，1974 年第 1 卷第 2 期，第 14-21 页。"陆武山"为黄琳在汉中时的笔名。

有普遍意义是没有疑问的，但是否是第一次用于五星轮他们并不清楚。至于矩阵工具是很现代的则是一种误解，但国内学术界普遍接受用矩阵来描述变换而不是用烦琐的建立在标量求和之上的公式则主要是改革开放以后，这一点从包括钱伟长先生的文章在内的很多著述在后来改革开放后仍通篇采用多个连续求和的符号都能说明这一点。回到分校后黄琳与同事们谈起在汉川机床厂所做的事，不少人对他说这在当时应该算是很有科技含金量的工作了。在一些人的建议下黄琳将这一结果整理成论文《万能镗刀架五星轮曲线的计算》，发表在 1977 年《北京大学学报》（自然科学版）第 1 期上，文章署名按当时的做法为"北京大学力学系 1973 级赴汉川机床厂小分队"。这次能顺利地完成任务得益于这个小组的学员都还比较务实，有新东西可以学习，任务意义明确又可以发挥他们的作用。后来听说班上有其他同学很羡慕这个小组的工作和取得的成绩。

　　自从 73 级工农兵学员毕业以后，黄琳就没有再给工农兵学员上过课。67 级学生进校后黄琳听上课的老师讲，这个年级有两个非常努力且基础很好的学生刘宪和谢平，说这两个学生喜欢问问题而且常常自己看老师不讲的内容，这引起了黄琳的兴趣，他决定要见见这两位学生，遂将二人请到家中谈了他想在课余时间给他们辅导的想法，当时他们没说什么。事后刘宪来找了黄琳，考虑到她的基础黄琳就从图书馆给她找了一本从应用出发的常微分方程让她去看，那是一本英文书，一开始就用幂级数的方式表示了 $\sin x$、$\cos x$ 等简单常微分方程的解。当时黄琳想考查一下她推演数学公式的能力，让她利用幂级数的方法验证一下简单的三角公式，过了几天她交来了一些简单的结果，黄琳很满意，这种喜悦是很长时间以来所没有的。虽然 73 级

图 5-8　1975 年黄琳（二排左二）带学生在汉川机床厂搞项目

也有几位学习努力基础也好的学生，但当时的政治氛围下他决不敢让他们去啃一本英文数学书，因为无论从什么角度要这么做在当时都一定会说他在用业务为诱饵腐蚀工农兵学员而引起轩然大波。

刘宪至今同黄琳还保持着联系，她知道老师喜欢喝茶，每年教师节和春节都会亲自去挑选茶叶寄给老师。对于这段经历她曾这样回忆道：

> 搞学术研究是需要花费大量精力和时间的，况且黄老师身体还不算好，按理说他没有必要辅导我们，学校也没要求他这么做。可黄老师那时就想到了要尽快为国家培养出一批从事系统工程和现代控制理论研究的人才，带出一支队伍。因此对任何有潜质的学生，他都很看重。他常叹息，"文化大革命"十年，耽误了他出成果的最好时间，也耽误了我们能学出好成绩的最好时间。他希望我们珍惜时间，心无旁骛，一心向学。
>
> 黄老师很注重对学生独立思考能力的培养，他会提出一些有意思的数学问题，让学生想办法去解答，一旦学生思路对了，他会由衷地称赞。在他的影响下，学习数学一点儿也不枯燥，相反是件其乐无比的事。那些严谨的逻辑关系，丝丝入扣的推理，让人体味到数学定律的完美精妙、人类思维的博大深邃。
>
> 黄老师对生活要求很低，除了因长期思考养成喝茶的习惯外，无更多嗜好。任何时候见到他都是朴素随意的样子，忙起来甚至有些不修边幅。他和夫人李孝珍老师都秉持"简单是福"的生活态度，不喜欢繁琐的应酬，讨厌庸俗。"好处未必去，无利也认真"。这是黄老师做事的风格，也是他恪守的情操。像所有爱国正直的知识分子一样，黄老师对不合理不公正的事情，常常直言不讳地批评。有次外出讲学回来，说起社会的一些腐败现象，十分生气。对那些利用公款大吃大喝的人，他用"酒囊饭袋"来形容，这是我听到过他对人最不客气的用词了。[①]

[①] 刘宪：师德难忘。见：黄琳先生八十华诞文集编委会编，《唯真求实 矢志创新——黄琳先生八十华诞文集》。北京：北京大学出版社，2015年，第95—96页。

时任汉中分校力学系总支书记秦寿珪回忆这一段时间黄琳的事情时写道：

> 黄琳担任了73级工农兵学员的跟班老师，当时，社会上正批"师道尊严"，可黄琳与学员相处得很融洽，他们喜欢黄琳老师，说："老师就是老师，怎么能批。"由于尽可能对学员严格要求，73级学生中，出了一些出类拔萃的人才。有人提议"四人帮"的黑干将迟群担任北大党委委员，黄琳在会上坚决反对，此事汇报到总校，总校工军宣队要求分校要整肃黄琳，还是分校的领导说了靠谱的话，"谁是否选进党委，党员有权发表意见"。1976年初，有一天我通知他，汉中分校党委通知，第二天上午8点在东阶梯教室召开分校全体党员会，他很警惕地问我："什么内容？"我说："传达总校党委关于批邓、反击右倾翻案风的精神。"他说："我不参加。"我说："那我给你请假，就说你有病，不能到会。"他说："不，我没病，我就是不愿意参加这种会。一个党中央的副主席怎么可以随便批？"①

认清需求　心无旁骛编写讲义

1975年的春天，固体力学的王大钧、邓成光、韩铭宝老师去西安一个水利科学研究所出差，做与水利工程相关的事情。由于黄琳这几年一直在固体力学教研室活动，也就同他们一起去了。由于是谈水利工程的事，他不是很懂，但大家也希望能把工程中理论或方法上的难处用数学表达的方法让他明白问题在哪里，但这一点并不容易实现。后来他才真正理解，能将工程中的问题用数学表述清楚就表明此问题离解决已经走完了一半，除非这个转化过来的数学问题根本就不可能求解。黄琳一直努力摸索，但成

---

① 秦寿珪：耿直的黄琳。见：黄琳先生八十华诞文集编委会编，《唯真求实　矢志创新——黄琳先生八十华诞文集》。北京：北京大学出版社，2015年，第38页。

效甚微，一直到"四人帮"倒台以后，他们找到了一本1972年美国出版的线性代数的计算机算法程序，其中既有解方程的各种基于矩阵分解的方法，也有矩阵特征值的一些迭代算法，内容大部分是用Algol-60语言写出来的。这种为计算机而弄出来的算法语言主要是把算法写出来让计算机能够接受，但人们难以直接从这种表述中看出计算的主要思路、方法和根据，从而仅看这个就很难了解其本质，无法应用以及做可能的改进。正因为如此，他们希望黄琳去考虑一下这个问题以便他们真正理解这些算法，而这刚好可以使黄琳得到一个能真正发挥作用的机会。

1976年"四人帮"倒台，政治气氛相对比较宽松，这让黄琳得以思考一些一段时间里一直困惑他的事情，想弄清楚的主要有两个方面的问题：一个是固体力学需要的大量计算其基础究竟是什么？另一个是这十几年来控制理论究竟已发展成什么程度了？而要弄明白这些，他必须到图书馆去查找一些资料。令他欣慰的是，这么多年来汉中分校不仅把原来从北京带过来的书悉数上架摆放整齐，而且还进了不少新的英文影印书。这也归功于工军宣队和革命"左"派既看不明白也弄不清这些书是香花还是毒草，不如还是采用"一如既往照旧办理"为妥，这样不仅英文期刊没有什么减少而且还增加了不少新的著述。这为他弄清楚上述两个问题提供了客观基础。

泡图书馆的日子对黄琳来说是非常愉快的，从家到图书馆差不多有一公里的路程，上下落差不足百米，去时上坡走得慢，可以想想去看什么，回来下坡带着收获步履轻盈地回家，几乎每天都有些收获。概括起来有：固体力学的计算无论是静的应力应变分析还是动的振动问题，由于有限元方法的出现与兴起，解决问题的基础是线性代数，特别是结合计算机发展的数值线性代数。控制理论的研究已经发展成一个相当规模的现代控制理论体系，其中就线性系统而言已经出现了用好几种方法进行研究的不同学派，卡尔曼滤波（Kalman filtering）理论与方法不仅获得了新的发展而且已经成为一个十分有效的利用计算机应用很广泛的方法，在控制理论领域出现了如何认识系统的关于系统辨识和对参数进行估计的理论与方法等，所有这些都很强地依赖于线性代数的理论与其上的算法。还出现了一个新的杂志——《线性代数及其应用》（*Linear Algebra and its Applications*）以及很多反映线性代数计算的参考书，在研究方法上也出现了利用矩阵"列空间"和"零空间"讨论问题的专著。所有这些让他产生了一些想法：在汉中的这些年，外面的变化太大了。联想到60年代初他研究生毕业论文答辩时，段学复先生曾高兴地说："想不到，我们教的这矩阵还这么有用！"当时在控制界和固体力学界用矩阵代数还是新鲜的事情，到现在也不过十多年，线性代数竟起到了如此大的作用。这个变化明显地使与国际科技发展几乎失联十多年的黄琳感到震撼，而要让中国的控制和固体力学计算尽快与世界同步，首先要解决的就是给业界补上线性代数上的欠缺。在他还没有拿定主义怎样来做此事时，王大钧给他送来了一本《自动计算手册》[①]。这手册讲的是线性代数相关计算方法的程序以及使用程序的注意事项与说明，至于这些程序所依据的算法及其理论根据则没有介绍。王大钧对他说希望他能帮助他们把这个搞清楚，这当然不是一件容易的事。黄琳在业务上一贯比较自信，一开始对于解方程还比较容易搞清楚，但到了求解特征值问题时，利用程序弄明白QR迭代并给出严格证明就相当困难了，他只好再去查找文献，也力图自己给出证明。就在这个时候成都等离子所来了一位名叫安志岗的人，他是同事俞士汶的同学，是研究等离子体物理的，在设计托卡马克时遇到了困难，俞士汶就和他一起来找黄琳讨论这件事情，最后他们把问题归结为受二次约束的最小二乘求解问题，这样在线性代数上黄琳又碰到了一个新的问题需要解决。由于这三方面的推动，一段时间里黄琳几乎把全部精力都投入到研究数值线性代数中。

  这时，黄琳有了一个想法，就是想写一本应用线性代数方面的讲义。由于环境宽松、时间还比较充裕，他开始有计划地做起了这件事情。每天黄琳往返于图书馆与家之间，为了积累材料他还做了很多卡片，这样边积累边写就开始了他长达六年多著书的征程。他对能有这样一个不受干扰的环境并且自己也能沉下心来专心做事感到非常满足。

  在弄线性代数应用理论讲义的过程中，黄琳发现对国际上某些先进的

---

① Wilkinson J H, Reinsch C: Handbook for Automatic Computation: Volume 2 Linear Algebra. Springer-Verlag, 1971.

知识虽然知道得晚了一些但还能很快赶上，这取决于他在60年代因研究需要而具有的较扎实的线性代数基础。而有些内容国际上也并未领先太久，特别是用值域空间R（A）和零空间N（A）这种描述形式进行研究也只是70年代才兴起的。于是他在看固体

图5-9 黄琳编写的《线性代数应用理论讲义》

力学教研室教师提供给他的文章和计算手册时就可以找到进一步发挥的空间，他大体上做了三件事：具二次约束下的最小二乘解，特征值和广义特征值的摄动估计及正定矩阵求平方根的算法。其中第一项内容研究得最为系统，但研究成果被《数学学报》压了五年，最后以题目《具二次约束的最小平方解问题》于1982年发表，发表前编辑部来了一封信表示歉意，说是因工作疏忽给耽误了；第二项内容是振动界所关心的，研究成果以《广义特征值的摄动问题》发表在1978年的《北京大学学报》上[1]，结果引起了胡海昌先生的兴趣，并因此开启了他和胡先生二十多年的交往；第三项工作回京后很快在《应用数学学报》上发表了，题目为《正定矩阵平方根的计算与摄动估计》，审稿人破例还给他写了一封信表示祝贺。当时由于这些工作他几乎进入了数值代数的领域，一度也有人误认为他是在计算数学领域内从事研究工作的。

在工作之余，为了调节生活，他也会在春暖花开的时候约上好友进深山里挖一些兰花，然后连土一起带回来栽在盆中。那里的兰花植株较大，香气浓郁而持久。后期的汉中生活已基本正常，物质供应也不错，虽然还是每月每人半斤肉，但自由市场东西很丰富，黄鳝、鸡鸭一直到兔子、狗

---

[1] 黄琳：广义特征值的摄动问题.《北京大学学报》（自然科学版），1978年8月29日。

第五章 动荡岁月 有所作为 *125*

腿等商品都有。女儿黄静出生后一直放在老家扬州，由父母照看，时间一长他和夫人愈发想念孩子，于是夫人请了几天假赶往扬州把女儿接到了身边，孩子的到来立刻使家里充满了生气和欢乐。女儿刚两岁多，汉中当时没有针对这个年龄的幼儿园和托儿所，一开始他们俩轮流在家看孩子，但要工作终究不是长久之计。后来上午就把孩子委托给技术物理系一位姓钱的夫人同事家里的老太太照看，夫人下班时顺便把孩子接回来。每天上午黄琳则去图书馆忙着写他的线性代数应用理论讲义，下午则可以边照看孩子边读读书想想问题。他常常带着女儿来到附近的馒头山上，同时带一本不会使他过分着魔的书，找个地方坐下来，女儿在旁边玩小石子和树叶，他则在旁边一边看书一边欣赏她玩，有时也会给她编点故事，通常会把日常的生活中的一些道理融进去，女儿也是听得津津有味。

从 1978 年年初起就不断传来消息说他们将搬回北京，是全部回，还是部分回，怎么回，众说纷纭。在这搬家风潮中，人心浮动，不过他一直比较冷静，因为他很清楚，能不能回北京不是靠自己争取所能决定的，先走后走也不是他能左右的，因此他既不争先恐后，也不礼让后行，而是不闻不问，一切听从安排，沉下心来，一门心思投入到他的线性代数应用理论讲义的编写之中[①]。

十年汉中分校生活正是黄琳这些年轻教员最为精力旺盛有创造力的时期，但在当时的环境和政治氛围下，又远离科技发展的前沿，他们大多数人没能发挥其应有的才智，没有做出像样的工作，不能不说是一件非常遗憾的事情。黄琳虽然在科研等方面也没能取得他应该获得的更大成绩，好在他还能静下心来，经过几年的努力工作，完成了这本有着重要意义和影响的《线性代数应用理论讲义》，这是在汉中十年后半段值得称道的工作。事实上在回到北京以后一开始的几年，黄琳主要是以线性代数的应用在控制界进行学术活动的，这些积累最终促成了他的第一部专著《系统与控制理论中的线性代数》的诞生，由科学出版社于 1984 年正式出版。由于在这方面的工作，在回京后除在国防科技大学、西北工业大学等国防院校作

---

① 李孝珍：十年动荡　甘苦与共。见：黄琳先生八十华诞文集编委会编，《唯真求实　矢志创新——黄琳先生八十华诞文集》。北京：北京大学出版社，2015 年，第 20 页。

线性代数应用理论的讲学以外,他还先救急其后则转为正常地为三届本科生开设了基础课线性代数。

乌云散去　几方商调终留燕园

1978 年有消息传来称汉中分校将撤销,即将搬回北京,这使得汉中分校人心浮动,大家做着回北京的各种打算。学员从暑假后也回到北京了,教师们也纷纷打点行装,提前安排以后生计。由于此时的汉中分校一片撤离前的纷乱景象,几乎没有精力思考教学和科研以及今后的发展问题,仓促之下系里决定放弃第一次招收研究生。当时中科院和北大一些热门学科的名家门下,报名者超过百人。报考中科院数学所关肇直先生的研究生就高达一百多,他决定将一名列前五的朱伟灵调剂给黄琳,黄琳当然很高兴。一天学校有人通知黄琳说第二天朱伟灵将从北京来汉中见他。这是一个身高一米八很神气的人,约摸三十出头,上海人,很能讲。他在南开大学数学系读了一年就赶上了"文化大革命",后来分到河北邯郸教书,已经结婚,夫人是四川人,有两个孩子。他在谈到自己时很有信心,说自己一直都很想学习但之前没有条件,后来有了正常的工作,在工作中也一直坚持自学,几乎补全了大学数学方面的重要课程。他还告诉黄琳说他会弹钢琴并且曾是南开大学的男排队员,表示很乐意来北大继续学习。黄琳向他简单介绍了自己在做的事情和研究兴趣,欢迎他来,同时告诉他自己有可能离开北大,但会根据他的志愿,或跟随他去新单位或将他推荐给北大的其他老师,而这一切要等明年初回到北京后再定。与朱伟灵第一次见面给黄琳留下很不错的印象,觉得他应该是一个很能干的人。因黄琳没能离开北大,朱伟灵也就顺利成为黄琳录取的第一位研究生,毕业后去了中国企业管理协会。

1978 年对黄琳来说无疑是一个人生的岔路口,分校将被撤销带来了前途的多样性。他除随大家回北京继续待在北大外可能有几个去处。一是中科院数学所或中科院成都分院的数理室，这都是关肇直先生盼望实现的，二是长沙的国防科技大学，三是扬州师范学院。数学所主要是关肇直先生比较看重黄琳，在"文化大革命"前黄琳就与关先生有些联系，也曾应邀参加过他在中国科学技术大学（当时在北京尚未迁往合肥）所指导的控制方向的学生毕业论文答辩，也在一起开过一些学术会议。这一年五月黄琳去北大数学系参加五四科学讨论会，他希望能同黄琳面谈一次，于是黄琳应约去了他家里。当时他有两个打算，一个是为了数学所控制学科的发展准备调几个人进所里工作，其中有江泽培、张嗣瀛和黄琳，另一个是他想在中科院成都分院搞一个摊子，并征询黄琳的意见，黄琳表示他去哪都可以，因为对他来讲工作有意义、能按自己的想法去做而不被横加干预是第一位的，生活条件等则是第二位的。这一年的秋天毕大川受关先生的委托专门由北京赶来汉中和他商谈此事，黄琳当即向他表明："现在是个好机会，请关先生同北大商量，只要北大放我，去数学所或者去成都都可以。"最终因北大不放人，事情也就不了了之。事实上，黄琳和夫人曾经私下议论过"留在汉中也没有什么不好"，在与别人的交谈中他深深地感到自己在个人与家庭的生活、前途等诸方面确实是一个疏于算计很不精明又缺乏远见的人。

20 世纪 60 年代，北大数学力学系有一些毕业生分配到了哈尔滨军事工程学院工作，其中也有黄琳教过的学生。哈尔滨军事工程学院在"一号命令"颁布后经历了搬迁下放最后解体的命运，其中炮兵工程与空军工程等分别迁往南京和西安与其他院校进行了重组，海军工程则留在哈尔滨原址办学，其他院系选址长沙建立了新校并定名为"长沙工学院"。由于留在长沙的部分是原哈尔滨军事工程学院的主体，1978 年中央军委决定将在这里建设成中国军方国防科技的最高学府，并正式命名为国防科技大学。此时该校正在重建，处于百业待兴的时期，北大数学力学系的几位毕业生也都在这儿。不知是从什么渠道这几位同学知道汉中分校将撤销，遂来信邀请黄琳加盟长沙的国防科技大学。对于到国防部门工作黄琳一直都很向往，夫人也同意。于是就向国防科技大学与他联系的沙钰提出，希望他们尽快决定，以便免去先回北京的折腾。后来得到的回复是他的工作在国防科技大学安排，但夫人目前只能答应在长沙市就业，希望他能先来长沙讲点东西，等他在那儿讲完后再进一步考虑夫人的事。由于当时北大并未点头放他，而他的《线性代数应用理论讲义》已经有了初稿，遂将初稿寄去，而调动一事按周培源先生的意见准备先回北京再说。

与扬州师范学院的联系是源于黄琳的父亲在那任教。1978年他父亲已经七十五岁，母亲也已年近古稀。"文化大革命"中他们备受欺凌，从原来宽敞的住处被赶了出来，几经周折后来住在一个多家合住的杂院式的楼里。父母因年事已高心里当然希望黄琳能回乡工作，同时兼顾照顾他们。事实上，黄琳父母是非常深明大义的，在他们心目中国家的事比家事大，孩子是为国家服务的，他们的事业要比照顾自己更重要，所以长期以来对他们弟兄俩在外地工作也从未反对。"四人帮"倒台以后他们的问题也已得到解决，在1977年年底江苏省委统战部邀请黄琳父亲作为民主党派的负责人赴南京参加座谈会，实际上已为父亲恢复了名誉。扬州师范学院方面对黄琳的业务水平和能力也有所了解，于是就去找他的父母希望黄琳能回家乡工作，并表示可以先回来看看，做一次讲学安排。定居汉中后黄琳曾在1972年回乡两次，一次探亲，另一次是出差上海顺路回去了一趟，算起来也有六年多没有回去看望父母了，遂答应可以为扬州师范学院讲点线性代数的应用，调动之事以后再议。这个时候技术物理系化学方面有事要派人去上海出差，而汉中大部分老师都在忙着迁回北京的事情，于是黄琳夫人就接了这次出差的任务，一家三口高高兴兴走上了返乡省亲兼讲学的旅程，时间大约一个多月。

有一天父亲找黄琳说他们系里年轻人对常系数线性微分方程组的解弄不明白，希望他能给他们写一个简单的材料。黄琳以为这是他们年轻人所需要的，就写了一个材料给他，其中用到将方程组的系数矩阵化成若当标准型，然后用矩阵指数函数的办法将通解写出来。为了给出方程实值解的表达形式，还利用指数函数与三角函数之间的欧拉公式写了一个注解。过了两天父亲告诉他："已经给了他们，但他们表示看不懂！"这当然使黄琳感到很惊讶。

讲学一直"顺利"地进行着，没有人问问题也无法进行讨论，就是黄琳在讲台上讲，他们在台下记，效果如何他也无法知晓，只有一个自称来自苏州的同龄人在课下和他讨论过一些控制方面的事。讲学结束后他们为这次讲学开了个座谈会。这次讲学对黄琳来说最重要的是证实了他原先的估计，这儿的人与他在学术上没有共同兴趣。

在接近年关的时候，陈耀松给黄琳发来一个电报，大意是周培源先生已同意他离开北大，要他赶紧返回汉中。在他们回到汉中后才发现，虽然离开这里才一个多月，可已经是"山川依旧，人去楼空"了，学生早就走了，从北京来的员工也已基本上撤离完毕，他们成了最后一批撤离汉中的人员。

回到汉中以后领导告诉他周培源先生明确发话，要黄琳一定先回北京，他要亲自与黄琳谈一次，然后才能定调动之事。这样他就收拾家当随最后一批撤离的人员坐专列开赴北京，结束了在汉中近十年的生活。由于是专列不是正常的火车，边走边停，中间在西安就停了近八个小时，直到第三天晚上他们才回到北京。从车站到学校他们乘的是大巴，车在五四广场西边一个小食堂前面停了下来，一进门他就看到专门来接他的人，他们是"文化大革命"前的学生郑应平，刚招收的研究生朱伟灵，他曾辅导过的工农兵学员刘宪，还有一些久别了的朋友。当时他很激动，不仅仅是因为见到了他们，他清楚地意识到：十年近于荒唐的生活正式结束了，虽然他的前途还充满变数，但他深知不论到哪儿，他都能找到可以尽力发挥的舞台并取得成功。

在抵京安定之后黄琳即按照周培源先生的要求去和他面谈，一连去了两天他都不在家，于是周夫人王老师给他出了个主意，要他第二天一早不到七点就来，趁他一早还没有出门这样就可以见到他。第二天黄琳如约而至果然将周先生堵在了家中，他住在书房里，好像刚起身。因为和周先生以前还比较熟，周先生就认真而又关心地跟他谈起了他的看法，大体上意思就是：其一，中科院数学所华罗庚与关肇直的矛盾闹得很厉害，你去与关肇直合作，那个氛围可能对你这样北大数学力学系出来的人不适应。其二，你对军队里科研教学怎么做并不真正了解，你已经答应去他们那儿讲学，我同意你去但不要一下子就调去，你去那儿有个了解回来再商量。其三，你为什么要去成都，那儿有什么基础？如果都要从头做起能适应吗？现在已经回到北京就不要再离开了，北京的学术条件外地是不能比的。周先生明确表示不赞成他离开北大，只同意他去国防科技大学讲学。从周先生那儿回来碰到系里的朋友，他们很关心地问黄琳结果如何，他如实讲了周先生的看法，他们都说周先生要黄琳慎重考虑真是语重心长啊。从此黄琳就再没有萌生离意，沉下心来做学校和业界期望他做的事。

第六章
潜心论著　创造经典

20世纪80年代初,黄琳在全国多所院校讲授推广线性代数理论和控制理论。他在《线性代数应用理论讲义》的基础上经补充和完善,形成了专著《系统与控制理论中的线性代数》。作为一本系统的基础理论参考书,它影响了几代青年控制理论工作者的成长。2018年,耄耋之年的黄琳花费了大量的精力重新修订补充调整了部分内容,分上下两册重新出版。他还撰写出版了另外两本重要的著作《稳定性理论》和《稳定性与鲁棒性的理论基础》。

认准差距　编写宣讲线代应用

"文化大革命"之后,控制界掀起了研究和应用现代控制理论的热潮。黄琳觉得当时的首要任务是要把国内十多年来控制领域的落后状况弄清楚,而研究现代控制理论,首当其冲地需要较多的线性代数理论知识。当时他迫切地感到需要尽快出一本讲义,一本线性代数应用方面的教材,让国内的年轻人读了这个教材后,能尽快地赶上国际水平。最起码,应该使他们去看国际杂志的文章时不再感到困难。于是他便义无反顾地全身心投入了其中，在从汉中回北京前夕，他用两年时间基于自己的教学与科研实践以及当时的客观需要整理完成了应用线性代数讲义，并于 1978 年底油印了第一版[①]。

黄琳把他的讲义的手稿寄给了国防科技大学，以便通过教学实践进一步修改。1979 年年初，黄琳应国防科技大学正式邀请讲授"应用线性代数"，历时近三个月。当时使用的是由国防科技大学油印的"应用线性代数"讲义，分上、中、下共三册。

20 世纪 80 年代前后，控制科学在中国大部分地区还处于发展的初级阶段，很多高校及科研院所相关人员的控制理论及数学基础水平还不高。当时北京一些院所的学者包括关肇直领导下的系统所的相关人员、北京大学黄琳等一些科研人员开展了控制理论的普及工作，下到地方高校和研究所办讲习班，讲授相关的基础理论课程。黄琳就曾在多地讲授他的系统与控制中的线性代数。中科院秦化淑研究员曾在一篇回忆文章中谈道：

> 黄琳长期参与、热心支持控制科学的科普工作。80 年代初至 90 年代，他和我多次参加现代控制理论的推广和普及工作。他的身影遍布北京、西安、成都、南京、山西等地，给理、工科大学和国防有关部门中的青年教师和工程技术人员讲授线性代数和线性控制系统理论。在那个年代，这两门课程对那些听众来说是很深奥的，不少人抓不住重点，理解肤浅。黄琳对我说："要真正懂得线性控制系统并学好该理论，必须要有实际工程问题背景、几何概念思考，并使用线性代数工具。他的讲授自始至终贯穿这样的思路，不仅使听讲者受益匪浅，我也深受启迪。"[②]

[①] 李孝珍：十年动荡　甘苦与共。见：黄琳先生八十华诞文集编委会编，《唯真求实　矢志创新——黄琳先生八十华诞文集》。北京：北京大学出版社，2015 年，第 20 页。

[②] 秦化淑：皓首忆友情　虔心赞英才——记与黄琳逾半世纪的交往。见：黄琳先生八十华诞文集编委会编，《唯真求实　矢志创新——黄琳先生八十华诞文集》。北京：北京大学出版社，2015 年，第 48 页。

1979年5月在厦门举办了第一届"中国控制理论及其应用"学术年会，西北工业大学戴冠中教授弄到了黄琳这本流传的讲义，他看了后觉得内容非常好。因为当时现代控制理论在国内刚好是广为流传而且在推广应用，中国科学院系统科学研究所的关肇直先生希望戴冠中在西安地区推广一下。西安地区实际上是国防工业比较重要的地区，现代控制理论应该有很多的用武之地，导弹、飞机、武器系统中的很多控制问题都需要控制理论。当时戴冠中教授就在学校里面组织了一些讨论班，讲现代控制理论，参加的不仅有学校里的很多教师，还有附近很多研究所的科研人员，像618所搞飞行控制和惯性导航的，631所搞计算机的，还有五机部的206所等等。一般的经典控制理论与现代控制理论很大的区别是现代控制理论解决了一些比较复杂的系统，它不是单变量的，是多变量的，那么线性代数就首当其冲，是必备的工具。一些问题提法也不像经典控制理论那么简单了，所以就需要有比较高的数学知识，黄琳这本讲义恰好就满足了这样的需求。于是戴冠中教授就于1980年2月邀请黄琳为西北工业大学"现代控制理论讨论班"的教师系统讲授相关内容。当时听课者达200多人，不仅有西北工业大学的教师，还有西安地区多个国防研究所的科技人员。黄琳每星期讲两个下午，历时两个多月。戴冠中教授曾回忆道："大家都反映黄老师讲课水平很高、很系统，非常精彩，内容也正是我们这些科研人员所需要的，大家收获很大，所以当时的影响还是很大的。那时讲课是没有报酬的，现在不太好想象了。那个时候大家都是这样，都是为了国家的科研事业，特别说是为了国防事业。黄琳认真而精彩的讲课，赢得了全体听课者的钦佩与感动。"① ②

在西安期间西安交通大学的万百五教授来跟黄琳说，能不能也到他们西交大讲一讲，这样黄琳每周就在西工大和西交大各讲两个半天。据西交大的徐宗本院士回忆，他当时是数学系的一名研究生，一天从学校广告栏中看到这样一则信息："应电讯学院邀请，北京大学黄琳教授即日起在图

---

① 戴冠中：永葆学术青春。见：黄琳先生八十华诞文集编委会编，《唯真求实　矢志创新——黄琳先生八十华诞文集》。北京：北京大学出版社，2015年，第50页。

② 戴冠中访谈，2018年12月22日，西安。资料存于采集工程数据库。

书馆三楼为我校师生开设'控制论中的线性代数'系列讲座。"出于对非数学家讲授数学的好奇,他参加了黄先生的课程。本以为听一次课,满足自己的好奇心即可作罢。但想不到的是他竟然被黄琳的课程深深吸引,认真地做了笔记,并珍藏了近三十年。每当他遇到线性代数问题的时候,总是会时时翻看这本笔记,看看能否从那只言片语的记录中得到启发。同时黄琳也在他心中树立了一个"老师"的典范——做老师就应该做这样的老师!他回忆道:

> 黄先生的"控制论中的线性代数"课程信息量极大。在短短的一个月内,深入浅出、广泛而严密地将线性代数这门数学的必修课程的延伸发展通讲了一遍。从矩阵函数、矩阵微积分到控制系统的稳定性,从矩阵逆、广义逆到线性方程组解的细微刻画,从矩阵分解、空间分解到最小二乘法原理,从矩阵秩、算子谱到广义特征值问题,他的"十讲"让我们在一个更高的高度、更宏观的维度,重新认识了这门课程的精髓,是一个全面而又不失深入的"数学便餐",更是"数学大餐"!黄先生讲课表情严肃,语言精练,娓娓道来,不得不让人肃然起敬,心甘情愿被他所传授的知识和思想所控制,并跟着他走。他讲课逻辑严密,从定理到证明,再到应用,其间的衔接真切而自然;从问题的提出,到解决的思路,再到证明技巧,一次次使人茅塞顿开、豁然开朗。让人不禁从心底发出"原来如此"的感慨,并深刻感受着求知的满足与快乐。这种快乐就是对"数学美"的体验。

徐宗本教授还谈到他后来为解决稀疏微波成像问题时所发展的 L(1/2) 正则化理论,在一定程度上也是受到黄先生所讲授的最小二乘法原理的启发[①]。

1979 年,黄琳应中科院系统科学研究所要求在山西忻州主持过一次控

---

① 徐宗本:真理之花 乐享年华——写于黄琳先生八十寿诞之际。见:黄琳先生八十华诞文集编委会编,《唯真求实 矢志创新——黄琳先生八十华诞文集》。北京:北京大学出版社,2015 年,第 52 页。

制理论的研讨班，在那里黄琳碰到了在班里听课的成都科技大学的黄家英老师，他希望黄琳能够组织国内的一些人到成都去办一个讲习班，以提高广大教师和自动化科技人员的现代控制理论知识水平。这样在1980年黄琳又应邀和全国几位控制理论学者来到成都授课。听课的有一百多人，除了成都科技大学和四川大学的教师，还有西南地区的高校、科研单位以及工厂的科技人员。黄琳除了讲授《系统与控制理论中的线性代数》的部分内容，还讲了线性系统。黄家英在一篇回忆文章中写道："对于只有工科数学基础的科技人员来说，这是一门不好懂、难度大的课。但他以渊博的知识、慢条斯理和引人入胜的讲课艺术，征服了听众，取得了很好的教学效果，使大家获益匪浅。"[1][2]

1981年，黄琳应杨成梧教授邀请在南京理工大学讲授"应用线性代数"。据杨成梧教授回忆：当时的工科毕业生不像现在，那个时候就学了一点微积分，一般学校是不讲线性代数的，就讲点高等代数，而高等代数还都是行列式，所以在当时一听矩阵脑袋还震一震，因为不知道是怎么回事。当时也很难弄到线性代数方面的书籍，图书馆可以找到苏联的几本书，但也都是属于高等代数范畴的。黄琳授课比较受欢迎，还来了好多研究所的人，包括五机部在西安的那几个研究所以及一些搞光学的人员。在国防科技大学使用的那本油印讲义在南理工又给翻印了，是重新找人刻的[3]。

南京航空航天大学姜长生教授也听了黄琳在南京理工大学讲授的课程，他当时三十几岁。回忆起这件事时他讲道：

> 黄老师在推动我们国家自动化学术水平的提高和普及这方面做了很大的贡献。"文化大革命"十年不搞业务，可以说中国的科学技术和教育受到"四人帮"的严重破坏，所以广大教师、科技人员的学术

---

[1] 黄琳访谈，2018年12月24日，北京。资料存于采集工程数据库。

[2] 黄家英：良师益友 教师的楷模。见：黄琳先生八十华诞文集编委会编，《唯真求实 矢志创新——黄琳先生八十华诞文集》。北京：北京大学出版社，2015年，第51页。

[3] 杨成梧、姜长生、田玉平、王在华、邹云访谈，2018年4月21日，南京。资料存于采集工程数据库。

水平到"文化大革命"快结束的时候已经低到相当惊人的程度。比如说我们学校从 1972 年开始招生,招收的是工农兵学员,很多学生进校的时候连什么叫 sin、cos 都不知道,到了大学毕业的时候也没搞清楚,他也没办法搞清楚,因为他程度太低了,而老师们也是水平比较低,因为经过这十年,犹如中国古人所讲"学如逆水行舟,不进则退",我们过去学的古典理论,十年以后搞可能连古典理论的东西都记不清楚了。什么是阻尼系数,什么是固有频率,有时候概念都很模糊了,所以要回过头翻开书复习,但是复习以后参考参考国外杂志,发现翻开国外杂志看看人家的文章看不懂,不知道是怎么回事。首先是"状态",什么是"状态"? 这个概念在古典理论里面没有,什么是"可控性""可观测性",稀里糊涂,不知道,更谈不上更深层次的了。在这种情况下,广大教学、科技工作者急需要有一个普及和提高的过程,这个时候,在北京的一些水平比较高的学者和老师们义无反顾地站出来。到了"四人帮"打倒以后,我们南京地区也是一样,急切地感到我们广大教师水平要跟上去,跟上时代的发展。这个时候,当时的华东工程学院就是现在南理工的冯钻刚校长出面组织学习班,邀请北京系统所的研究员、北大黄琳老师这些比较著名的学者到这里来给我们普及相关知识,他们在控制方面有比较高深的造诣。①

据姜长生教授回忆,南京航空航天大学除了他以外还有几个人也来了,还有东南大学的史为。当时的一些骨干老师,不管多远都来爬卫岗这个坡,到南理工来听课。那个时候他们都是骑自行车过来,包括当时已经六十多岁的林老师,因为当时也没有什么好的交通工具。那个时候大家的数学基础很不够,在大学里面最多学了三阶行列式,"矩阵"这个词提都没有提过,突然现代控制理论里出现了"矩阵"。后来他也了解到南京大学数学系的本科生以前都没有讲过"矩阵"。他们都是在学校里请数学老师先补一下,然后回过头来再听黄琳等北京来的科研人员给他们讲课。他还

---

① 杨成梧、姜长生、田玉平、王在华、邹云访谈,2018 年 4 月 21 日,南京。资料存于采集工程数据库。

记得当时讲课有王恩平、王朝珠等。当时讲课是很辛苦的，也没有任何报酬。通过这些授课，对于整个南京地区主要是搞自动控制的一些学校学术水平的提高应该说有很大的促进作用，如果没有这个环节，大家自己啃这个可能要花费很多时间和精力，这样就事倍功半了。姜老师说从他个人的角度来说，通过跟黄琳老师他们学习以后，自己的学术水平也提高了一些[1]。

需求推动　完成经典惠及学人

在从汉中回到北京以后，黄琳用《线性代数应用理论讲义》在国防科技大学、西北工业大学、西安交通大学、南京理工大学和成都科技大学等高校和研究所讲授并听取意见和建议，然后利用北京更好的条件和教学与研究的实际进行充实、补充和修改，最后由科学出版社于1984年春天以《系统与控制理论中的线性代数》的书名正式出版，并于1986年、1990年先后两次再版。在撰写这本书的过程中，得到了很多单位及有关同仁的支持和帮助，其中包括关肇直、宋健、高为炳、张志方、秦化淑、贺建勋、于景元、郑应平和王恩平等人员，他们或给予黄琳以热情支持，或在内容与写法等方面提供了宝贵意见。

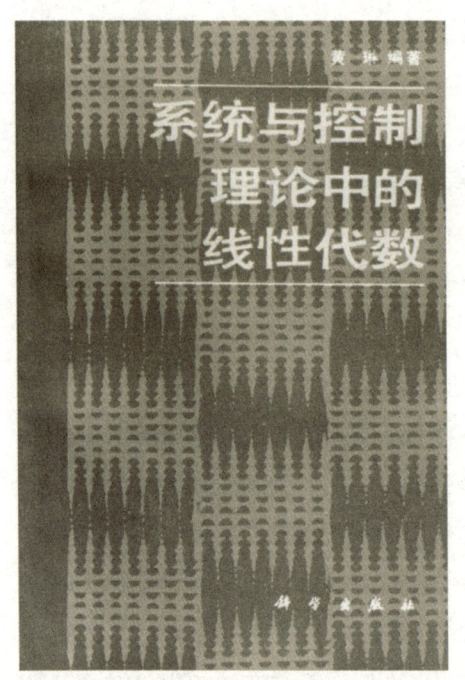

图6-1　黄琳编著《系统与控制理论中的线性代数》

---

[1] 杨成梧、姜长生、田玉平、王在华、邹云访谈，2018年4月21日，南京。资料存于采集工程数据库。

清华大学自动化系对此书的问世十分重视，在这一年的秋天，黄琳应邀到他们那里为研究生开设了以这本书为基础的一门学位课程。

线性代数的理论与方法是研究现代系统与控制理论的重要数学基础，黄琳这本书正是基于这一要求而撰写的，其必要性和重要性可以从以下几个方面来概括。

在我国从20世纪50年代后期大搞政治运动直至"文化大革命"结束的这段时期，刚好是国际上控制理论、系统工程和计算力学大发展的时期。三

图6-2　1986年黄琳的《系统与控制理论中的线性代数》被科学出版社评为优秀图书

方面的代表性事件分别是：卡尔曼（R. E. Kalman）在1960年的国际自动控制联合会大会上首次提出的关于系统可控可观测的基本概念和随后发展起来的以较多的以数学为主要研究手段的现代控制理论，特别是线性系统的状态空间理论；库恩（H. W. Kuhn）和塔克（A. W. Tucker）1951年在加利福尼亚大学伯克利分校（UC Berkeley）举行的专题讨论会上提交的报告《非线性规划》（*Nonlinear programming*）中提出的库恩－塔克条件（Kuhn-Tucker condition）和随后开展起来的凸优化研究；以及最早由柯朗（Courant）在1943年提出的求解偏微分方程的有限元思想，后来我国冯康在60年代结合水利工程而发展出的有限元方法，到了这一时期由于计算机技术的巨大进步而发展成为一门新型的学科——计算力学。这些典型事件有些是"文化大革命"前发生的，但经过近二十年的发酵与演变，到了80年代初已经发展到了相当大的规模，而这段时间和机遇刚好是我国身处浩劫无法研究而痛失发展良机的时候，这使得我国原本并不先进的科技与

第六章　潜心论著　创造经典　**139**

国际水平的差距进一步拉大了[①]。

对以上三方面的发展来说线性情形总是发展的基础，大量的工程和物理系统的问题在相当广的范围里将其看作是线性问题是合理的。因此在以上三方面要能赶上世界发展的节奏，当务之急是首先解决在线性情形下的差距，没有这个好的基础其他一切都很难谈起。如果说在60年代以前的控制或力学范畴里的书和论文，出现线性代数的描述或用矩阵工具还并不多见，而到了"文化大革命"后情况已发生了根本的变化。可以想见要想用数学工具解决上述三方面特别是控制与系统中的理论或实际问题，线性代数当是首选工具[②]。

所有非线性问题的解决实际上都离不开线性情形的方法与理论，这不仅是由于用线性情形的累积在很多情况下可以去逼近非线性情形，而且有些非线性理论实际是按线性理论的框架建立的，例如80年代前后发展起来的以微分几何为主要研究方法的非线性控制理论实际上是微分几何与线性控制的结合。有人建议如果把微分几何和线性代数从概念上作一比较并建立起对应关系，则有线性系统知识的人抓住这种对应就能很自然地理解了这种非线性控制理论，这也解释了为什么这种非线性理论吸引那么多人研究，得到那么多结果却基本上不适合解决系统中本质非线性例如自振、混沌等问题的缘由。即使对系统本质非线性问题的研究，无论是理论推演与论证还是实际计算，离开了线性的工具也必然一筹莫展[③]。

计算机的快速发展使其计算能力日新月异，50年代前那种认为10阶以上矩阵特征值计算几乎是无法进行下去的断言已一去不复返。计算方法与线性代数的结合出现了一个新的数值线性代数的学科。由于航空航天的迅速发展，工业过程控制的进步都使得面临的系统与控制问题日益复杂，其研究已不能只靠由频率特性派生出的简单列线图加以解决。控制科学、优化技术和计算力学本质上当然都是技术科学，衡量其是否有价值首先应该是有用和好用，而其理论能否健康发展在很大程度上要看是否能有效地

---

① 黄琳：《系统与控制理论中的线性代数》，第二版。北京：科学出版社，2018年，序言。
② 同①。
③ 同①。

得到计算机的支持,即是否有优秀的计算机算法和优质软件来支撑。线性系统状态空间理论在应用上有强大的生命力正是可借助于成套的线性代数算法和软件包以保证了其可计算性,否则它也只能达到表述完美但并不好用的境界[①]。

以往的代数和线性代数往往过分追求一般化甚至泛化,因而缺乏相对清爽的借助几何的叙述方式。从有用和好用的角度考虑,矩阵是将有限维线性空间向有限维线性空间映射的线性算子,作为线性算子它本身就与两个子空间紧密相关,一个是列空间而另一个是零空间,从 70 年代开始陆续有人用这两个子空间所提供的几何为主要手段来参与论述线性代数的理论,收到了很好的效果。这使黄琳明确了写作本书的主要方法,特别是对其基础理论部分[②]。

《系统与控制理论中的线性代数》全书共四个部分:第一部分是线性代数的基本理论,它包括线性空间与线性映射、多项式与多项式矩阵、线性变换的代数理论与几何理论、酉空间与正规矩阵等。此外,在结合系统与控制理论的需要上也作了必要的展开,例如关于多项式矩阵的理想、线性变换的结构特别关于循环不变子空间及其生成元的论述都是为此目的而写出的。第二部分是线性代数的几个特殊理论问题,它包括矩阵范数和它的应用、矩阵的摄动理论、矩阵函数、广义逆与投影算子理论、矩阵的奇值分解以及极小化理论等。这部分内容的选取考虑到当时系统与控制理论发展的状况以及今后发展的需要。第三部分是数值线性代数中与系统和控制理论关系密切的部分,它包括线性方程组的直接法、无约束与有约束的线性最小二乘解以及矩阵的特征值计算。第四部分讲了两个专门问题,其中一个是与稳定性及二次型最优相联系的矩阵代数方程问题,由于引进了矩阵的克罗内克乘积(Kronecker product)而带来了方便,对于李雅普诺夫方程、代数黎卡提方程以及赫尔维茨问题均作了讨论。另一个是关于系统矩阵及有理函数矩阵的内容,这一部分对于多变量系统的讨论是很必要的。

[①] 黄琳:《系统与控制理论中的线性代数》,第二版。北京:科学出版社,2018 年,序言。
[②] 同①。

黄琳这本书有着明显的特点，控制学科需要的线性代数理论在这本书里几乎都能找到，可以说这是第一本与控制理论结合最密切的线性代数基本理论的著作。当时世界上公认的最好的一本代数书是甘特马赫尔的，但他是从纯数学的角度出发的，因为他那个时代稳定性的理论还只是常微分方程的一个分支，还没有由于大量科技问题驱动带来的巨大发展，控制理论的发展还停留在经典理论的范畴，而现代控制理论刚现端倪远未成形，因而业界尚无对线性代数的强大需求，因而甘氏的矩阵论就不可能包括系统与控制中十分需要的后来发展起来的新的内容，但从纯经典的线性代数角度看，在今天它仍不失为一部经典著作。

南京理工大学杨成梧教授曾在一次座谈会上讲道[①]：

黄琳这本书比较适合从事自动控制的科研人员使用，它是从控制中的矩阵典型性和应用性出发考虑的，不像有的线性代数是从面上各个学科从整体上来讲矩阵。现代控制理论也不完全是线性代数问题，需要的是特殊的矩阵特殊处理。当时能找到的苏联的那几本线性代数是从学术角度而不是从应用角度来考虑的，我们现在的智能控制应用的那些矩阵，一般线性代数教材并不针对这些来写，而黄琳这本书是根据控制学科的特点，把需要的矩阵弄得很清楚。如果没有这本书，我们就需要到处寻找，即使费很多时间，也找不到合适的相关书籍。

提起甘特马赫尔的《矩阵论》，杨成梧教授还说道：

最早的时候，冯纯伯老师是24所的工程师，有一次我到他家去办事，他拿着甘特马赫尔的《矩阵论》，跟我讲这是本好书。后来我就看了甘特马赫尔这本书，我一看和黄琳的书一比，从内容、写法、深度和广度差太多了，但是甘特马赫尔是苏联线性代数中第一位的。我认为黄琳这本书就目前来说，不仅仅是国内，可能在国际上也是有一

---

① 杨成梧、姜长生、田玉平、王在华、邹云访谈，2018年4月21日，南京。资料存于采集工程数据库。

定影响的。

东南大学田玉平教授在座谈中提及此事时认为黄琳这本书相当于苏联甘特马赫尔的《矩阵论》在苏联的地位，甘特马赫尔那本书当时很畅销，是一本久闻大名的著作。据他回忆，他到苏联留学时带的不多的几本中文参考书，其中一本就是黄琳这本书。甘特马赫尔的《矩阵论》他也有，他是用一本关于中国武功和太极拳方面的书，跟一个苏联人换的，还是50年代的版本，六七十年代的版本都买不到。甘特马赫尔的书不是针对控制写的，它不像黄琳的书是针对系统与控制学科需要来写的，他有些地方如极值分析等没有像黄琳写得这么深，他写得比较好的是在多项式方面，就是赫尔维茨稳定性写得比较深一点，一般的书上找不到[①]。

黄琳这本专著出版后，很快就成为系统与控制等相关学科科研和教学人员的重要参考书，因为当时国内根本找不到类似这样内容丰富的专业书籍。这本书在当时为推进国内控制理论的研究作出了重要贡献，后来还被清华大学、北京大学、南京理工大学等多所高等院校列为控制理论专业的研究生课程，并被评为1984—1985年度科学出版社优秀图书。作为一本系统的基础理论参考书，它影响了几代青年控制理论工作者的成长。

关于这本书有多位学者在回忆中提及它对他们从事科学研究所起的作用和影响。北京大学教授王敏中写道：

到了上世纪七十年代后期，十余年的文化大革命结束了，北京大学力学系搬到陕西汉中也有七八年了，人们又想起科学研究了。当时系里自发组织了一些学术报告会，报告人有朱照宣先生、武际可老师和黄琳老师等，他们的报告都很精彩，让我获益匪浅。黄老师讲的内容大概是"系统与控制理论中的线性代数"，差不多就是以后黄老师出版的同名专著的雏形。在文化大革命的年代里，白卷是英雄，读书无用甚至是有罪的，也许还要受到批判。我想这几位老师的研究是出

---

① 杨成梧、姜长生、田玉平、王在华、邹云访谈，2018年4月21日，南京。资料存于采集工程数据库。

于对科学的热爱和对真理的追求，而非其它。在黄老师的报告中，我第一次听到了一个名词"矩阵的广义逆"。后来，我在用"算子矩阵"研究弹性力学通解时，立刻想起了黄老师讲过的这个名词，很容易就推导出了平衡方程的通解，即 Beltrami-Schaefer 应力函数，这个应力函数是众多力学名家用一个多世纪"猜"出来的，而非"推"出来的。在我后来的书中、论文中，谈到这个问题时都引用黄老师的书，以表示对历史的尊重和对黄老师的谢意。①

北京大学秦寿珪教授回忆道：

打倒"四人帮"以后，他意气风发，加倍努力地工作，发挥了自己的聪明才智，发表了多篇论文，先后出版了几本专著，其中《系统与控制理论中的线性代数》一书 1984 年由科学出版社出版，后来再版又再版，该书为我国控制理论的复兴，起了推动作用，现已成为国内重点高校控制理论专业研究生的主要参考书。②

中国科学院院士管晓宏在一篇回忆文章中写道③：

因为慕名黄琳教授在动力学系统分析和现代控制理论领域贡献，本科期间就设法获得了一本黄琳院士关于现代控制理论代数基础的讲义。黄琳院士基于这本讲义的著作《系统与控制理论中的线性代数》于 1984 年出版。当时我已经在读研究生了，马上就买了一本。因为我们只有工科的高等数学和线性代数基础，学习这本书的内容很吃力。

---

① 王敏中：刻苦研究 辛勤躬耕 提携后辈。见：黄琳先生八十华诞文集编委会编，《唯真求实 矢志创新——黄琳先生八十华诞文集》。北京：北京大学出版社，2015 年，第 36 页。
② 秦寿珪：耿直的黄琳。见：黄琳先生八十华诞文集编委会编，《唯真求实 矢志创新——黄琳先生八十华诞文集》。北京：北京大学出版社，2015 年，第 39 页。
③ 管晓宏：黄琳院士对改革开放时代自动化人的教育培养。见：黄琳先生八十华诞文集编委会编，《唯真求实 矢志创新——黄琳先生八十华诞文集》。北京：北京大学出版社，2015 年，第 69-70 页。

当清华大学自动化系邀请黄琳教授给研究生开"现代控制理论的数学基础"课的时候，我已经硕士毕业去西安交通大学信息与控制系当教师了。我借出差和其它来京的机会，慕名回学校旁听黄老师的课。

记得当时很多同学是第一次听理论性这么强的学科基础课，开始不习惯，黄老师布置的习题不会做。有的同学要求黄老师能否讲的浅一些，按我们习惯的工科内容讲。黄老师以大科学家的严谨态度，耐心给同学们解释打好理论基础的重要性。黄老师教导同学们要学好专业基础理论，才能做好研究，从而实现研究工作的创新。……黄琳院士用自己的专著和教学参考书《系统与控制理论中的线性代数》作为课程的主要教材。这本书不但包括了相当深入的线性代数理论基础，还用线性代数作为主线，阐述80年代初系统与控制理论多年积累的理论，很多内容都是黄琳院士多年的研究成果。黄琳院士认为在线性代数理论的基本理论体系上建立系统与控制理论描述简洁，便于抓住问题的实质。黄琳院士在书中系统地讨论了线性代数的基本理论和特殊理论问题，重点阐述了与系统与控制理论关系密切的数值线性代数理论，并特别讨论了稳定性和二次型最优相关的矩阵代数，以及系统矩阵和有理函数矩阵的特殊问题。

清华大学自动化系的很多同学在黄老师语重心长的教导下，认识到了学习控制科学基础理论的重要性，逐渐适应、跟上了黄琳院士讲授的内容，也说明了只有工科数学背景的同学只要努力，也能学好控制理论。记得黄琳院士很高兴，夸奖清华的同学适应快，学得快，最终给同学们的成绩也比较慷慨。

黄琳院士在80年代初就写出专著和教学参考书并在清华大学开设"现代控制理论的数学基础"课，改变了很多同学不太重视基础理论的认识，也在某种程度上改变了当时控制科学与工程学科的教学科研实践的学术氛围。黄琳院士的书是改革开放之后最主要的控制理论参考书之一，几代自动化人获益匪浅。他为我国控制科学与工程学科的学科建设和人才培养做出了特别的贡献。

北京航空航天大学霍伟教授写道:

> 我从黄老师那里学到的知识不仅仅来自他的讲课,更多是来自于他的专著《系统与控制理论中的线性代数》(科学出版社,1984)、《稳定性理论》(北京大学出版社,1992)和《稳定性与鲁棒性的理论基础》(科学出版社,2003)。这些专著的内容都是他依据自己多年从事科研的经验选出,包含从基础理论直到相关前沿研究所必备的知识和技巧,且叙述极为简洁准确,完全可以作为工具书使用。直到今天,我和我的研究生们还经常直接应用专著《系统与控制理论中的线性代数》中的方法和结论来完成研究工作中的理论证明[例如:孙光,霍伟,卫星姿态直接自适应模糊预测控制,《自动化学报》,2010,36(8):1151-1159; Yue Chi, Wei Huo, Sliding mode control for spacecraft proximity operation, Inter. Conf. on Model, Identification and Control, Xi'an, Shanxi, China, Dec. 19-21, 2014 等]。[1]

在一次对霍伟教授的访谈中他还具体讲到了他们是如何使用黄琳这本书的。他谈道:"《系统与控制理论中的线性代数》是我们用得最多的,还有就是他写的那本《稳定性与鲁棒性的理论基础》。他的书有个很大的特点就是不光是讲数学,而且与控制联系得非常地密切,所以我们搞控制的这些人确实从他的这本书上受益匪浅。"他举了几个具体的例子来说明这件事情,一个是 90 年代左右他们研究受非完整约束的力学系统的控制,因为非完整约束的镇定问题不能用静态的状态反馈来弄,一般是时变的或者是其他的,这个时候如果拿时变反馈就涉及最后要把它归结为一个受时变干扰的线性系统这种稳定性,这里证明它的稳定性的时候所用的方法都是从黄老师这本书上学的,即参考书上的定理 7.7.3 的证明方法做出来的。非线性系统带一个线性干扰问题的证明思路,严格的证明一般都是借鉴黄琳这本书上的方法。另一个例子是,2010 年他们发表在《自动化学报》上

---

[1] 霍伟:回忆与祝福——祝贺黄琳院士八十寿辰。见:黄琳先生八十华诞文集编委会编,《唯真求实 矢志创新——黄琳先生八十华诞文集》。北京:北京大学出版社,2015 年,第 54 页。

的关于卫星姿态控制的文章，需要分析系统到底能够容忍多少不确定性，就需要分析它的不确定性范围，这里他们用到了黄老师书上的两个定理，即定理 5.9.1 和定理的 5.7.3，所引用的文献都是黄老师的这本书。还有他们搞另外一个卫星的姿态控制，定理的理论证明全部是借鉴黄老师这本书里有关定理的证明方法，所以很好用。[①]

北京航空航天大学教授毛剑琴在回忆与黄琳交往的过程中写道：

> 重视读经典著作，把与这门课有关的主要经典著作推荐给学生。黄琳老师在这方面是我们的好榜样。在他所著的《稳定性理论》、《系统与控制理论中的线性代数》等书中都全面地列出了有关的经典著作。无论在讲课中或是在书的论述中，他都会不时地很自然地引用经典著作中的内容。
>
> 特别值得指出的是，1984 年科学出版社出版了黄老师编著的 60 多万字的《系统与控制理论中的线性代数》。众所周知，"文化大革命"中学校受到很大的破坏，1969—1979 年北大力学系又被搬迁到汉中，在那种环境下，黄老师能收集和阅读这么多的书和资料，比正常环境下不知要付出多少倍的勤奋和努力！改革开放初期，中文的参考书很少，黄老师的这本书在控制界影响是很大的，一个时期内不少论文都引用这本书。[②]

中科院自动化研究所王飞跃研究员回忆与黄琳从相识到熟知的过程中描述道：

> 黄老师的《系统与控制理论中的线性代数》一书是我下功夫最大的控制基础理论专著。开始以为凭自己的代数功底，这应该是一本易

[①] 霍伟访谈，2018 年 7 月 19 日，北京。资料存于采集工程数据库。

[②] 毛剑琴：有一种学风是"唯真求实"——为黄琳老师 80 诞辰作。见：黄琳先生八十华诞文集编委会编，《唯真求实 矢志创新——黄琳先生八十华诞文集》。北京：北京大学出版社，2015 年，第 85-86 页。

读的书，不会花太多的时间。很快，就发现自己大错特错：这本书需要耐力和功力，因为除抽象程度外，无论是在内容还是在深度上，都比之前读过的纯数学相关著作更广、更细、更难。年轻时觉得什么都简单，顺理即可成章，但今天回味起来，黄老师一定下了大气力和苦功夫写下这本专著。前段时间黄老师告我他正在修订此书，让我感叹不已，不知自己到了八十，还有这般雄心和气力？

读完黄老师的这本书之后，我接着读了 Wonham 的《线性多变量控制：一种几何方法》，竟然十分顺畅，感觉二本书的特色是一本"厚重"但灵巧，一本"飘逸"却精准，把线性控制系统的拓扑空间结构及各类同构等价关系讲得十分透彻，皆可作为控制领域的经典之作。再读其它控制教科书，感觉太容易了。

作为"补偿"，我选了几门与经典控制和数学力学相关的课，想轻松自信一下。控制选了三门，一是必修的"线性系统"，二是 George 的"随机系统的自组织控制"，三是 Mark Balas 教授关于 H_∞ 控制的课。没想到，黄老师《系统与控制理论中的线性代数》的功力在这些课的学习中得到了充分的发挥，别人都觉得难，但我却上得十分容易。[1]

北京航空航天大学贾英民教授在一篇回忆文章中写道：

1987 年，在我工作了五年半后有幸考取了北京航空航天大学高为炳先生的研究生，在上矩阵理论课程时，高先生给我们推荐了黄老师的另一本著作《系统与控制理论中的线性代数》用作参考书。[2]

在一次访谈中他还说道：

---

[1] 王飞跃：一本书的力量：与黄琳老师的交往与相关回忆. 见：黄琳先生八十华诞文集编委会编，《唯真求实 矢志创新——黄琳先生八十华诞文集》。北京：北京大学出版社，2015 年，第 65 页.

[2] 贾英民：悠悠岁月 情深谊长. 见：黄琳先生八十华诞文集编委会编，《唯真求实 矢志创新——黄琳先生八十华诞文集》。北京：北京大学出版社，2015 年，第 58 页.

大学毕业后到河南去工作，就读到了黄老师的书，是关于矩阵理论的。这是一本非常经典、非常全面的关于线性系统与控制的代数基础理论的书籍，后来读书工作期间经常读这本书，应该说在后面的研究当中很多地方也用到了这本书上的知识。从那个时候就对黄老师很敬仰。[1]

杭州电子科技大学的薛安克教授曾回忆道：

我与先生的结缘，最初始于读研期间拜读了先生的学术研究论文和著作。特别是《系统与控制理论中的线性代数》一书，凝聚了先生多年的教学研究的心血，不仅内容系统全面，而且论述和推导过程详实规范，其理论功底之深厚、治学之严谨，使我在心底自觉树立了学习的榜样。[2]

南京理工大学邹云教授在《我所认识的黄琳老师》一文中写道：

说起黄老师，影响我最深的还要数他编著的《系统与控制理论中的线性代数》了。这本专著整整影响了我这一代的控制学人，也是我迄今看到过的同类著作中，最深奥、最全面、也最有特色的一本专著，非常喜欢。于是，就开设了一门研究生课，尝试给工科学生讲授。没承想，这一讲就讲了近二十年。成为研究生最受欢迎的课程之一。[3]

邹云在一次座谈中还说到不仅他受这本书影响很深，像海外的一些在控制理论领域很活跃的著名学者，如谢立华、黄捷等人，他们都知道这本书，实际上他们在出国之前都是学过这本书的，而且出国时都随身带了

---

[1] 贾英民访谈，2018年9月21日，北京。资料存于采集工程数据库。
[2] 薛安克：矢志高远常求索　质朴智睿存世范——贺黄琳院士八十华诞。见：黄琳先生八十华诞文集编委会编，《唯真求实　矢志创新——黄琳先生八十华诞文集》。北京：北京大学出版社，2015年，第62页。
[3] 邹云：我所认识的黄琳老师。见：黄琳先生八十华诞文集编委会编，《唯真求实　矢志创新——黄琳先生八十华诞文集》。北京：北京大学出版社，2015年，第56页。

出去①。

西北工业大学的慕德俊教授在一次访谈中有这样的描述：

可能很多人学控制就是从黄老师的线性代数开始的，我们上学的时候这个书也是必备的。我记得我们学校还有几个学力学的同学，他们看我有这本书，说这本书他们也都有。②

中科院数学与系统研究院洪奕光研究员在文章《珍贵的师生缘》中写道：

无意中发现黄老师一本厚厚的专著——《系统与控制理论中的线性代数》。该书几乎每页都有密密麻麻的概念或定理，使我顿生无限敬意。我线性代数功底还可以，也读过不少相关的参考书，但是的确没有见过知识密度如此大、证明分析如此简洁的书。③

北京理工大学郭树理教授提及这本书时曾描述道：

我参加工作后给研究生上系统与控制理论中线性代数，选取了黄先生编的《系统与控制理论中的线性代数》作为教学参考书。尽管我已经给研究生讲了多次，但每次讲解我都会有新的体会与提高。我留学到日本秋田县立大学与英国牛津大学，与许多日本和英国的华裔教授交流，发现他们实验室均珍藏该书。大家共同的感觉这本书很难，很全面，书中反射出黄先生的学术态度非常严谨。④

---

① 杨成梧、姜长生、田玉平、王向华、邹云访谈，2018年4月21日，南京。资料存于采集工程数据库。
② 慕德俊访谈，2018年12月22日，西安。资料存于采集工程数据库。
③ 洪奕光：珍贵的师生缘。见：黄琳先生八十华诞文集编委会编，《唯真求实 矢志创新——黄琳先生八十华诞文集》。北京：北京大学出版社，2015年，第102页。
④ 郭树理：燕园控制常青树。见：黄琳先生八十华诞文集编委会编，《唯真求实 矢志创新——黄琳先生八十华诞文集》。北京：北京大学出版社，2015年，第116页。

燕山大学李鑫滨教授在回忆黄老师对他的教诲和影响时写道：

最早听说黄老师的大名是在读硕士时，给我们上《矩阵分析》、《线性系统》的老师都对黄老师著的《系统与控制理论中的线性代数》一书推崇备至，使得我们这些刚进入控制大门的后生都肃然起敬。[①]

哈尔滨工业大学段广仁院士在《书缘 人缘 情缘》中写道：

黄琳老师的这本《系统与控制理论中的线性代数》，是系统与控制理论的基础，在科学出版社出版，被评为1984年全国优秀科技图书。这本书影响了控制界的几代人，其作用和影响是巨大的，对于我国控制界的人才培养和我国控制学科的发展起到了重大作用。[②]

老骥伏枥　重修经典推陈出新

《系统与控制理论中的线性代数》当时出版时是用铅字排印的，没有电子版，中间又赶上出版社搬迁且经过多年，致使铅字纸型已不存在，自1990年第三次印刷后即成绝版。多年来国内一些高校一直采用此书为研究生教材，迫于无处可买只能自行复印或胶印以满足需求。国内外不少学者建议黄琳能修改补充再版，以符合近三十年发展之需。基于这样的需求，黄琳于2014年在他即将步入八十高龄之际开始了修订这本书的工作。他在原有内容基础上按章节做了模块式的修改，即按节补充或删去整节的内容，必要时做一些补充或说明。删除的内容主要包括：在线性代数中原以

[①] 李鑫滨：高山仰止　师道尊严　言传身教　春风化雨——回忆黄老师对我的教诲和影响。见：黄琳先生八十华诞文集编委会编，《唯真求实　矢志创新——黄琳先生八十华诞文集》。北京：北京大学出版社，2015年，第125页。

[②] 段广仁：书缘　人缘　情缘。见：黄琳先生八十华诞文集编委会编，《唯真求实　矢志创新——黄琳先生八十华诞文集》。北京：北京大学出版社，2015年，第71页。

为会对控制与系统学科很有用但事实上并未显示出其重要性或本身并不重要的内容，一些过于数学化、与控制虽有关系但不紧密的内容以及一些由于学科的发展已为后来更具活力的内容所代替的叙述。对于近三十年来新涌现出的新的理论方法或在原书撰写时尚未认识到的有价值的内容则以独立成节的方式增补在相应的部分里。

在再版的序言里，黄琳归纳了在过去的三十年里得到巨大发展的系统与控制理论中与线性代数有关的核心问题，主要包括：

鲁棒控制的出现应该是 80 年代控制理论发生的极为重要的事件，它主要有两个学派：一个是赞姆斯（G. Zames）提出的 H 无穷控制，在多伊尔（J. Doyle）等人的研究下将问题的解归结为两个黎卡提矩阵方程的解，而其求解又与一类哈密顿矩阵（Hamilton matrix）的性质有关；另一个则是由俄国人哈里托诺夫（Kharitonov）的工作推动起来的参数不确定性的鲁棒分析，它归结为多项式集合的根分布问题。

如何用规划的方法研究控制一直是受人们关注的问题，这方面的工作在 90 年代由于大量控制问题可以归结为线性矩阵不等式（LMI）的求解而得到很大发展，但是作为优化方法中将约束条件合并到指标中作统一考虑而引入的乘子方法在由不等式描述的规划问题中是否会引起增解或亏解的问题也引起了研究，另外作为一个基本优化工具的最小二乘问题也在考虑存在不确定性下取得了新的进展。

早年的大系统和现在的网络的共同特点是规模大，但关注的问题和系统的结构却不同，在对它们进行研究时碰到两类特殊的矩阵——非负矩阵与 M 矩阵，对它们的性质的讨论成了解决问题的核心，而研究这两类矩阵性质的方法有着独到的特色，并且这两类矩阵对于研究经济系统说来确实十分重要。

对线性系统的描述常用频域与时域两种方式，两种方式之间的沟通和争论对于控制理论的发展起到了很好的促进作用，频域语言常带有明确的物理或工程意义，而反映系统这类特性在用时域模式表述时总用矩阵、矩阵等式或不等式的性质来进行刻画，这样就引发出利用矩阵关系讨论系统性质的兴趣，而由此得到的结论常常是可以有线性代数算法支持的。

基于控制理论的上述变化，黄琳明确了在内容上修改和增补应考虑以下几点：其一，在系统与控制理论发展中重要的并且线性代数在其中起核心作用并有新意的；其二，对于最基本的常系数线性系统来说，系统的性质与控制器的设计大都与线性代数的理论与方法有关，其中一些也具相当难度而在有关控制著作中却刻意回避的，在新版中应作论述以利读者；其三，考虑到当今使用计算机进行计算在业界的普及，所有关于算法与对应的算法与程序编写框架均应删除。

具体来说新版与原书的区别在于：第二章中增加了关于多项式和多项式族根分布的一些基本结果，这对于系统的稳定性和鲁棒稳定性是十分重要的。第七章增加了线性矩阵方程的基本理论。第八章中作为奇异值分解的应用增加了关于系统模型方面的两项内容，模型降阶和按不同置信度分层建模。改动最大的是第九至第十二章，保留了其中的基础理论，删除了全部算法与程序的框架，重新组合内容写成了第九和第十两章，即最小二乘、优化、消元方法以及特征值计算。原书的第十四章已改为新版的第十二章，并重新定名为有理函数矩阵与系统描述，增加了范数、全通与内稳定、谱分解、系统的正实性与正实引理、小增益定理、H无穷上的互质分解和系统镇定相关内容。这基本上概括了常系数线性系统近三十多年在基本描述和理论上最重要的线性代数内容。最后增加了第十三章，主要阐述由于系统与控制理论的发展而带动起来的一些特殊矩阵问题。它们包括：非负矩阵、M矩阵、与非负矩阵相联系的一些矩阵、哈密顿矩阵、规划求解（S过程）的无亏问题、线性矩阵不等式及其可解性和线性矩阵不等式的应用、二次稳定与KYP引理。这些大体上概括了近半个世纪以来在系统与控制理论发展过程中一些最具影响的方面。

考虑到运筹与控制关系密切，近二十年来利用规划与优化的方法解决一些控制与系统理论与计算的问题日益显示其优越性，但规划与优化本身已经形成一个大的学科，结合这样的基本需求，黄琳写了一个"凸性、锥优化与对偶"放在附录中以便于读者查用。

控制科学是技术科学中运用数学工具最多的学科之一，其中的线性代数问题常不单纯地以传统线性代数理论框架中问题的形式表述，由于系统与控制的需求而具有新的特色，此时也就不能指望仅靠基本的线性代数工具能加以解决而必须借助其他数学工具，例如数学分析、凸分析、复变函数与积分变换、线性泛函等，这既是不可避免的，也是符合客观发展规律的。多种数学工具结合来解决控制与系统科学中的矩阵问题几乎已成为一种规律。这样在这本书的叙述中就必然要用其他数学而不可能也无必要保持代数的纯粹，这可能也是学科互相渗透的必然。

这本书此次修订出版改为分上下两册。上册共八章，基本上为基础理论，前四章涵盖了线性代数的基础理论，但更为系统深入，特别结合现代科学尤其是近数十年控制与系统理论发展的需求而成为基础性的内容。后四章阐述了线性代数与其他数学结合或由于其理论本身发展深化而形成的特殊理论问题，例如矩阵范数及其应用、矩阵的广义逆及投影算子、矩阵函数以及在应用层面上十分奏效的奇异值分解与应用。下册共五章为应用部分，大致分三个方面：前两章是数值代数的基础，这是计算方法的根基之一，而现代计算机的威力强大根本在于算法的优势。随后的两章是现代系统与控制理论中具基础意义的问题中涉及的线性代数扩展出的内容，无论是稳定性分析还是有理函数矩阵的理论都是现代控制理论所必需。最后一章是一些特殊的矩阵类和线性矩阵不等式，这些内容有些源于经济系统和系统工程，有些则为用运筹与规划的理论与方法解决控制问题所必需，而运筹与控制的结合正是现代控制系统理论发展的必然。

图 6-3 2009 年重新修订出版的《系统与控制理论中的线性代数》

黄琳为了修订这本著作花费了很多精力和时间，好在他对控制与系统理论近三十年中用到的新的与线性代数相关的内容十分清楚，加上记忆力好，什么内容到什么地方能查到也近乎了如指掌，就这样在学生将原书录入成的电子版上修改和补充困难就小多了。而大段的改写和写作新的内容只需在纸上写好,然后由学生去录入再校改,工作量可以减少不少。就这样算起来从2014年10月收到学生录入的电子版到2016年年底校对完出版社编辑已加工过的校订版,整个过程历时两年多,具体可分为两阶段:第一阶段的工作是在学生录入的原书电子版纸质印稿上进行修改和撰写新的内容,后者占新版全书内容的五分之一以上,新撰写的内容仍需交学生录入成电子版再在其纸质印稿上进行校改,完成后送交出版社进行编辑加工;第二阶段的工作是在出版社编辑后的纸质版上按出版社的要求进行终校。前后两年多的时间里,至少有一半工作时间用在该书上。黄琳此时虽已年届八十,但仍秉持一贯严谨的态度和严格的要求,有时为了一个结果或一个定理的证明常常反复推敲,力求给出最简洁最好的方法。黄琳的学生也是同事王金枝就此事曾描述道:

> 几年前黄老师就跟我们谈起想重新改写这本书,补充更新部分随着学科发展而变化的内容。2014年黄老师在即将踏入耄耋之年启动了改写这本书的工作,他非常投入,晚上常常工作到很晚。有时会收到他发来的邮件,就某个结果或定理让我们帮他想一想能否给出一个更简单易懂的证明,我注意到他发邮件的时间已经很晚了。有时候还没等我们深入考虑相关问题,他又发邮件告诉我们问题解决了,并附上详尽的推导。看到他给出的巧妙的证明,我心里很是佩服,脑海中就会浮现出他伏案演算的画面。前些日子他在北大校医院住院,我还看到他带着改写这本书的手稿。[1]

黄琳修订这本书虽然比较辛苦,但他工作状态很好,因这件事值得做而心情愉快。正如他的好友朱伟利在一篇回忆文章中描述的那样:

> 从老师简短的来信中明显感觉到他进入写作状态的兴奋和快乐,

---

[1] 王金枝:我眼中的恩师。见:黄琳先生八十华诞文集编委会编,《唯真求实 矢志创新——黄琳先生八十华诞文集》。北京:北京大学出版社,2015年,第105-106页。

他写道："大概是干自己愿意干的事，并不感到累，我一天干这个的时间控制在五小时之内。"也许是过于投入、近乎忘我，终于在刚刚踏入 2015 年时因感冒咳嗽严重，医生担心引发原有的支气管扩张症而住进医院。①

他的学生兼同事李忠奎研究员在《师从黄琳先生之二三事》中写道：

先生以近 80 岁之高龄，亲自动刀，修订这本书。先生只用了四五个月的时间，从构思收集资料开始就写出了三百多页的手稿。这显示出先生虽已近耄耋之年，思维依然非常活跃和缜密，让我们这些年轻人都自愧不如。在书稿的修订过程中，我见识到了先生对于学问的精益求精的态度。书的其中一节内容用到了国外的一篇经典文献，先生发现其中有几步推导有问题，并不严谨。先生思考解决的办法，精神之专注以至于影响晚上的睡眠。后来终于给出了对原证明补正的方法，改正了论文中的不当之处。先生在完成了最后一部分手稿后，还因为精力不济而未能按原计划完成针对用凸规划方法解决控制问题，另给出一个便捷而又严谨的叙述，感到怅然。这是什么样的精益求精、严谨治学的精神啊。②

值得高兴的是，黄琳顺利地完成了这本影响广泛的著作的修订工作，并于 2018 年由科学出版社出版。正式出版销售后立即引起业界强烈反响，被抢购一空，在短短一年内出版社就进行了两次加印，这在大部头学术著作是少见的。我们相信这本经精心修订重新出版的专著定能在业界发挥重要作用，使更多的人受益。

---

① 朱伟利：一位可敬可亲的"老人"——写在黄琳院士八十寿辰之际。见：黄琳先生八十华诞文集编委会编，《唯真求实　矢志创新——黄琳先生八十华诞文集》。北京：北京大学出版社，2015 年，第 29 页。

② 李忠奎：师从黄琳先生之二三事。见：黄琳先生八十华诞文集编委会编，《唯真求实　矢志创新——黄琳先生八十华诞文集》。北京：北京大学出版社，2015 年，第 134 页。

融进控制　稳定理论展现新颜

黄琳在李雅普诺夫稳定性方面做出了系统性的研究工作。早在大学期间他就修改了稳定性理论中著名的李雅普诺夫渐近稳定性定理的证明方法。1962 年，在全国一般力学成立大会上他以题目《有控系统动力学的若干问题》做了大会报告，《控制系统动力学及运动稳定性理论的若干问题》于 1963 年被推荐发表在《力学学报》上。此前黄琳还以对飞机安定性分析的研究为背景提出了系统衰减时间的概念，并用李雅普诺夫方法进行研究给出了估计式，以论文《论衰减时间估计》入选 1963 年的第二届国际自动控制联合会大会，当时中国只有两篇论文入选。1963 年，他与合作者将动态规划与李雅普诺夫方法相结合，率先证明了常系数线性系统二次型最优控制问题解的存在性、唯一性，给出了最优控制的线性控制律、黎卡提方程求解的序列逼近法和单输入线性系统极点配置定理，该成果于 1964 年在《自动化学报》上用中文发表，国际上直到 1967 年才出现相关的研究工作。它一方面率先给出二次型最优控制具奠基性的结果，另一方面揭示了状态反馈移动系统极点的能力与系统结构之间的关系，即可控系统可以任意配置系统的极点。1989 年，他又给出了连续系统用输出反馈实现二次型最优控制的充要条件，回答了国际上二十多年来未解决的基本问题。

苏联学者哈里托诺夫（Kharitonov）给出的多项式族稳定性分析定理是参数摄动系统鲁棒稳定性分析这一领域开创性的工作，黄琳 1985 年访问美国时与巴特利特（A. C. Bartlett）和霍尔洛特（C. V. Hollot）合作给出了著名的棱边定理。其后带领他的团队给出了更具一般意义的边界定理、复边界定理、根分布不变性定理等，建立了一整套具有一定系统性的理论体系[1]。

---

[1] 段志生，王金枝，杨莹：黄琳传略。见：黄琳先生八十华诞文集编委会编，《唯真求实　矢志创新——黄琳先生八十华诞文集》。北京：北京大学出版社，2015 年，第 7、9 页。

图 6-4 黄琳专著《稳定性理论》

黄琳第一次开设稳定性理论的课程是 1963 年的秋天，当时 1958 级的一般力学六年级的学生搬迁到了十三陵分校，原承担该课程的数学专业老师还在海淀，一般力学教研室遂决定由黄琳来开设此课程，当时并未要求编写教材。改革开放以后开始招收一般力学的硕士生并将稳定性理论确定为学位课，该课在开始的十几年里一直由黄琳主讲，经过多次讲授后确定编写一本能反映控制要求和近代发展的教材。基于黄琳在稳定性理论以及鲁棒稳定性方面著名的研究成果、长期的研究和教学工作积累以及深厚的理论功底，他顺利地完成了专著《稳定性理论》，并于 1992 年由北京大学出版社出版。该书获得了包括全国高等学校出版社优秀学术著作特等奖在内的多项奖励。[1] 当时北京大学出版社的邱淑清老师是这本书的责任编辑，她说这本书作为教材写得比较好，概括的材料比较全面，包含了国内外的最新成果。另外全书叙述严谨，结构比较好，特点比较突出[2]。

自这本书问世以来，到目前为止一直作为北京大学力学系动力学与控制学科点研究生的学位课程"稳定性理论"的教材。李俊峰教授对黄琳讲过他在清华大学给研究生上课也一直使用此书作为教材，黄琳

图 6-5 黄琳编著《稳定性理论》一书获奖证书

[1] 王大钧、邱淑清访谈，2019 年 3 月 20 日，北京。资料存于采集工程数据库。
[2] 同[1]。

自己也曾多次给博士生和硕士生开设这门课程，很多过去的研究生说起能够听黄琳老师讲授稳定性理论都觉得非常幸运，从他的课上获益颇多。一批批的博士生和硕士生正是通过这本书和课程学到了必要的稳定性基础理论知识，为他们在高等院校、研究所以及航空航天部门开展相关教学、科研或实际工作奠定了扎实的基础。

哈尔滨工业大学段广仁院士提起黄琳写的书是这样描述的：

> 黄老师的著作有两大特点：第一是内容的结构层次，特别清晰，特别有深度；第二是表述方面，特别严谨、严格。[①]

曾经是他的学生，现为北京邮电大学教授的郁文生曾回忆道：

> 记得《稳定性理论》中著名的"Hurwitz 判据"的证明，在大多数同类教材中大都因为证明繁杂而将其省略，仅给出参考文献了事，而黄老师则利用同伦的思想，非常简洁、巧妙、严谨地仅有一页就给出了完整的证明，记忆深刻。[②]

曾跟黄琳读硕士，后留学英国在澳大利亚从事科研工作的欧阳华博士在文章中写道：

> 我本科是学工程力学的，对控制理论没啥基础，初到北大学了几门课还不知所以然，也没有想把它作为自己以后的事业加以重视。直到后来学了黄老师的稳定性理论。他用了很多的图形来说明各种定义定理的条件和思想。从他的课上我明白了稳定性和鲁棒性都是一种思

[①] 段广仁：书缘 人缘 情缘。见：黄琳先生八十华诞文集编委会编，《唯真求实 矢志创新——黄琳先生八十华诞文集》。北京：北京大学出版社，2015 年，第 72 页。

[②] 郁文生：师恩浩荡 风范永存——庆祝导师黄琳院士八十大寿。见：黄琳先生八十华诞文集编委会编，《唯真求实 矢志创新——黄琳先生八十华诞文集》。北京：北京大学出版社，2015 年，第 108 页。

想，那些看起来很复杂的公式和符号都是用来描述这些思想的。[1]

清华大学梅生伟教授在谈起黄琳的《稳定性理论》时写道：

> 为了学好"稳定性理论"这门课，我下了大工夫攻读此书，感慨良深，可用两"最"一表：此书是我读过的稳定性领域内容最为完备，逻辑最为清晰之作，尤其包含了先生自己的科研成果，堪称巨著。此书还有两大出彩之处：一是严谨精炼的数学表述，即便相关数学著作也难望其项背，凸显先生精深的数学学养；二是斐然的文采，可谓一般理工科专著所罕见。时至今日我仍然记得书中若干片段，序言一部，尤其精彩。[2]

黄琳所写的《稳定性理论》与其他运动稳定性的教材相比，从内容上看其主要特点是他充分利用了国内外先进的成果，特别是与控制相关的成果作为素材进行阐述。稳定性理论在李雅普诺夫的工作问世后发展相对停滞，由于控制科学与技术的兴起使其获得了新的发展动力。这样在他的书上凡是控制科学中涉及的稳定性问题，例如反馈回路的稳定性、基于二次型李雅普诺夫函数方法和动态规划结合的二次最优控制、系统鲁棒性分析中具参数不确定性的多项式族稳定的判定、非线性控制系统的绝对稳定性的时域与频域方法以及支撑大系统稳定性的李雅普诺夫向量函数方法和与之联系的 M 矩阵理论，都是稳定性理论书籍中所很少涉及或根本没有的，其中有些来源于他自己的研究成果。而正是由于这个特征，他的这本著作不仅在理论上十分严谨，而且在应用上也广受业界的欢迎。由于《稳定性理论》本质上是一本数学或应用数学的书籍，这就要求其论述在数学上是严谨的，作为定理就必须有严格的数学证明。据黄琳回忆，一次接待澳大

---

[1] 欧阳华：言传身教 隽永犹长。见：黄琳先生八十华诞文集编委会编，《唯真求实 矢志创新——黄琳先生八十华诞文集》。北京：北京大学出版社，2015 年，第 131 页。

[2] 梅生伟：先生之风 山高水长——记我跟黄琳先生学习的日子里。见：黄琳先生八十华诞文集编委会编，《唯真求实 矢志创新——黄琳先生八十华诞文集》。北京：北京大学出版社，2015 年，第 81 页。

利亚西澳大学的华人教授张国礼时,他问黄琳为什么别的书上关于赫尔维茨定理都不给证明而只有他的书上有,他笑着回答说在北大数力系上课定理没有证明是很难混下去的。

由于黄琳对稳定性本质的研究十分深入,因而在阐述上常有独到之处。他对书的前言的撰写一直非常重视,常能将该学科的来龙去脉、核心所在、关键问题和发展前途讲得十分到位。很多包括一些并不从事该领域工作的人都很喜欢阅读他所写作的前言。例如他在本书的前言中指出:

> 在稳定性理论发展进程中最伟大的事件乃是俄国数学力学家Lyapunov在1892年完成的博士论文《运动稳定性的一般问题》,他将由Peano,Bendixson和Darboux等人建立的微分方程解对初值和参数的连续依赖性这一概念,由自变量(时间)在有限区间上变化拓宽到无穷区间之上,科学地给出了系统中运动是稳定和渐近稳定的概念;他从类似系统总能量的物理观念得到启示,提出了后来被人们称为Lyapunov函数的概念,从而将一般n阶微分方程组中扰动解渐近性质的讨论归结为讨论一个标量函数(Lyapunov函数)及其对系统的全导数的一些特性的研究,成功地避开了讨论n阶微分方程组的解的困难,从而建立了稳定性理论研究的框架。

这样用短短一段文字就把李雅普诺夫理论的精要阐述清楚,这在同类著作中是罕见的。清华大学梅生伟教授在一篇文章中曾这样写道:"2009年秋我受邀参加全国优秀博士后评审,最后一轮看到一位候选人的工作报告,读其前言时感觉内容似曾相识,当即判断应从黄先生书中而来,随后报告工作人员。因无直接证据,工作人员起初颇为犹豫。我建议他们即可在网上查证,一番工夫后,果不其然。"[①]

《稳定性理论》一书共含有六章的内容。第一章是李雅普诺夫稳定性

---

① 梅生伟:先生之风 山高水长——记我跟黄琳先生学习的日子里。见:黄琳先生八十华诞文集编委会编,《唯真求实 矢志创新——黄琳先生八十华诞文集》。北京:北京大学出版社,2015年,第81页。

理论，包括判定系统稳定性、渐近稳定性、指数稳定性、不稳定性、一致有界、一致终结有界的相关定理。第二章是线性时不变系统的多项式理论，具体包括线性时不变系统的结构性质、稳定性特性、赫尔维茨判据、劳思判据（Routh criterion）、系数空间中的赫尔维茨区域以及多项式系数空间中的稳定凸多面体；李雅普诺夫方程与二次型李雅普诺夫函数、一次近似系统、输出稳定性、极点配置与系统镇定、二次型最优控制。第三章是变系数线性系统包括线性时变系统，包括线性时变系统的特征、李雅普诺夫变换与周期线性系统、线性时变系统的指数渐近稳定、线性时变系统的可控性与可观测性以及线性时变系统的镇定。第四章是李雅普诺夫稳定性的进一步研究，包括变系数线性系统的一致渐近稳定、一致渐近稳定的反问题、总稳定性、力学学统的稳定性等。第五章是绝对稳定性及相关问题，包括线性系统的频域稳定性判据、判定鲁里叶系统绝对稳定性的圆判据和波波夫判据以及超稳定性和建立系统一些重要性质在频域和时域不同表述之间联系的正实引理与 KMY 引理等。第六章比较原理与大系统，包括比较方法、微分不等式组与比较原理、向量李雅普诺夫函数与向量比较原理、非负矩阵、M 矩阵和大系统的关联稳定性等。由此可以看出该书内容的丰富绝非一般稳定性著作可比，而他仅用不足三十万字的篇幅将其立论严格且系统完整地表述清楚，这确实可以看到他功底的深厚和治学的严谨。

本属同源　稳定鲁棒汇为一体

　　1992 年北京大学出版社出版了黄琳的专著《稳定性理论》，那时他就刻意在传统稳定性理论上加强控制并开始引进鲁棒性。这一努力见到了成效。随着控制理论特别是系统鲁棒性研究的蓬勃发展，黄琳觉得迫切需要在原书的基础上做大规模的变动，增加最新的理论方法和充实原有框架内很有价值的一些新内容使之更加系统完善。同时他也注意到控制系统的实际需求有时与稳定性的要求并不吻合而需要讨论其他的性质及其鲁棒性。具体说来有：已经发展相对完善，与系统鲁棒性密切相关的 H_∞ 控制理论；在闭环特征多项式系数仿射地依赖不确定性参数情形下由黄琳及其学生自己完善的边界检验理论和方法；用国际上刚兴起的基于凸规划研究鲁棒稳定性的 LMI 的基本理论与方法；研究非线性回路绝对稳定性的 S 过程的理论基础，虽然 S 过程在业界已有简单叙述，但黄琳却追根求源地找到一批苏联的文献，让该方法有一坚实的基础；系统简洁地介绍了闭环系统除稳定性外一些很有用的总体性质等。与此同时，删除了原《稳定性理论》一书的第六章比较原理与大系统和一些与系统控制关系不太大的内容。这样就使得该书是密切联系控制系统需求的有关稳定性和鲁棒性的基础性理论著作。

黄琳花这样大力气在接近古稀之年做此事的原因，据他自己讲是基于一个学术观点，即稳定性与鲁棒性都是现代系统与控制科学中描述不确定性对系统动态性能影响的两个重要基本概念。大体上说前者是刻画系统中过程相对初始条件变化的保持能力，而后者是过程相对环境或系统本身变化的保持能力。随着科学技术的发展，在系统和控制的研究中，这两个概念实际上已经紧密相连。当今在系统和控制领域关于鲁棒稳定性或稳定鲁棒性的讨论比比皆是，就说明这两个概念的研究是应该也有条件放在一起进行的。基于这个想法，黄琳依靠他在稳定性理论数十年教学和科研积累起来的深厚功底和十多年在鲁棒控制方面成功的探索与研究，专门花了近五年时间进行撰写和修改，终于完成了以

图 6-6　黄琳专著《稳定性与鲁棒性的理论基础》

《稳定性与鲁棒性的理论基础》为名的这一大部头专著，于 2003 年由科学出版社出版，初步实现了他将系统稳定性和鲁棒性汇为一体的学术构想。

到 20 世纪初，近一百年稳定性的研究和近二十年鲁棒性的研究，产生了成千上万的文献。文献量大，这给黄琳选材增加了困难，但同时也迫使他从这众多的文献中寻找出基本的主干型成果，为读者创造一个基础。他希望在掌握了这种主干材料之后，能长出新芽和出现新的生长点，或长成新的枝叶，为发展该理论提供方便。

系统的稳定性与鲁棒性所讨论的问题有明确的物理或工程背景，而其理论结论又常以严谨的数学方式表达。工程或物理的直观往往是人们解决问题中的思想雏形，虽富于启迪，但常不完善，这种粗线条的想法同严密的数学论证并不经常是吻合的。为了避免误解，黄琳在写作《稳定性与鲁棒性的理论基础》时力求做到：一方面，对理论给出严格的数学阐述和证明，希望创造一个条件使读者不必再查阅其他文献就能有一个较坚实的基础；另一方面，希望给出一些例子以消除由于直觉不完善所可能引发的误解，以便对数学命题成立的条件能有更深的认识。基于这个想法，他对这本书的内容做了如下的安排。

第一章是李雅普诺夫稳定性理论的基础。主要阐述理论的基本内容及其最重要的发展，包括时变、周期系统渐近稳定、渐近稳定反问题以及力学系统稳定性等著名结果。接着用两章的篇幅来阐述线性时不变系统的相关理论，因为线性时不变系统的研究是最基础也是最广为应用的成果。第二章除一开始讨论系统结构性质外，其余部分着重讨论多项式理论，即针对实复系数多项式根分布来研究稳定性。其中较大的篇幅是关于现今鲁棒分析所要求的多项式族的鲁棒稳定性，包括有理函数及有理函数族的严格正实性。第三章从状态空间角度讨论稳定性问题。包括李雅普诺夫方程、二次型最优及与之联系的黎卡提方程和哈密顿矩阵、正实矩阵、线性矩阵不等式以及二次稳定等内容。第四章专门讲述线性时变系统。主要阐述线性时变系统的稳定性、结构性质、Gronwall-Bellman 方法，并从一般性层次给出线性系统的有关结果以及由此引出的无源性、有界实结论，最后对常用的微分包含理论，针对线性时变系统作了必要介绍。最后两章是有关控制系统稳定性、鲁棒性的阐述。第五章围绕绝对稳定性展开，充分考虑了频域不等式和 S 过程，讨论的范围已不囿于绝对稳定性而涉及其他一些总体性质。第六章则是鲁棒稳定性的一些最重要的基础，即包含内稳定与 H_∞ 控制、系统描述与互质分解上的结论、系统镇定与强镇定、线性分式变换等和二次最优与 H_∞ 控制综合的有关理论基础[①]。

该书篇幅宏大，撰写秉承黄琳一贯简洁的风格，要能完全弄懂这一著作不是一件易事。但对于刻苦用功潜心治学并想有所建树的学者来说，堪称是一本为走向科学前沿提供坚实基础难得的学术著作。关于这本专著，曾是黄琳的博士生，现为北京交通大学教授的董海荣曾回忆道：

> 顺利进入北大之后，我便开始领略黄老师的大师风范。那时，黄老师的经典专著《稳定性与鲁棒性的理论基础》尚处在编辑整理阶段，我有幸参与了部分辅助工作。其中令我至今记忆犹新的是黄老师的研究手稿。与其说是手稿，倒不如称之为艺术品。缜密的治学态度和求实探索的研究精神。[②]

黄琳的学生欧阳华在《言传身教　隽永犹长》一文中写道：

> 毕业那年，获赠黄老师的学术专著《稳定性和鲁棒性的理论基础》，不胜欢喜。这些年这本书连同老师的教诲一起陪伴我求学英国和澳大利亚。遇到问题查阅其中的一些章节，觉着言简意赅，深入浅出，里面的一些思路和技巧妙不可言，至今也不敢说全部掌握，更别提运用自如了。[③]

---

① 黄琳：稳定性与鲁棒性的理论基础．北京：科学出版社，2003 年，序言。
② 董海荣：高山仰止，景行行止——祝贺恩师黄琳院士八十寿辰。见：黄琳先生八十华诞文集编委会编，《唯真求实　矢志创新——黄琳先生八十华诞文集》．北京：北京大学出版社，2015 年，第 121 页。
③ 欧阳华：言传身教　隽永犹长。见：黄琳先生八十华诞文集编委会编，《唯真求实　矢志创新——黄琳先生八十华诞文集》．北京：北京大学出版社，2015 年，第 131 页。

北京航空航天大学霍伟教授在一次访谈中谈起黄琳这本书时讲道：

> 黄老师的书有个很大的特点就是不光是讲数学，而且与控制联系得非常密切，所以我们搞控制的这些人确实从他的这本书中受益匪浅。我的一个学生毕业后留校工作了。前两天跟我说他在搞一个多智能体的有限时间一致性问题，但是他以前只会做单变量的，就是看了黄老师的《稳定性与鲁棒性的理论基础》一书，黄老师在书中提了一个做法，对于多变量系统怎么化成标准型进行多变量极点配置，他就刚好把它引用上了，写了一篇文章投到了 Automatica（《自动化》）上面了。所以它对我们的用处还很多，这都是我举的简单的例子。①

东南大学田玉平教授在一次座谈中谈起黄琳这几本专著时表达了他的看法，他说：

> 黄老师绝对是我终身学习的榜样，为什么这么说，我再举几个例子，黄老师除了那本书以外，还写了另外两本书《稳定性理论》和《稳定性与鲁棒性的理论基础》，黄老师除了高屋建瓴宽广的知识以外，他自己可以做很深入的工作，不是说一个大家就搞一些面上的工作。三本书没有一个合作者，全是他独立做出来的，这个是我非常敬佩的。那么三大厚本书，里面那么多公式那么多细节那么多东西，全是一个人，肯定不是徒有虚名的，不是欺世盗名的，肯定是自己认真写出来的。②

黄琳这几本专著从诞生之日起或作为研究生的教材，或作为重要的参考书和工具书，产生了广泛而深远的影响，已使无数从事控制理论和控制工程的研究人员从中获益，也必将继续发挥它们的作用。

---

① 霍伟访谈，2018 年 7 月 19 日，北京。资料存于采集工程数据库。
② 杨成梧、姜长生、田玉平、王在华、邹云访谈，2018 年 4 月 21 日，南京。资料存于采集工程数据库。

从 20 世纪 80 年代前后控制理论在中国得到重视开始，经过近四十年的发展，无论是理论还是应用都有了长足的进步。正像戴冠中教授概括的那样：

现在回顾当年的这些往事，恍同隔世。这 30 多年，正处于我国改革开放的历史时期，而黄琳所研究和推广的现代控制理论在我国也得到了蓬勃发展，我国学者在这个舞台上已占有重要席位，而我国的国防武器装备、机器人、工业制造和过程控制、通讯和信息系统控制、经济和管理系统控制等领域，到处都活跃着这个理论的足迹。[①]

[①] 戴冠中：永葆学术青春。见：黄琳先生八十华诞文集编委会编，《唯真求实　矢志创新——黄琳先生八十华诞文集》。北京：北京大学出版社，2015 年。

第七章
大展宏图　矢志创新

改革开放后，黄琳积极组织与参与推广现代控制理论、开设新方向的课程、认真培养研究生。在做好本职工作的同时，黄琳敢于对学术界的不良风气说不，维护与培育良好的学术氛围。他走出国门与美国合作者在参数不确定系统鲁棒稳定性这一新方向上做出了前沿性的研究工作，给出了著名的棱边定理。他联合八家单位主持了"八五"期间自动化学科唯——个重大项目。带领他的团队不断开拓新的研究方向，提炼新的科学问题并进行研究解决。他还多次在各种学术会议上做大会报告并撰写综述文章，认真做到高屋建瓴指明方向，让学术界共享信息与心得，推动学术发展。

科学春天　耕耘除草均为要务 [①]

早在汉中的时候黄琳就心无旁骛地忙于编写线性代数应用理论的讲义，为此他读了不少数值线性代数方面的文献，同时他对弹性体振动方面

[①] 本节内容主要来自黄琳回忆录：复活。

计算方法的结果一直比较关注，再加上在一次接待俞士汶的老同学安志岗时了解到托克马克设计中的一个问题可提炼出一个数值代数问题，这些因素促使他对相关问题产生了极大的研究兴趣。他在编写讲义的同时开始研究这些问题，陆续得到了一些非常有意义的结果，先后在《北京大学学报》上发表了《关于广义特征值的摄动问题》[1]，在《应用数学学报》上发表了《正定矩阵平方根的计算与摄动估计》[2]，在《数学学报》上发表了《具二次约束的最小平方解问题》[3] 等论文。从汉中回到北京后的初期他的主要精力都在编写《系统与控制理论中的线性代数》，与此同时，他还完成并发表了有关李雅普诺夫方程和黎卡提方程摄动方面的一些研究成果。

20世纪70年代末北大汉中分校停办，教职员工迁回北京，各项工作逐渐走上正轨。科学也迎来它的春天，黄琳可以正常地从事他所热爱的教学科研工作了。从这时候开始，学术活动多了起来，1980年5月，黄琳当选中国自动化学会第三届理事，同年11月，当选为中国系统工程学会第一届理事。这一年的12月他被批准晋升为副教授。

改革开放伊始，国内控制界急需补上与国际前沿的差距，这是由于现代控制理论大致起于20世纪60年代而基本形成学术体系的时候刚好是中国的"文化大革命"时期，这样在国际上针对各种前沿科学问题进行研究的时期，国内控制界相当一部分相关人员尚不知现代控制理论究竟是什么。黄琳在"文化大革命"前就已熟悉现代控制理论并有所建树，虽有所生疏但很快地走到了学科的前沿领域。黄琳在全国多处宣讲他编写的《线性代数应用理论讲义》这一搞控制研究的重要数学工具的同时还积极地主持和组织现代控制理论的各种学习班与讲座，以便缩短这方面国内外的差距。1979年夏天他应中科院系统科学研究所的邀请前往山西忻州主持了一个控制理论的学习班，在这个学习班授课的主要是系统科学研究所和

---

[1] 黄琳：关于广义特征值的摄动问题。《北京大学学报》（自然科学版），1978年，第20–24页。

[2] 黄琳：正定矩阵平方根的计算与摄动估计。《应用数学学报》，1980年第3卷第2期，第16–17页。

[3] 黄琳：具二次约束的最小平方解问题。《数学学报》，1982年第25卷第3期，第272–286页。

南开大学的人员，讲授的内容涉及线性系统、大系统理论、系统辨识与参数估计等，这是改革开放后在全国举办控制理论学习班的首次尝试。回京后黄琳又应他的学生郑应平和严拱添的要求在 502 所举办了以罗森布罗克（H. H. Rosonbrock）所著《状态空间与多变量理论》(State space and multivariable theory) 为蓝本的讨论班，为了顺利地使大家进入角色，他讲了开始的几讲，主要为后面要讲的内容做数学上的准备，后面参与讲授这本书的有郑应平、严拱添和王恩平，后来他咳嗽带血因身体原因参加了一段时间就离开了。1980 年 5 月，黄琳参与组织了在成都科技大学举办的以四川、重庆和贵州部分高校与工业企业及研究单位参加的为期近一个月的研习班，研习班由张志方、秦化淑和他主讲，内容包括数学基础、系统辨识和线性系统等现代控制理论的内容。1982 年秋，他与当时在南京的炮兵工程学院共同组织了一个现代控制理论的研讨班，这次内容覆盖面很宽，据参加者杨成梧教授回忆，先后参与讲课的除黄琳外还有北大的叶庆凯，科学院的韩京清、许可康、王恩平，还有吴沧浦、张嗣瀛和谢惠民。张嗣瀛讲微分对策；谢惠民讲绝对稳定性理论及应用，后来编成了一个小册子由科学出版社出版了。王朝柱虽然没来，但是他写了一本讲义[①]。举办这些学习班按当时国家规定主讲人的报酬甚少，但他们并不在意这些。大家的辛劳付出实实在在地推动了控制理论在中国的发展。

　　那个时期由于国内外在研究现代控制理论上存在巨大的差距，真正了解现代控制理论内容并能做研究的只是少数人，在大部分人处于不太清楚的情况下不可避免地出现了少数人在寻求捷径快出成果的思想推动下做出与严谨学风相悖的事情来，在这种情况下学术争论不仅不可避免而且常伴随着学风之争，面对这类纷争黄琳总是敢于担当决不退让，摆事实讲道理。

　　1981 年要在日本召开国际自动控制联合会大会，当时国内还不可以自行投稿，这样在 1979 年秋就开始筹备审稿会，黄琳也应邀参与其中，当时他正咳血，很想能休息一段时间，但为了审稿会他坚持工作。最后有一篇文章因为用代数太多，一定要他看，这是一篇关于线性系统控制的。他一

---

① 杨成梧、姜长生、田玉平、王在华、邹云访谈，2018 年 4 月 21 日，南京。资料存于采集工程数据库。

看文章用了超过三分之二的篇幅叙述的是线性代数中著名的结果，且均来自甘特马赫尔的名著《矩阵论》，而余下的对线性系统又没有实质性的贡献。《矩阵论》一书虽于1966年已由柯召与郑元禄译成中文，并由科学出版社分上下册出版，但并不为控制界所知。于是他在审稿意见外提供了一个对照表，将文中不标明出处的定理与《矩阵论》中定理作一对照，以表示这些结果是已有的而并非该论文的贡献。黄琳也为这次大会准备了一篇文章《弹性结构有限元控制系统》，这篇文章实际上反映了力学系统的一般结构，其中关于可控性的讨论和只用位置反馈就能实现镇定及镇定能力受限这些结论都是新的。年底在石家庄召开了正式审稿会。会上有两件事使他十分震惊，一是实际主持人在讨论前述他们的文章时一不回避二还压住黄琳的审稿意见不让大家知道，只读了一个没有看懂文章但说了好话的审稿人的意见，强行通过了此文，此文投到国际自动控制联合会被拒绝。第二件事是因为黄琳在自己投国际自动控制联合会的文章前言中写了一句"虽然有限元方法在理论上至今并不完善"，在审稿意见中有一条对此话提出质疑，主持人就以此为由封杀了他的论文，后来有人说审稿人是冯康先生的弟子而当时正在宣传冯先生对有限元贡献之际。他当然明白前言中这句与文章内容没什么关系的话并不足以将此文封杀，而审稿人也只对这一句话提出质疑，并未对文章内容有意见。后来关肇直先生专门问过冯先生，冯先生对他讲，对黄琳的文章根本就没有什么意见，关肇直为此还专门让王恩平向他转述了这一点。真正封杀黄琳论文的原因就是因为他写了那个被强行扼杀不让宣读的审稿意见。后来他这篇《弹性结构有限元控制系统》[①]很快就于1982年在《应用数学和力学》上用中英文发表了。针对弹性体振动的有限维模型，陈德成向他提出实验数据建模和有限元建模因不同置信度常有不协调的情况，后来他用奇异值分解进行逼近的思想，提出按不同置信度数据进行建模的理论与方法。据陈德成告诉他这一方法建模的精度比当时国际上通用的方法要好得多，相应结果发表在《力学学报》中英文版上。这两件事使黄琳明白，在学术界这种一手遮天不讲理的

---

① 黄琳，朱伟灵：连续型线性定常系统的Riccati代数方程的小摄动问题。《应用数学和力学》，1982年第3卷第5期，第653-660页。

"文化大革命"作风依然存在，若任其横行必后患无穷。

1980年秋天，控制理论与应用的第二次全国会议在广西桂林召开，会前郑应平找到黄琳说有人将在会上发表一篇自认为非常重要的成果，说是关于系统可通性的，他怀疑这不是原创，可能与希利亚克（D. D. Siljak）的著作《大型动态系统：稳定性与结构》（*Large-Scale Dynamic Systems: Stability and Structure*）[1] 上关于可达性（reachbility）类似，要黄琳留意一下。这本书黄琳刚好读过，认为写得不错，印象也深，这样他就将其带到了桂林，想在会上听一听再看看。到了会上，经过对比很快就得到了郑应平谈及的文章上"可通性"的概念与希利亚克书中"可达性"的概念是一样的，只不过那位作者用的是波尔代数而希利亚克用的是与波尔代数完全等价的有向图方法，那位作者的文章并未引用希利亚克的书，但黄琳记得在他以前的文章中曾将该书列为参考文献，这样问题就很清楚了。会前黄琳征求了一些控制界比他年长的先生的意见，大家都表示支持他澄清这件事情，但也有人担心黄琳从此会被赶出控制界。由于听说要有重要成果宣布，第二天这个会场人比较多，作者在宣读成果时一开始就讲："关于控制理论，大家现在只知道有可控性和可观性，今天我要向大家介绍一个新的重要概念，即可通性。"随后即讲述他用波尔代数推导出的一些性质。报告完后会场上也出现了一些赞扬声。这种情况下黄琳问了第一个问题，即你的"可通性"与希利亚克书上的"可达性"有什么关系和区别？他说不一样，一个用的是波尔代数，一个用的是有向图。黄琳接着说，业界都知道这两个方法是完全等价的，难道你不清楚吗？对方有点急了，竟说他不知道有那本书。人们很纳闷，他不知道有那本书为什么会知道是用图论写的呢？于是黄琳补充了一句，指明了在他另一篇文章的参考文献中看到确实引用了此书。此时对方竟回答说这本书他没有看，是间接引用的，于是会场上议论纷纷，说吹牛的、抄袭的、此风不可长等等。让大家没有料到的是，闭幕式上有几位老教授很激动地讲这种学风是"文化大革命"的余毒，必须批判等，这样黄琳自然也就不会离开控制界了。

---

[1] Siljak D D: Large-Scale Dynamic Systems: Stability and Structure. North-Holland, New York: Elsevier, 1978.

大概在 1982 年左右，科学出版社编辑说有人将罗森布罗克的《状态空间与多变量理论》译成了中文要他们出版，他们担心翻译质量，希望黄琳作署名审校，译者他不熟悉，但不是当初在 502 所办讨论班时的几位主讲者。后来严拱添告诉他译者也都是他们 502 所的，考虑到这层关系他还是答应了下来而没有去深想为什么翻译不是由熟悉该书内容的人去做。可下来一看这译文，几乎两三页就有一处原则性的错误，一些错误表明他们数学基础太差，例如：向量线性相关要求组合系数不全为零，而他们竟翻成要求组合系数全不为零；对于给定线性方程组用克来姆法则求得解后做什么，他们竟译成对线性方程组求得解后用克来姆规则再做什么。他写了个问题对照表让他们改正。结果出版社告诉他译者态度很强硬，扬言他们是杨嘉墀先生支持弄的，一字不能改。黄琳只好讲，这种书我决不署名。这样出版社没办法就请系统科学研究所做第三方进行裁决。系统科学研究所请了一位英文很好的博士看并写下意见，其结论是译者的错误是明摆的而校对的意见是正确的。由于译者未表示同意修改，此书决定不出版。至此一场是非明显的纠纷才正式结束。后来有一次见到杨嘉墀先生，他主动向黄琳谈起此事时表示："黄琳，你这个事做得是对的。"

1979 年在厦门召开了全国控制理论与应用学术交流会，在会上有人提出了"最经济控制"的概念，但也只是做了一点表面文章，并无正式文章发表。当时业界仍有少数人希望研究这个问题，有人建议黄琳去认真想一下这个问题，刚好此时他在撰写《系统与控制理论中的线性代数》一书中关于可控性本质的内容，由于他对可控性的通有性早就有比较深的认识，于是很快指出这种"最经济控制"的提法在理论和应用上并无什么价值，结果很快在《北京大学学报》上发表[①]。为此关肇直先生还专门邀请黄琳去系统科学研究所做了个报告，报告完后关先生说："哦，这就把事情说清楚了。"

1981 年 5 月，黄琳在北京参加了中美控制系统学术会议（Bilateral Meeting on Control Systems）的筹备与审稿会，他有两篇论文入选。8 月，会议如期在上海召开，他因父母来京未能参加，由他的研究生朱伟灵代为

[①] 黄琳：生成元，经济控制与线性多变量控制系统。《北京大学学报》（自然科学版），1981年，第 25-36 页。

宣读论文。其中《生成元与可控性》(*Generating element and controllability*)一文正是他编写的《系统与控制理论中的线性代数》的一节，是发表在《北京大学学报》那篇文章在去除关于最经济控制论述后进一步的理论阐述。在该文宣读后，荷兰学者 Hazhiwinker 发言肯定了这一结果，同时指出如果用代数几何中查瑞斯基拓扑的语言可以描述得更简洁，随后他将自己在控制基本理论工作上的两个单行本给朱伟灵，请他转交给黄琳进行交流。这本是一个很正常的学术交流行为，却被某些人无中生有地说成是黄琳的结果是人家已有的。当时一些人还不适应用英文表达的环境，因而造成了一些误解，后经一些英文好的先生指出某些人故意歪曲 Hazhiwinker 的原意，问题才得以澄清。类似的事还有一些，就不再赘述了。对于这段时间黄琳在业界反对不良学风的事，秦化淑研究员有下述描述：

> 改革开放初期，面对控制理论发展上与国际上的巨大差距，在大家急于追赶的同时难免有人企图走捷径或直接抄国外的成果或改换名词把已有成果用自己的名词重新包装作为自己的创新，我们对这种论文不是很有把握，想到黄琳知识面宽、数学底子厚，这种"疑难杂症"一般都找他解决，有些他可以很快回答但也有不少他只答应回去查了答复，而经他查证的总是十分清楚。他十分认真地指出该文章的哪些结论是和哪个文献上的结论相当，可以具体做出文章中定理和已有文献中定理的一一对照；或指出文章只是起了一些新名词而这些名词就是大家熟知的那些概念；或文章的内容与哪个文献的内容基本一样但表达不同，而两种表达实际等价并无新意等等。由于他言之有理又言之有据都能使对方无话可说。他的认真态度和做法对于净化当时的学术空气，纠正一些不正之风起到了很好的作用，而他在做这些事时还能注意方式方法尽量不损害业界的团结，这表明他重视学术的真实性而且力图做到对事不对人，这很难得，令我非常钦佩。①

---

① 秦化淑：皓首忆友情　虔心赞英才——记与黄琳逾半世纪的交往。见：黄琳先生八十华诞文集编委会编，《唯真求实　矢志创新——黄琳先生八十华诞文集》。北京：北京大学出版社，2015年，第47页。

黄琳的第一个硕士研究生朱伟灵按时于1981年毕业，他能力强，毕业时在正式期刊上共发表了四篇学术论文。由于黄琳当时还不是博导，如果要读博士只能挂靠在别人名下但仍可由他指导，为此征求朱伟灵的意见，他表示更希望向企业管理方向发

图7-1　1981年黄琳（右二）与他的第一个硕士生朱伟灵（右一）合影

展，经黄琳推荐他去了刚成立的中国企业管理协会，很快得到了麻省理工学院斯隆管理学院培训的机会去了美国。1981年是恢复高考后第一届大学生毕业的一年，中断几近三年的研究生招生考试迎来了新的生源。一天王肇明对黄琳说他儿子刘超就读的邮电学院有毕业生想来看他。一天晚上刘超带来了两男一女，男的叫陈小林和陈亮，女的是胡海昌先生的千金。双方有了必要的了解后两位男同学决定报考而且都考取了，不久1978级力学系的张洪涛也加盟到黄琳的研究生队伍里来，这样他就同时有了三位研究生。由于入学时间相近，他给他们三位安排了相近的课程和不同的研究方向。他还为他们三人开设了不少课程，其中一些在北京地区是很独特的。他先后为硕士生开设了线性多变量反馈系统分析的复变方法、线性系统的几何理论、基于集合与映射之上的系统理论、有限维凸分析和一般力学研究生的公共课稳定性理论等。这些课程一般取材自国外的经典著作，而稳定性理论则由他自己编写讲稿。他的这些课程的听众从来不限于北大校内，附近的高校和研究所得知后常派研究生乃至青年教师来听，有些学校甚至同意学生选修他的课，可作为他们学校的学位课来对待，只要考试成绩有黄琳的签名就行。这样他的课程由于校内学生少而实际来听的学生比较多致使学校安排的小教室常常是满满的。

北京航空航天大学高为炳院士的高徒霍伟教授当时也来北大听课了，

先是听了黄琳讲授的多变量线性系统的频域理论课程，后来又听了线性系统的几何方法。在一次访谈中他回忆道：

> 我是1982年底毕业以后就留校了，因为高先生是搞非线性控制的，所以我们的研究方向都是以非线性控制理论为主。在80年代初期和中期非线性系统控制理论的几何方法发展得很快，这个时候就需要我们去学这种几何方法。这个非线性控制理论几何方法最基础的东西实际上是从线性系统的几何方法发展过来的，非线性系统的基本概念也都是从线性系统几何方法平推过来的，可是线性系统的几何方法有关的参考资料和书都是很少的，主要是加拿大的旺纳姆教授写的《线性多变量控制：一种几何方法》，这套理论是用线性系统的算子理论描述的。我们工科的学生学习线性系统一般学的是给定了基底以后把线性算子用矩阵表示出来，这样就显得通俗一些，没有那么抽象。还有另外一套线性系统算子理论，这种理论国内的一般的书上都没有，唯一可以找到的是当时苏联的那本甘特马赫尔的《矩阵论》，里面有一些关于矩阵的算子理论这方面的内容，但是他主要是讲一个矩阵，或者最多是两个同阶矩阵的问题，他不是讲我们控制里面这种用A和B来刻画控制里的概念，所以我们先看那本书，再看旺纳姆教授的《线性系统几何方法》还是很困难的，所以高先生就希望我们好好把这套线性系统掌握好。可是当时国内没有任何人能上这个课，也没有这个课。高先生得知黄琳院士当时要在北大开这门课，他就跟黄老师联系，让我去听课。我们去的时候是1984年底，当时就在北大的东操场，那会儿还没有修房子，旁边有个四层的教学楼，窗户是那种钢窗，反正不是很保暖，挺冷的。黄老师上课讲得非常认真，因为他对线性系统理论特别是可控性这些非常熟悉，基础非常扎实，所以他讲得特别清楚，让我们对那些抽象的理论都理解得特别好。他讲课的时候能够把问题为什么提出、为什么这么做、做的目的是什么这些书上没有明确写出来的东西，还有他的主要研究思路都讲得很清楚，所以我们学了这门课后感觉收获很大。之后我们再学《线性多变量控

制：一种几何方法》相对来说就容易了很多，一直到现在我们都非常感谢黄老师，所以我们一般叫黄老师不是客气的叫法，他真正是我的老师，我是听过他的课的学生。

霍伟教授认为这门课对他之后的科研有非常大的帮助，他认为其原因就是非线性系统控制是他们研究室控制学科的一个主要方向，也是国际主流方向之一。如果不掌握这套东西根本就相当于在现代非线性控制领域什么都不懂，它已不是以前老的单变量那种非线性控制，所以这门课是他们学习非线性控制的基础，因而是非常有用的。①

黄琳在指导研究生上比较开明放手，但他从不赞成学生钻已有文献的空子编写文章。他一般要求研究生必须认真阅读文献并有足够的积累，在他们做硕士论文时在选题方面他充分尊重学生自己的意愿。1984年，他的三个研究生面临论文选题。张洪涛是力学系的高才生，读研究生时还不足二十岁，独立工作能力强，当时国内刚兴起机器人控制就选择了该方向并独立完成了论文，取得了很好的成绩。陈小林则按照导师出的一个最优控制反问题进行了研究。由于任何受控系统在给定二次指标后的最优闭环系统都是渐近稳定的，其反问题就可提为对于一个渐近稳定的系统是否存在二次指标，在该指标下该系统一定可以分解成一个开环系统和一个反馈控制且在该指标下是最优的。陈小林经过努力针对连续与离散两类线性系统给出了正面的回答，即这种分解是概率为一的。这个结果在关肇直先生逝世周年纪念会上宣读后得到了大家的肯定，认为是一有价值的理论结果。当然要在自然界中已渐近稳定的系统中寻找符合自然解释的指标和对应的分解那就困难多了。陈亮一开始也想做这个反问题，后来改做解耦也取得了结果。后来张洪涛和陈小林毕业后均留校工作，陈亮则被中科院自动化研究所指名要去。

1984年，在职称晋升冻结了两年之后中央提出来要特批一批五十岁以下的教授。力学系中，是勋刚此时刚从德国留学回来不久，德国的大学要

---

① 霍伟访谈，2018年7月19日，北京。资料存于采集工程数据库。

图 7-2　1985 年黄琳（左六）所在一般力学教研室合影

到北大来给他授博士学位，系里就报了他参与特批教授申请。后来由于系里一批老师坚持也要将黄琳报上去，后经学校讨论通过，报北京市高教局和国家教育委员会获得批准，这样他从 1984 年 8 月起成为北大的教授，紧接着在 1985 年他又被评为博士生导师，建立了一般力学博士点。

在成立了博士点的最初几年里只有一个博士生，后来为了出国又改成了硕士，真正的博士生是从 1989 年才有的，后来才慢慢趋于正常。一段时间里，力学系一般力学的博士生生源是最好的，黄琳作为一般力学的博导培养了一批又一批优秀的硕士生和博士生。

北大从事控制研究的队伍相比其他高校来说一直是一支很小但具有鲜明特色的队伍，这个特色除了业务本身是从事理论但并不囿于数学因而更能结合国家重要需求外，从学风上则更为低调不张扬，这与黄琳这个人的特点有很大关系。他一直强调科学研究最重要的是营造一个严格的氛围。他对学术界有人弄虚作假、占有他人学术成果无视职业道德的现象很愤慨。他讲自己的学生无法造假，首先他招收的学生不多，其二，他布置的题目大都是学生无处可抄的课题。当他发现学生所写文章超出了学生的实际水平时，会拒绝在上面署上自己的名字，以维护严格的学术研究氛围。他的亲家黄立培是清华大学电机系从事电力电子研究的，他曾回忆道：

黄琳院士有个学生曾经写了一篇关于异步电动机控制方面的论文。这篇论文不是他熟悉的领域，于是他让我帮助看一下。在我告知论文存在问题后，他严厉地批评了那个学生。黄琳院士还及时地提醒他的学术界朋友管好学生，避免出现学术不端行为。[①]

黄立培教授讲的是黄琳的一位硕士生，在他的业务经历中并没有搞过电机的经历，而黄琳本人对电机也不熟悉。当黄立培指出文章存在抄袭的事实后，黄琳将该生找来，当他得知该文实际上是该生的一个战友为他写的后，不仅严厉批评了他，还让他写了书面检查，并要求该生今后不得再犯类似的错误。在该生毕业时由于确实改正了错误，黄琳将他写的检讨书退还给了他。黄琳感叹造假现象的背后也有一些深刻的历史和现实的原因，避免学术腐败也需要一个宽松的环境。他的女儿在美国斯坦福大学攻读博士学位，其间并未发表任何研究论文，但毕业后将研究成果整理成文径直发表在《美国科学院院刊》（PNAS）上。与国外博士期间这种重研究的倾向相比，国内逼着博士生编文章而不是搞研究，他将这种急于求成的做法比成"有点铁就要打菜刀"。学生有一点点成果就必须开始写文章，这种恶性循环对科研十分有害。他表示科学研究是一个艰辛的过程，需要多年潜心努力[②]。

随着国力的增强，科学研究的投入也越来越大，这本是好事，但也确实有一些人千方百计地去搞项目，夸大实际所需争取更多的经费资助，而与实际产出却严重不符。黄琳说研究经费花的是纳税人的钱，大家都应该珍惜。黄琳多次跟身边的研究人员说过，经费够用就可以了，要把精力放在实实在在地做出像样的研究工作上。

黄琳曾说北京大学一直有着严谨的治学传统，北大人对科学本身的追求高于对名誉的追求，这是北大教给他的最大财富。他也一直秉承这样的

---

① 黄立培：亲家公的二三事。见：黄琳先生八十华诞文集编委会编，《唯真求实 矢志创新——黄琳先生八十华诞文集》。北京：北京大学出版社，2015年，第24页。
② 庞博：推动北大新型工程科学建设——新当选院士黄琳访谈，2003年11月27日，北京。资料存于采集工程数据库。

传统，让他在多年的科研中能始终对研究之外的东西持一种超脱的态度，从而更潜心于研究本身。

2003年在他当选中科院院士接受北大新闻网记者采访时曾表示，不能因为有了院士这个称号，就自以为本来不懂的都懂了，不能弄虚作假、沽名钓誉。

至于外界可能邀请院士参加的各种活动，他说："我懂的、应该支持的参加，不懂的绝对不参加。"①

中科院数学与系统科学研究院张纪峰研究员说出了业界很多人想说的话，那就是"黄老师治学严谨、观点犀利，处处透着大师的风范。一直以来都是我学习的榜样和崇拜的对象！"②

走出国门　研究鲁棒立足前沿

改革开放一开始，中央领导人和中国知识界的上层均深深地认识到科学进步的作用以及中国与国际科学技术上的差距，解决这一问题的关键之一是派遣大量知识分子出国留学，于是在京沪这类大城市的高校和研究院所掀起了学外语和忙出国的热潮。面对这个热潮，黄琳自己认为，一方面他在控制理论上与国际的差距并不严重，另一方面他的英文虽然还是在中学学的且后期由于抗美援朝对其重视程度不够受到影响，但由于他在大学时期就已开始看英文的资料而且控制理论方面的文献文法相对简单，单词也不生僻，几十年下来阅读文献还算顺畅，加之自己手头事情很忙，对他来说学好英文准备出国根本就提不到日程上来。1981年年初，人事处问系里黄琳为什么还不出国，现在有一个交换名额但要考一下英文，这下他就

---

① 庞博：推动北大新型工程科学建设——新当选院士黄琳访谈，2003年11月27日，北京。资料存于采集工程数据库。

② 张纪峰：我所认识的黄琳。见：黄琳先生八十华诞文集编委会编，《唯真求实　矢志创新——黄琳先生八十华诞文集》。北京：北京大学出版社，2015年，第60页。

在毫无准备的情况下去参加出国的英文考试，结果考得成绩很差，系里知道的人大为惊讶，后来有人问他，他说他不适应这种考试方式。这个时候除了照常忙他的教学和科研，他正忙着写他的《系统与控制理论中的线性代数》书稿，因此依然不去念英文。1982 年，北大要提一部分人为正教授，系里报了朱照宣、陈耀松和黄琳三个人，但学校提出要他参加英文考试，由于这不是出国的那种考试，重点是围绕阅读和翻译，他记得阅读量大的是一篇关于中东古代沙钟和计时的文章，结果他考得很顺利，不过后来人事处还是将他扣下没有报到学校参加正式讨论，而系里告诉他的理由是人事处认为他太年轻不用着急。他对这些也并不在意而是集中精力将书稿赶了出来，实现了他多年的心愿。1984 年 1 月，这本经过多次修改完善的后来被业界誉为经典的著作由科学出版社正式出版，次年就被评为科学出版社 1984—1985 年的优秀图书。1984 年 5 月，黄琳参加了在北京召开的系统与控制国际会议（International Conference on Systems and Control），在筹备该会议时，他应大家的要求撰写了《多变量线性系统的一些新结果——中国的一些成就，1980—1984》(*Some new results in multivariable linear system—Some achievements in China*, *1980-1984*) 并用英文在会上做了大会报告，后来报告被《数学物理学报》要去，发表在 1987 年的第 1 期上。

1983 年，黄琳的好友王敏中从美国给他来了一封信，劝他无论如何一定要出来看看，这使得他开始有所动心。大致就在此时，中国获得了一笔世界银行贷款用以资助大学教师出国做访问学者，其中对副教授以上的人免考英文，系里决定不少副教授参加，他也在其中。在系统与控制国际会议上，他结识了罗马大学的伊西多里（Isidori）教授，他是研究用微分几何方法处理非线性控制的，他很乐意由中国出资让黄琳去

图 7-3　1985 年黄琳与霍尔洛特教授合影

第七章　大展宏图　矢志创新　*181*

他那儿工作一年，很快他的邀请信就来了。这年夏天澳大利亚国立大学的安德森（Anderson）访问系统科学研究所，刘毅陪他来北大访问，他建议黄琳能去他那儿工作半年，他可为黄琳提供旅费。黄琳决定先去意大利。这时罗马大学一位不认识的教授给黄琳来信，希望与他在航空航天上进行合作。考虑到一些国际政治上的原因和研究的问题过于敏感，加上他对此人毫无了解，就去信拒绝了对方，同时耐心地等待签证。没有料到的是大半年过去了签证竟毫无消息，后来意大利使馆不给任何理由就退回了护照，而此时已快接近世界银行贷款的有效期。在这关键时刻教育部同意他改去美国，由于时间紧迫，刚从美国访问回来的秦化淑向他伸出援手很快就拿到麻省大学数学系主任给他发来的邀请信，他拿到签证后就及时地于1985年9月以访问学者名义去了美国麻省大学，做访问学者一年。当时美国特别是华裔教授总认为中国大陆来的人一定是什么现代的东西都不懂，是来进修的，果然在他到系里以后负责接待的数学系教授就同他谈听课的计划，被他婉拒。对应数学系不存在可以合作的教授，他找到学校，结识了霍尔洛特（C. V. Hollot）教授，并进行了有效的合作。经过一年的工作，他们给出了包括著名的棱边定理在内的一些有关参数不确定性鲁棒控制的结果[①]，所得到的成果将参数摄动系统稳定性研究推向了高潮，在20世纪90年代初的国际刊物上几乎每期都有涉及或应用该成果的相关论文发表。

由于参数空间中稳定性区域常是非凸的，即任何线段对应的一族系统是否稳定不可通过顶点系统是否稳定来确定，黄琳等给出的棱边定理将参数空间中凸多面体的稳定性判定问题转化为其一维突出棱边的稳定性判定问题，从维数的角度已是最低的了，从而大大降低了计算量。这一结果对参数不确定系统鲁棒稳定性研究作出了重大推进，并成为后来许多重要研究成果的基本方法和手段。相关研究成果自发表以来在国内外引起了广泛影响，冯纯伯院士在其专著《鲁棒控制系统设计》[②]中将棱边定理称为是

[①] Huang L, Hollot C V, Bartlett A C: Stability of families of polynomials: geometric considerations in coefficient space. International Journal of Control, 1987, 45（2）: 649–660.

[②] 冯纯伯，田玉平，忻欣:《鲁棒控制系统设计》。南京：东南大学出版社，1995年，第73页。

一个里程碑式的工作。美国学者巴米什（B. R. Barmish）教授在 1988 年的电气与电子工程师协会决策与控制会议（IEEE Conference on Decision and Control）的综述报告《鲁棒性分析的新工具》（*New tools for robustness analysis*）中用一整节的篇幅介绍和评论了棱边定理，他在将此结果与鲁棒稳定性中具突破性的哈里托诺夫定理进行比较时指出：棱边定理这一结果不再限于系数之间独立变化的情形，所讨论的是 D 稳定，其结论对连续与离散系统均合适而又不难判断。他对黄琳与合作者做出的另一结果描述为：他们给出了稳定多项式其凸组合保持稳定的充要条件，给出利用顶点集与边界集判断多面体稳定的一组充分条件，并指出在多项式系数空间中存在两族超平面，虽然稳定性区域总体不具有凸性，但其在这些超平面的截面却是有限生成的凸多面体，从而在一定程度上克服了多项式空间中稳定性区域的非凸性所带来的困难。

类似这样的介绍和评价频频出现在当时的国内外期刊的综述论文、相关控制会议的大会报告及研究论文上。巴米什等 1993 年发表在《自动化》（*Automatica*）上的综述文章《控制系统鲁棒性极值结果综述》（*A survey of extreme point results for robustness of control systems*）的第七节的标题即是《棱边定理：通向进一步结果的桥梁》（*The edge theorem：a bridge to further results*）。德国阿克曼（Ackermann）在 1991 年第一届欧洲控制大会上的综述报告也用一整节的篇幅介绍和评论了棱边定理。还有朱里（E. I. Jury）在 1990 年国际自动控制联合会世界大会的报告《离散系统的鲁棒性：综述》（*Robustness of discrete systems：a review*），中国科学院院士陈翰馥在其 1993 年发表在《信息与控制》上的综述文章，廖晓昕在 1992 年发表在《数学进展》上的一篇综述文章，1989 年《IEEE 控制系统杂志》（*IEEE Control System Magazine*）上的一篇综述文章，希利亚克发表在 1989 年《IEEE 自动控制汇刊》（*IEEE Transactions on Automatic Control*）的文章，兰策（Rantzer）的综述报告《线性控制系统的参数不确定性与反馈复杂性》（*Parametric uncertainty and feedback complexity in linear control systems*）等也都介绍和评论了棱边定理。

由于对系统分析所作的深入研究，黄琳的合作者霍尔洛特获得了美国 1988 年总统青年研究者（Presidential Youth Investitor）称号。近年来出版的有关鲁棒控制的专著中，也大都在前言及正文中以整章、整节的篇幅完整地介绍和引用了棱边定理等结果，包括一些有影响的专著，如 1994 年巴米什的《线性系统鲁棒性的新工具》(New Tools for Robustness of Linear Systems)，1993 年阿克曼（Jurgen Ackermann）等人的《具有不确定物理参数的鲁棒控制系统》(Robust Control Systems with Uncertain Physical Parameters)，1995 年巴塔查里亚（S. P. Bhattacharyya）等合著的《参数方法的鲁棒控制》(Robust Control the Parametric Approach)，1996 年贾费里斯（Theodore E. Djaferis）的《鲁棒设计控制：多项式方法》(Robust Control Design: A Polynomial Approach) 及 1995 年科根（Jacob Kogan）的专著《鲁棒稳定性与凸性》(Robust Stability and Convexity: An Introduction)。

对于鲁棒分析中这一很有价值的研究方向，黄琳在取得重要成就后就立足国内积极开展相关研究，当他有了第一位真正的博士生后就迅速地在北大建立了以这个方向为主的不大的研究团队。从 90 年代开始，黄琳及他带领的团队经常在他家那并不很大的空间中展开热烈而富有成效的讨论，在多项式族稳定性方面做出了一批更为广泛而深刻的研究成果。首先从方法论的高度利用极值映射等手段，给出了边界定理及等价族的概念，由此很容易得到棱边定理、哈里托诺夫定理和菱形族定理，为已存在的这些最重要的成果提供了一个共同的一般性的基础。该项研究在《中国科学》[①]发表后引起了国内外学者的重视。系统科学研究所王恩平教授在 1992 年发表于《中国科学》的文章《多项式族的稳定性分析》中指出"边界定理是在控制系统鲁棒分析中到目前为止的最重要结果"。后来的研究也证明边界定理及等价族概念是鲁棒稳定性研究中强有力的工具。他们还利用值映射和参数化的思想将边界定理推广到复系数多项式族情形，给出了复多项式族的边界定理和棱边定理，回答了 1990 年 IEEE 决策与控制会议上的争

---

① Huang L, Wang L: The value mapping and parameterization approach to robust stability analysis. Science in China, 1991, 34 (10): 1222-1232.

论[1]。其后他们又将边界定理推广到一般根分布的情形而把 D 稳定看成其一特例[2]。这些结果在深化已有理论的同时，使得研究范围更加广泛，方法更加统一。其后被称为边界检验方法。

对于多项式凸组合是否具 D 稳定不变性这一基本问题，黄琳及合作者分别对离散与连续两类系统给出相角速度的下界，并以此得到了一个简单便于应用的充分条件，并将一批通用的充分条件纳入到了同一框架之中。对于常见的多项式族还研究了相角速度实现最小的位置，这些成果对鲁棒综合问题有明显意义[3]。

系统的严格正实性是保证系统超稳定性、绝对稳定性等重要性能的关键，同时它也与系统辨识中参数的收敛性密切相关，因而受到控制界的重视。由于它是基于系统传递函数矩阵进行描述的，因而讨论其在参数变化下的鲁棒性必然与多项式族稳定性密切相关。保证有理函数族的严格正实不变性的研究，世界上起步较晚，其基本问题是对任意给定的稳定的多项式族，是否存在多项式与该族组成严格正实族。黄琳与其合作者充分利用复平面上集合分析的方法，指出对于低阶区间族和任意阶的奇（偶）有界摄动族来说，答案是肯定的[4]。

随后他们又利用几何方法给出了判定区间有理函数族为严格正实族的充要条件是判断 8 个顶点有理函数的严格正实性[5]，从而改进了达斯古普塔（Dasgupta）在 1987 年决策与控制会议上宣读的 16 顶点结果，并且整个论证过程也大为简化。在有关严格正实鲁棒性分析上，他们还分析了

---

[1] Yu N C, Huang L: Boundary theorem for the robust stability of complex polynomial families. Science in China, 1993, 36（1）: 54-61.

[2] 王龙，黄琳：多项式族的根分布不变性.《中国科学》（A 辑），1993 年第 23 卷第 1 期，第 75-82 页.

[3] Wang L, Huang L: Robust analysis in discrete system—A geometry approach. Chinese Science Bulletin, 1992, 37（20）: 1747-1752.

[4] Huang L, Hollot C V, Xu Z L: Robust analysis of strictly real function set, 2nd China-Japan Joint Symposium of System. Control Theory and Its Applications, 1990: 210-220.

[5] 王龙，黄琳：区间有理函数严格正实性的有限检验.《科学通报》，1991 年第 4 期，第 262-264 页.

菱形族问题与离散系统严格正实鲁棒性问题[①]。黄琳与合作者将实矩阵稳定半径估计这一著名问题化为一类二次矩阵不等式的优化问题[②]。他又指导他的博士生将含参数不确定性的研究与 H_∞ 控制结合起来，并得到了一批有价值的成果[③][④]。同样，国内外同行对以黄琳为首的研究人员在边界定理、极值映射，严格正实性等工作也给出了介绍和正面的评价。穆尔（Moore）教授专门在德国《数学文摘》（*Mathematics Abstract*，1993）上撰文评论了边界定理，他写道："最近，在哈里托诺夫的工作的推动下，控制界对区间多项式的稳定性问题产生了很大兴趣。本文利用值映射和参数化的方法，给出了鲁棒稳定性领域几个著名结果的新证据。特别是本文考虑了多项式族 D 稳定性的确定问题。……首先，利用值映射方法证明了一个边界定理，该定理将多项式族的 D 稳定性与其沿 D 边界的稳定性联系起来。然后，利用边界定理对几个著名的结果（边定理、哈里托诺夫定理和菱形族定理）给出了新证明。最后，利用边界定理研究了双参数多项式族的稳定性。这个分析包括最大摄动界的确定。"

1994 年，黄文虎和陈滨等在其综述文章《我国当前一般力学研究的若干重要课题》中写道："1978 年原苏联数学家 Kharitonov 发表关于区间多项式的四顶点定理的论文，我国学者黄琳等人推广为边界定理，突破了四顶点定理的许多限制，使鲁棒稳定性的研究进一步深入。"徐道义在 1995 年发表在《系统科学与数学》中的文章《时滞系统的鲁棒性与边界定理》的引言中写道："研究多项式族的鲁棒稳定性已成为控制理论学术界的一个热点，其中边界定理是最为重要的。" G. Z. Sun 于 1993 年发表在《经济系统研究》（*Economic Systems Research*）上的文章《生产技术结构变化的经济影响：一个强有力的方法》（*Economic impact of the structural changes of*

[①] Wang L, Huang L: Robust stability of polynomial families and robust strict positive realness of rational function families. Int. J. System Science, 1992, 23（2）: 235-247.

[②] Hu T S, Huang L: Real stability radii and matrix quadratic inequality. Chinese Science Bulletin, 1996, 41（24）: 2043-2046.

[③] 王龙，黄琳：一类多线性相关摄动系统的性能鲁棒性.《中国科学》（A 籍），1995 年第 25 卷第 8 期，第 875-882 页.

[④] Wang L, Huang L: Robust small gain theorem under multiplicative perturbations. Progress in Natural Science, 1996, 6（4）: 408-414.

production technology: a robust approach）中，将棱边定理与边界定理应用到了经济系统上。

舒仲周和王照林的综述性文章《运动稳定性的研究进展与趋势》，科根（Kogan）于 1994 年发表在期刊《系统与控制快报》（*Systems & Control Letters*）的文章《加权菱形的赫尔维茨稳定性》（*Hurwitz stability of weighted diamond polynomials*），段广仁 1994 年发表在《IEEE 自动控制汇刊》上的文章也都对黄琳他们的相关工作给出了高度评价。库尔泰亚奴（S. Curteanu）针对区间系统严格正实性的顶点结果，马拉布尔（Michel Malabre）针对区间系统强镇定的顶点结果，霍克斯多蒂尔（A. S. Hauksdottir）针对黄琳等人所建立的离散系统 H_∞ 与严格正实的关系都分别在《数学文摘》中给出了相应的评论。

黄琳及其合作者在鲁棒分析的代数与几何方法上形成了系统性的贡献，在国内外鲁棒控制界形成了自己的特色和影响。这一系列在理论上有创见，方法上有创新，处于国际领先水平的工作，极大地推动了鲁棒控制理论的研究与发展。他的研究项目"系统鲁棒分析与综合"于 1995 年获得国家教育委员会科技进步奖一等奖[①]。在后续研究中，他主持的课题"参数摄动控制系统的鲁棒分析与综合"在 1999 年获国家自然科学奖三等奖[②]。

黄琳在鲁棒稳定性方面的研究也特别地推动了国内在参数摄动系统方面的研究与发展，毫不夸张地说国内在这方面取得的研究成果都直接或间接地根源于他最初的开创性工作。为了推动这方面的工作，黄琳于 1990 年 10 月在杭州中国控制会议上做了题为《系统鲁棒性的若干问题——背景、现状与挑战》的大会报告，该报告后来发表在《控制理论与应用》1991 年第 1 期上。为了促进正处于蓬勃向上发展的鲁棒控制在中国的发展，推动和引导国内的人员开展这一方向的研究，1992 年他和系统科学研究所王恩平研究员一起在河北省唐山市乐亭县组织鲁棒控制暑期研讨班。研讨班历时一周，会议组织严谨，各项活动严格按时间表进行，除最后一天的自

[①] "系统鲁棒分析与综合"获国家教委科技进步奖一等奖，1995 年。资料存于采集工程数据库。

[②] "参数摄动控制系统的鲁棒分析与综合"获国家自然科学奖三等奖，1999 年。存地同上。

获奖项目：系统鲁棒分析与综合

为表彰在促进科学技术进步工作中做出重大贡献，特颁发此证书。

获 奖 者：黄 琳（第1完成人）

奖励等级：一 等

奖励日期：1995年5月

证 书 号：95-002

国家教育委员会

图 7-4　1995 年黄琳获国家教育委员会科学技术进步奖证书

由活动外，前六天均是上午参会人做报告，下午讨论。在参会的十余人中成为长江学者特聘教授的就有段广仁、王龙、陈善本、贾英民、田玉平五人，后来段广仁当选为中科院院士。段广仁、贾英民和田玉平回忆起这个

图 7-5　1992 年"鲁棒控制暑期讨论会"成员合影（后排右三为黄琳）

研讨班时都提到了黄琳老师对他们的影响和言传身教，并表示从中受益颇多，对黄琳老师深厚的学术造诣、敏锐的思维印象深刻，更对黄琳老师在学术上的引领以及对年轻学者的关心、培养和支持心存感激。

20世纪80年代中期，黄琳开始与国际上的一些同行开展了一些学术上的交流与合作。1985年他第一次到美国的麻省大学做访问学者，在这期间他还先后应邀访问了东北大学、哈佛大学、华盛顿大学、霍华德大学、加州大学戴维斯分校等五所大学，做学术交流并成功地建立了他与国际宇航学会副主席拜努姆（P. Bainum）之间的合作。在1988年，拜努姆应邀访问了北京大学。也是在1988年，霍尔洛特由于在鲁棒分析上的贡献而获得美国总统青年研究者称号，他邀请黄琳于

图7-6　1999年黄琳获国家自然科学奖三等奖证书

1989年再度访问麻省大学，由美方资助工作了半年，其间他还访问了伦斯诺工学院、位于得克萨斯的A＆M大学、霍华德大学等院校。

在这段时期，黄琳还参与了一些

图7-7　1989年黄琳（左一）在拜努姆教授家中做客

第七章　大展宏图　矢志创新　*189*

图 7-8　1988 年拜努姆教授回访北大（左一为黄琳）

图 7-9　1986 年全球华人智能大会合影（左起：夏长天、谈自忠、秦化淑、黄琳）

图 7-10　1993 年参加华人智能控制大会代表在北京大学合影（前排左二为黄琳）

会议的筹备工作。1986 年，美籍教授夏天长、谈自忠等希望筹备召开全球华人的控制会议，在黄琳等人积极参与下，经过多年的准备，全球华人智能控制大会终于于 1993 年在北京召开，会后他还邀请了部分教授访问北大。全球华人控制大会后来成为了一年一度的重要会议之一。

从 1988 年年初，黄琳开始参与筹备中日双边控制会议，1988 年年底在中国杭州花家山由中方出资召开了第一次会议。1990 年 6 月在日本由日方出资召开了第二次会议，会后他接受邀请访问了京都大学与东京工业大学。

进入 90 年代，黄琳与国际上相关人员进行了一些学术交流活动，如

图 7-11　1988 年第一届中日双边控制会议（三排左四为黄琳）

图 7-12　1992 年黄琳（右）与王恩平在北大接待加拿大控制专家弗朗西斯教授

图 7-13　1993 年黄琳（右）和王龙接待俄罗斯学者扎伊来夫教授

图 7-14　1998 年黄琳（左二）与研究生接待控制专家巴米什教授夫妇

1988 年与 1995 年两次邀请曾在北大工作过的苏联专家托洛依茨基来北大访问，1993 年曾接受俄罗斯学者扎依来夫作为访问学者前来工作半年。1994 年 12 月至 1995 年 3 月在美国得克萨斯大学布朗斯维尔分校（University of Texas at Browns-ville）做合作研究。1996 年应邀访问西澳大学，1997 年邀请了澳大利亚坎托尼（Cantoni）院士、张国礼、刘万泉等来访。1993 年接待加拿大控制专家弗朗西斯（B. A. Francis）教授访问北大，1999 年邀请巴米什教授访问北大等。

结缘基金　认真研究严格把关

1984 年自动化学会的春节团拜会在北京友谊宾馆召开，会上杨嘉墀先生告诉黄琳一个消息，说中国科学院启动了一个对科技人员研究进行资助的计划，叫自然科学基金，让黄琳去申请，他还同时向黄琳简单地说明了申请这个基金的一些事情，他还谈到国际上研究机器人的情况并建议他考虑这个方向。黄琳后来认真考虑了这个问题并提交了申请，很幸运就在 1984 年黄琳获得了一项科学基金的资助，就是进行机器人动力学与控制方面的研究。这是他承担的第一个基金项目，为了能真正联系中国实际，他和陈滨、周起钊等人专程去沈阳自动化研究所进行机器人方面的项目调研。在那里，蒋新松所长热情地接待了他们并和他们讨论了机器人动力学和控制方面的问题，参观了拟建的中国机器人研究基地，并和谈大龙等做

图 7-15　1984 年黄琳（左）在沈阳自动化研究所调研合影（左二起：周起钊、陈滨、奚红宇）

了几次认真的交谈。回京以后他帮助联系科学出版社将周起钊、叶庆凯和殷金生翻译的由当时国际知名机器人专家南斯拉夫人武科布拉托维奇（M. Vukobratovic）为主撰写的一套三本操作机器人的著作出版，它们分别是：《操作机器人动力学》，周起钊、殷金生译；《操作机器人的控制》，叶庆凯译；《操作机器人运动学轨道规划》，周起钊译。

与此同时周起钊、陈滨和黄琳及他们指导的研究生武斐、黄曙光、张洪涛等在有关机器人的力学问题、以机器人为背景的控制理论以及受基金资助的其他成果合起来在国内外杂志上发表学术论文十余篇，同时周起钊还编写了一本"机器人运动学和动力学仿真"的讲义，由浙江大学印出。

项目完成后于1988年12月以"科学基金资助项目成果汇编"为标题印刷成册交基金委结题，受到好评。机器人的研究与理论研究有着很大的区别，虽然在机器人控制中可以提出各种结合力学的控制问题。黄琳在美访问期间曾应邀去谈自忠和夏天长两位教授那里访问，他们均买了Puma型号的机器人，当时该型号在美国一万美元就能买到而在中国则需近六万美元，而黄琳承担的第一个基金项目资助总数才四万八千元人民币，巨额的投资使他望而生畏。他在谈教授那儿遇到一位博士生姓丁，是来自东南大学的高才生，她希望能同黄琳讨论她拟做的机械臂的理论研究。在交谈中令黄琳吃惊的是，她的导师竟要求她不做任何力学简化把所有细节均考虑在内的全部方程包括偏微分方程写出来进行研究和计算。黄琳根据他的力学直觉告诉她这样做不会解决问题，并提出了他的建议。这次会见告诉他，没有足够的力学与机械基础的人参与所谓理论研究只能是纸上谈兵，不会有实质性的进展。他在访问夏天长教授时得到一个他以前完全缺乏的常识，买来的机器人只有使用说明书而供应商不可能提供其包括控制算法在内的建模信息和控制算法的源代码。这样研究工作就只能在说明书提供的信息范围内而基于知悉和修改源代码建立新的控制算法是不可能的，如果要有效地知道源代码，即使队伍中有计算机方面的人才也是很难的。这两点认识对于他如何定位控制理论解决实际问题有长期的指导作用。

1986年由邓小平批准的"863"计划其中自动化学科有两个主题，机器人是其中之一，在"863"正式立项时北大就未能进入专家组，而以后"863"运作的实际表明非专家组成员要想进入得到较大资助是完全不可能的，加之黄琳对谈自忠和夏长天两位的访问使他认识到在这一研究中没有高素质的计算机和机构力学的人才也行之甚难。让他没有想到的是在他回国时，周起钊和殷金生两位最适合从事机器人运动学和动力学的人均弃学从管，一位去学校当了教务处长后升为副教务长，另一位去了北大分校（后为北京联合大学一部分）当教务处长。而留校的研究生中打算弄机器人的武斐也在想另寻高就忙着出国，诸多因素使这个开始还不错的方向不得不被迫停止。

1986年，中央决定将中国科学院的自然科学基金正式改为国家自然科学基金并建立基金委员会进行管理。当时黄琳正在美国做访问学者，一天他接到家中来信告诉他基金委约请他作为评审专家参加第一届项目评审会。当时美方由于他们的研究工作的进展希望他能推迟回国的时间，但他考虑到基金工作的重要性还是及时赶回国参加了评审会[①]。从此黄琳一连干满了三届六年，除1989年当时在美国访问外都十分负责地参加了基金委的评审活动并成为后来成立的《中国科学基金》杂志的编委。一开始，基金评审尚未建立起通信评审制度，会议一开始由杨嘉墀组长将已按大致归类的申请书分给可能熟悉的评委，然后不能归类的再由大家认领，在分配完了以后用近一天的时间供大家阅读申请书，这样在后来的会上就有专门的评委介绍项目。由于黄琳在当时的评委中年纪较轻，一般他看的份数也较多，交给他的无法归类的东西他也力求弄明白从不拒绝。在评审工作中，他秉承工作一贯认真负责的态度，他给出的评审意见一般也比较有说服力。后来基金委建立了通信评审制度后，他一般在看了通信评审意见后仍认真阅读申请书，而不是仅凭通信评审意见下结论。一次一位北京航空航天大学的申请人想解决系统有极点时的控制问题，通信评议的意见认为此问题早就解决，他仔细思考以后认为问题并不那么简单，这要看控制对象的物理特征，例如大尺度太阳能帆板的控制就归于这类而且相当困难。他在会上谈了自己的看法，得到陆元九先生的支持，陆先生说这是航

[①] 黄琳：源于几件事的感想。见：国家自然科学基金委员会编，《我与科学基金》。北京：北京大学出版社，2006年，第101-103页。

天方面很头疼的事,应该让申请人试试,最后这个项目得到了资助。黄琳对评审这样认真一方面是他一贯的工作作风,另一方面也与当时评审基金的整个氛围有关,他在文章《源于几件事的感想》①中曾这样写道:

> 记得在一次评审会上,一位工作人员针对一个据说有权威支持的项目发表了不当言论,说大家有意见也没有用,这个项目的钱还是要给的。不久,基金委正式发文进一步强调了坚持依靠专家评审的原则并通报批评了这位工作人员,使我感到基金委对评审专家的信任并深感责任重大。正是由于基金评审的相对公正、民主,我们都乐于参与基金委的工作并力求做到公平公正。

1986年,国际上一批知名的控制科学的教授齐聚美国加州圣巴巴拉分校研讨控制科学将面临的挑战,会后形成了文件《控制的挑战———一个集体的观点》(Challenge to Control — A Collective View),发表在1987年的《IEEE自动控制汇刊》上,在报告中提出了他们对控制科学如何进一步发展的见解和建议。此时中国改革开放已执行了一段时间,一批科技水平要求相对较低的产业首先得到了发展,个体手工业得到了发展,而需要尖端科技支撑的企业由于是国有经济总的缺乏充足的经济支持反而处于困境,一时间脑体倒挂的情况表现得比以前更为突出。国营科研机构和高等学校中能转化为生产的科技得到了发展并带来参与人员生活的改善,而基础理论和应用理论研究虽然从国家科技长远发展看是非常重要的,但由于其不能很快转化为经济效益而使

图 7-16 重大项目"复杂控制系统理论的几个关键问题"论文集

---

① 黄琳:源于几件事的感想。见:国家自然科学基金委员会编,《我与科学基金》。北京:北京大学出版社,2006年,第101-103页。

稳定这支从事基础理论和应用理论研究的队伍成为一项要务，特别是将这支队伍中对从事基础研究与应用研究具浓厚兴趣的人团结在一起，争取到一定经费把多年的研究工作继续下去而不致断档就显得更为重要。黄琳与时任控制理论专业委员会的领导秦化淑、郑应平、郑大钟商量，打算申请一个基金重大项目，一方面迎接当时控制理论面临的挑战，另一方面稳定住一支控制理论的研究队伍。他们从1987年开始即组织与领导了以北京大学力学系、中科院系统科学研究所、自动化研究所、清华大学自动化系的部分教授为主体的队伍，开展关于复杂控制系统理论的调查研究，形成了以控制工程为背景，用数学与计算机紧密结合的研究方法来研究新的控制理论——复杂控制系统理论的思想。这一设想为国家自然科学基金委所接受成为重大项目"复杂控制系统理论的几个关键问题——基于数学和计算机的研究"，项目执行时间为1993年7月至1996年12月，这是"八五"期间自动化学科唯一的一个重大基金项目。项目有五个子课题，分别为：非线性控制，鲁棒控制，柔性结构控制，离散事件动态系统控制和面向复杂控制系统理论研究的并行计算及软件工具。

项目经历了近四年的努力圆满地完成了原计划书的要求，取得了重要进展，最后编辑印制了三本论文集，基本完成了以586微机为基础的并行

图7-17 1993年黄琳做国家自然科学基金重大项目"复杂控制系统理论的几个关键问题"答辩

化架构与软件。据不完全统计，共在国内外核心期刊及会议发表论文约四百篇。在国内外学术界产生了重要的影响，有效地稳定住了以北大、中科院和清华为核心的一支控制理论队伍。

项目结题后进行了验收，验收小组成员有杨嘉墀、席裕庚、于景元、冯纯伯、胡保生、李方泉、涂奉生、霍伟、吴沧浦、瞿寿德，其中杨嘉墀、席裕庚任组长。经评审项目完成情况被评为"优"，验收组给出的具体结论如下[①]：

> 国家自然科学基金重大项目《复杂控制系统理论的几个关键问题——基于数学和计算机的研究》，由全国8个单位，80多人经三年半时间完成。在参加人员的大力协作和共同努力下，完成了原定任务并取得了一批具有国际水平的理论成果；研制出基于并行原理的亿次小型超级计算机及相关的五个软件工具；培养了一批控制理论及应用学科的高层次人才并稳定了一支研究队伍。
>
> 在非线性控制系统方面，研究了复杂控制系统的对称性与相似性结构，比较系统地给出了具有这些结构的控制系统的分析和综合方法，基于所独立提出和建立的多变量非线性系统控制与设计的逆系统方法，设计了非线性系统仿真和计算机辅助设计两个软件系统；给出了非线性系统输出反馈镇定的结果；与国际上同时独立地证明了"平面非线性系统全局稳定性的Jacobi猜想"；提出与研究了导数齐次Lyapunov函数的概念和性质；在混沌控制及非线性系统学习控制方面也取得了有价值的结果。
>
> 在鲁棒控制研究方面，对系统族的稳定性，给出了边界定理相对于复系数与根分布情形的结果，给出了连续与离散两类系统稳定性凸组合不变的弱充分条件，给出了反映控制工程要求且具顶点检验的新稳定性区域；对多线性、非线性参数化的系统族，得到了稳定性、镇定、严格正实性的一系列结果，得到了Nyquist, Popov等曲线族的有

[①] 《复杂控制系统理论的几个关键问题——基于数学和计算机的研究》验收意见。资料存于采集工程数据库。

限生成条件与算法、鲁棒绝对稳定性判据和鲁棒Popov准则；对H_∞控制问题，给出了加权阵选择的原则与模型匹配控制器的设计方法。

在柔性结构控制研究方面，严格定义和论证了弹性振动系统模型中非负算子A的平方根算子的数学刻画；给出了多种有穷维模型逼近无穷维系统的方法；针对航天工程，给出了密频系统和刚度悬殊结构系统的控制方法，以及对柔性结构实现低维控制的多种方法；参与研制了挠性卫星单轴气浮台全物理仿真系统。

在离散事件动态系统研究方面，给出了并联双服务台Fork-Join系统的强一致性无穷小摄动分析估计和一类性能指标的最优控制开关函数；首次给出了一类问题事件时序鲁棒性的Kharitonov-型判据；给出了标识图模型的极大允许无冗余控制策略；给出了Petri网基于PN机与矢量文法的语言体系和基于行为表达式的性能评估；给出了一类并行处理问题的优于常用算法的启发式调度算法；给出了一类混杂动态系统的实时稳定调度策略。

围绕上述理论成果，项目组在国内外重要期刊及会议上发表论文四百余篇，成果丰硕，获得部委级科技进步奖一等奖两项、二等奖两项及其他多项奖励。

验收组认为，本项目的理论研究属于当今控制理论前沿领域，其成果从总体上处于国际先进水平。

在面向复杂控制系统理论研究的超级计算机及软件工具上，首次研制出采用Pentium芯片的低成本超级并行计算机LC-Super，并自主开发了与之配套的可用于复杂控制系统研究的五个软件工具，该成果已通过航空工业总公司组织的鉴定，在技术上达到了国际先进水平。

本项目在取得一批重要成果的同时，能适应国际上控制理论的发展与变化，对各子课题新的学科生长点及时开展研究，并在不同子课题的交叉研究上取得了一批有价值的成果，对控制理论研究工作的持续发展具有重要作用。

本项目在实施过程中，培养出博士后11名，博士35名，硕士32名，并以多种形式进行了国际交流与国际合作。项目领导小组学术水平高，组织能力强，出色发挥了协调作用。项目经费管理严格，使用得当，为项目顺利实施和圆满完成起到了积极作用。

综上所述，验收组认为，本重大项目《复杂控制系统理论的几个关键问题——基于数学和计算机的研究》，已圆满完成了研究任务，同意通过验收，建议对本项目实施过程中形成的新的学科生长点及有关成果，组织力量继续研究与开发，并予以资助。

在对待科学基金和其他项目成果的业绩汇报上，黄琳从来本着实事求是的态度，坚持是该项目支持的就报，不是该项目支持的就不报的原则。在1998年他应邀参加了清华大学卢强院士主持的关于电力系统的一个"973"项目，项目刚进行一年科技部就要求填写属于该项目资助发表的论文，这自然是不符合科学发展规律，是急功近利的要求，由于这种要求带有一定弄虚作假的性质，他就在相关报表中填了个零。这本是实事求是的做法，却遭到了科技部负责联系该项目的官员的责难并下令将其逐出

图7-18　2006年黄琳（右）参观新疆核试验遗址

图7-19　黄琳获国家自然科学奖二等奖证书

第七章　大展宏图　矢志创新　**199**

"973"项目，但由于卢强和业内专家的支持，他仍留在项目组中但资助经费就不得不受到了明显的影响。对于这样的事情发生，他从未有过悔意。2003年黄琳承担了基金委的一个重点项目，研究以航空航天为背景的非线性系统控制。北京航空航天大学霍伟教授也参加了这个项目，他谈到了一件给他印象深刻的事情。他讲道："就是这个重点项目要结题的时候，因为我们都想尽量把成果写到里面去，这个时候黄老师多次嘱咐我，要写进来的研究成果一定是我们这个项目直接相关的项目资助下的成果，不要像有些人那样把不管是不是成果的东西都往上塞。所以他严谨的学风不是一时一事，他是一直这么传承下来的，随时随地都能表现出来，所以一直到现在我们都是按照他说的这样做的，我们任何项目不管你有什么别的好东西都不要，是真正实事求是的，你这个项目做了多少，那你就填多少。"

在重大项目完成以后黄琳并未满足，他进一步思考控制科学的发展道路问题，由于当时推动控制发展的主要工程背景是关于工业过程和运动体两大类，考虑到自己所处的力学环境，他决定研究力学系统的控制问题的特点。经过一段时间的深入思考，在2002年于西安举行由基金委信息学部主办的控制研讨会上，他提交了符合力学系统控制特点的报告《力学与控制科学》，该报告很快在《自动化学报》上发表，接着他联系北京航空航天大学七研联合申请了基金重点项目"非线性力学系统的控制"，在2008年年初基金委组织的验收会上，他负责的部分获得了"优"的评价。2006年，他应总装备部邀请参加了在新疆马兰举行的两弹（导弹与原子弹）联试成功四十年庆祝活动，这一活动促使他下决心将力学系统的控制落实到近空间飞行器的控制上。事实上，早在2000年他就作为评审专家应邀参加了基金委数理学部关于空天飞行器的重大研究计划并在临近空间飞行器的控制上组织团队做了很多调查研究，在此基础上提出了一些可以着手研究的科学问题。2008年，他应邀作为专家委员参加了航天科技集团某重大专项的专家委员会。不久，他在基金委数理学部的又一重大专项"近空间飞行器关键基础科学问题研究"中申请了重点项目"近空间高超声速飞行器自主协调控制研究"并获批准，结题获得很高评价。由于这些研究能够结合飞行器实际并参与到反映国家重大需求的重大工程中起到理论与方法的支撑作用，使团队的整个研究获得了包括国家自然科学奖二等奖在内的一些奖励。

纵观从黄琳获得基金资助三十多年的科研道路，一方面科研的成功始终离不开科学基金的支持，另一方面也能清晰地看出科学基金在他科学道路与思想的确定上起到的独特作用，从一开始实现个人的科研由"零敲碎打，碰到什么研究什么"向有意识有目标地开展研究转变，进而实现从偏数学的理论研究向重视力学背景研究转变，并进一步实现了结合国家重大需求而研究转变。随着这一系列的转变，他的科学思想也得到了一系列的提升而成为当今中国控制科学界极具影响力的一位学术带头人。

综述报告　高屋建瓴信息共享

黄琳既注重解决学科前沿本质问题，又特别关注控制科学的整个发展趋势，善于从中提炼科学问题，且乐于与他人共享。这一方面同他的教师职业有关，更重要的是他对科学事业的理解，即他始终认为科学事业既是个人的，更是国家的和人类的。他认为一项科研成果的重要性远比是谁得到它更为重要。黄琳在一系列学术会议上做控制发展方向的大会报告，在这些报告的基础上撰写了近二十篇综述文章。在这些文章里，他并不是把文献简单地堆砌在一起，而是经过深入思考，抓住关键问题，指出可能取得成果的方向，对于研究人员特别是年轻人来说，这些综述报告确实可以起到指导性的作用。

早在1962年，年仅二十七岁的黄琳就在一般力学成立大会上做了《有控系统动力学的若干问题》的大会报告，这一报告是应当时负责筹备一般力学的林士谔教授点名要求做的，而这一报告也让钱学森记住了他。后来他应《力学学报》的要求将有关稳定性问题的进展结合进去形成他的第一篇综述性论文，发表在《力学学报》上。他的第二个综述性论文《非线性控制理论的发展概况与某些问题》也是在1965年全国控制会上应一些老先生根据国内发展非线性控制理论的要求而撰写的。1984年要在北京召开系统与控制的国际会议，筹备该会期间人们提出应该在这个会上有反映中国成就的报告，于是大家都希望这个报告由黄琳来做，于是他责无旁贷地担起了这个用英文宣读的困难任务。由于平时他在做研究工作时养成了一个习惯，即首先对要解决的问题发展的来龙去脉必须有个较全面的了解，思考其中的不足，这样几十年下来虽然总的是在研究控制理论，但他先后经历了稳定性、二次最优、控制中的线性代数、鲁棒控制、非线性系统的总体性质、力学系统的控制、飞行器特别是高超声速飞行器的控制等研究兴趣的转变，其中有些转变是来自国家需求的推动。而每一次转变都要经历了解全局、分析现状、凝练问题、寻求方法和获取成果的过程，这样就产生出一批综述报告，由于这些报告一般都在适当的场合应邀做过学术报告，因而得到反馈改进的机会，其科学水平就比较高，学术刊物自然乐于接受刊登。这样他撰写综述就从早先的受命变为受命与自觉兼而有之。近三十年来据不完全统计他所做过的学术报告和发表的综述文章有：1988年11月，他参加在山东省曲阜市举行的全国控制理论及其应用年会，并做大会报告，之后报告内容整理成论文《控制理论发展过程的启示》于《系统工程理论与实践》1990年第1期上发表。从20世纪90年代开始黄琳还多次在控制理论及其应用年会、中国控制会议等控制领域重要学术会议上做大会报告，包括：1990年11月，黄琳参加了在杭州举办的全国控制理论及其应用年会并做了大会报告，之后将报告内容进一步整理为论文《系统鲁棒性的若干问题——背景、现状与挑战》，发表在《控制理论与应用》1991年第1期上；1991年11月，中国自动化学会第三届全国学术年会在北京举行，黄琳做了《复杂控制系统理论：构想与前景》的大会报告，之后报告内容经整理发表于《自动化学报》1993年第2期上；1992年10月，控制理论与应用年会在南京举行，黄琳在这次会议上做了关于李雅普诺夫方法方面的大会报告，之后报告内容整理为论文《李亚普诺夫方法的发展与历史性成就——纪念李亚普诺夫的博士论文"运动稳定性的一般问题"发表一百周年》于《自动化学报》1993年第5期上发表；1995年10月，他参加了在安徽省黄山举行的第15届中国控制会议，并做了《系统族动态分析中的若干问题及现状》的报告；2004年8月，黄琳参加了在无锡市举行的第 23 届中国控制会议，并做大会报告，之后将报告整理为论文《系统动态性能的多样性分析与控制——后绝对稳定性研究》于《控制理论与应用》2004 年第 6 期上发表，这篇文章还荣获了《控制理论与应用》创刊 30 周年最具影响力论文奖；2008 年 7 月，第 27 届中国控制会议在昆明举行，黄琳做了《运动体控制的几个科学问题》的大会报告，后经整理以题目《现代飞行器控制的几个科学问题》发表于《科技导报》2008 年第 20 期上。

除了做大会综述报告，黄琳还经常撰写一些综合性的专题文章，分别发表在《自动化学报》《控制理论与应用》《科技导报》《中国科学》等期刊上，这些期刊都是从事控制理论与应用的研究人员经常阅读的刊物，这些综述文章对于科研人员和研究生开展相关方向的研究具有相当大的启发和指导作用，开阔了他们的眼界。这些文章包括：刊登在《控制理论与应用》1994 年第 1 期上的《鲁棒性研究的进展与系统族》，其主要内容曾在国家教委科技委员会第二届第二次自动控制学科组以专题报告的形式报告过；文章《力学系统控制的几个问题》被收录在 2001 年国防工业出版社出版的文集《钱学森技术科学思想与力学论文集》中；2002 年 12 月，他在《自动化学报》2002 年增刊第 28 卷上发表了文章《力学与控制科学》；文章《控制科学中的复杂性》和《控制与本质非线性问题》分别发表于《自动化学报》2003 年第 5 期和 2007 年第 10 期上；文章《控制科学——与需俱进的科学》和《控制科学的机遇》发表于《科技导报》2011 年第 17 期上；2011 年，他在《控制理论与应用》上发表文章《近空间高超声速飞行器对控制科学的挑战》；2013 年，在《中国科学》上发表文章《信息时代的控制科学》；文章《〈工程控制论〉的意义》于《控制理论与应用》2014 年第 12 期上发表；2018 年 9 月，在《中国科学》上发表《人工智能时代下关于智能控制的几个问题》。这些文章的发表对国内研究工作的开展均起到了很好的推动作用，例如 2019 年 4 月在成都开会时《中国科学》的编辑告诉黄琳，他发表在 2018 年《中国科学》上的文章《人工智能时代下关于智能控制的几个问题》自发表后的八个月内网上点击下载就超过了四千次。

第八章
唯真求实　大师风范

黄琳热心公益，通过举办讨论班或研讨会等形式让大家来参与和分享有价值的研究方向。他长期担任《自动化学报》和《控制理论与应用》的编委，作为委员和理事长期服务自动化学会、控制理论专业委员会等学会组织，他还多年担任"关肇直奖"评奖委员会主任、国家自然科学基金评委、中国科学院科学出版基金技术科学组组长。参加教育部自然科学奖、国家自然科学奖和"陈嘉庚奖"的评审，在评奖或评审中，他始终坚持一视同仁、公平公正的理念。

控制事业　既归个人更属国家

对于科学事业，黄琳从来认为这既是个人的更是国家的。因而他总是把科学问题的提出和解决看得比是谁提出和解决的更为重要。在完成国家自然科学基金重大项目后，他花了相当多的精力思考当时控制系统面临的困难问题，完成《控制科学的复杂性》的论文，之后在国内多次做报告宣传，后来又被《自动化学报》要去发表。他在这篇文章中针对基于反馈的传统的控制系统和基于复杂信息联结的大系统分别提出了一些复杂的急需解决的问题，前者的重点应关注大维数、非线性、快时变、不确定性这些问题，同时尖锐地指出理论与实际的严重分离是造成这些方面停滞不前的关键。对于后者，他精辟地提出了以下重要的观点：其一，不同于基于反馈的传统理论，一种基于子系统间复杂的信息联系而形成的大系统已经出现，但其理论还远未形成；其二，对于复杂联结的系统当时盛行的假定子系统有好的性能并将关联视为无用或有害来研究整个系统如何保持性能的做法是不恰当的，相反应重视关联在保证系统性能上的作用；其三，由非线性元件搭建的神经元显示出奇妙的功能说明长期以来畏惧和逃避对非线性的研究是偏颇的，相反对非线性应该抱有积极的态度并充满希望；其四，复杂的分层结构是区别于单纯反馈回路的又一重要特征，而不同模式的系统结合在一起增加了问题的复杂性。

在这篇文章中，黄琳提出建立在数学、计算机科学、系统科学和智能科学等学科之上的新的控制科学将可能是 21 世纪所要建立的新的体系。他指出的这些方向至今仍然是控制界所关注的热点，其中关于重视关联的作用，他与当时做博士后的段志生提出变解耦为协调的思想并进行研究后取得了很好的成果。

在研究工作中发现一个方向很有研究价值时，黄琳不是将其视为自己的领地，而是为了促进早出成果，义务地组织宣传并联合大家一起通过申请基金项目、举办讨论班或研讨会让大家来参与和分享。

1992 年，为了促进鲁棒控制在中国的发展，黄琳和系统科学研究所王恩平一起组织了一个小型讨论会。参加这个研讨会的大部分都是年青人，通过这个研讨会，这些年青的学者不仅得到了黄琳的当面指导，领略了他在学术上的深厚造诣和独到的见解，还体验到了良师益友般的关心。

哈尔滨工业大学段广仁院士回忆这个研讨班时写道：

> 1992 年 8 月，黄老师和中科院系统所书记王恩平研究员组织了一期鲁棒控制暑期研讨班。我参加了这个研讨班，有幸和黄老师近距离相处了一周的时间，切实体会到黄老师的风采，得到黄老师多方面

的言传身教，让我对黄老师有了直观的了解。参加研讨班的除了黄老师、王恩平老师外，还有北航的贾英民、北大的王龙、上海交大的陈善本（当时还在烟台海军工程学院）、东南大学的田玉平等十余人，规模不大，但组织严谨，前6天均是上午参会人做报告，下午讨论。所有参加研讨班的人都收获很大。一方面在报告和讨论过程中，大家得到了黄老师的许多指点：工作可以进一步向哪些方向扩展，哪些具体环节可以如何加以完善，甚至还指出应该阅读哪方面的参考文献等。黄老师认真的工作态度，一丝不苟的工作作风，深厚的学术造诣，渊博的知识面，深刻敏锐的思维，严谨的逻辑推理，让我们很是钦佩，也受益良多。

这次研讨班对我们当时的几位年青人产生的影响是深远的，贾英民、王龙、陈善本、田玉平还有我后来都成为杰青和/或长江学者。另外，直接受黄老师工作的启发，我也建立了一类多项式族的稳定性分析的一个边界定理，成果发表在 IEEE《自动控制汇刊》第 39 卷第 12 期上。[1]

北京航空航天大学贾英民教授在一次访谈中对这个研讨班回忆道：

90年代初期是鲁棒控制蓬勃发展的时期，当时为了推动和引导国内的人员开展这一项研究，黄老师和王恩平老师主持了这次研讨会。

这个会上黄老师亲自做报告，大家讨论得也很积极，从后面的发展来看，这对推动鲁棒控制的发展应该说是非常及时和重要的。当年参加研讨会的年轻人后来都做出了成绩，有的至今还在一线工作。每当我们回忆起这段经历的时候，都非常感谢黄老师对我们的关心、培养和支持，感谢黄老师在科研方向上的敏锐的感知和超前的穿透力。研讨会所产生的影响应该说不局限于当时，应该说对后来的发展都起到了很重要的作用。[2]

---

[1] 段广仁：书缘 人缘 情缘。见：黄琳先生八十华诞文集编委会编，《唯真求实 矢志创新——黄琳先生八十华诞文集》。北京：北京大学出版社，2015年，第71页。

[2] 贾英民访谈，2018年9月21日，北京。资料存于采集工程数据库。

东南大学田玉平教授在访谈中回忆这个研讨班时谈道，他1992年1月份回国，在冯纯伯老师那儿做博士后。当年春天黄老师给冯老师写了一封信，说要办一个鲁棒控制研讨班，冯老师就让他去了。他说道：

这个研讨班并不大，但是给我的印象非常非常深刻，就觉得黄老师人非常好，对后代特别提携。一个研讨会的作用从一个侧面就可以看出来，当时参加的人有黄老师带的已经毕业的学生王龙，博士生安森建，然后有我、贾英民、段广仁，还有哈工大的陈善本，还有徐道义。我们前面几个都是刚刚毕业的，段广仁比我们毕业早一年，就这么一些人，但是从鲁棒控制研讨班出来的我刚刚提到这几位后来都是长江学者。并不是说那一次鲁棒控制会议起了很大的作用，但是确实可以说明黄老师特别注重国际前沿，因为黄老师在80年代末在美国和霍尔洛特合作做鲁棒控制方面的研究，对国际前沿比较熟悉，所以他很积极组织国内做鲁棒控制的一些学者，包括我们这样的从国外刚回来的一些学生去参加他的这个会议，至少就是说一下子了解鲁棒控制里面除了自己弄的以外，还有一些重要的领域。黄老师的知识很渊博，他有时候点评别人的报告，讲一两句话，一下子就让你顿开茅塞。尽管时间很短，但是可以使我们对鲁棒控制领域的一个概貌有一个很大的了解。另外他写过几篇综述文章，我们都是很认真地读了，所以就对鲁棒控制领域一下子就有了非常深的了解，包括后来冯老师让我帮他写鲁棒控制系统设计的书，起很大作用的就是黄老师的这个研讨班，还有他的那些综述性的文章和报告，这些对我能写出那本书还是很重要的。后来有几次去北大搞的暑期班做报告，那个对我其实也有很大作用，我意识到去北大黄老师那边做报告还是应该认真准备，其实后来2012年给出版社写的那本英文教材，我在前言里面就写了第一个要感谢的就是黄老师，因为如果没有这两次报告我就根本没有认真准备这些素材。还有参加陈翰馥主持的攀登计划项目，黄老师是鲁棒控制组的组长，我有幸参加黄老师那个组，所以每年都要到系统所去汇报，所以这些交流这些活动都对自己的学术生涯起了非常好的促进作用，所以说刚才杨老师、姜老师说黄老师在七八十年代对中国自动控制的普及作用，我刚才讲的就是在90年代还是起到了普及作用，因为鲁棒控制那一块大概只有黄老师大概是站在中国的最前沿的。

除了自己的学术以外，他很乐于把他的见解和指导分享给青年人，所以我说这一批青年人成长很快的，我相信不仅仅是我，其他的人也都是从黄老师身上学到很多的东西。黄老师的影响可以说对我非常大。①

黄琳从20世纪80年代开始就常年坚持组织学术讨论班，在讨论班里可以报告国内外最新研究成果，也可以分头报告重要的专著或自己的研究工作，实践证明这是一种非常好的形式，对于科研人员和研究生提高学术水平、把握研究方向起到了很好的作用。

参加黄琳主持的讨论班的人员不仅限于他身边的教师和研究生，还有很多外单位的人员。霍伟教授回忆道，他从1985年年底到1987年年初一直参加黄琳老师主持的现代控制理论讨论班，后因要去美国密歇根大学做访问学者而中断。这个讨论班每个星期举行一次，讨论班里除了北大控制组里的，黄老师还请了外单位的人来讲，有国际上搞鲁棒控制的，还有502所搞航天控制的严拱添以及自动化所搞神经网络的应行仁，还请过自动化所郑应平等来讲复杂系统的控制。据霍伟教授讲，在那个学习班上，他们接触到很多国际上前沿的东西，开阔了他们的眼界和思路，而且对他们后来搞控制的一些新方法的应用起了很大作用。霍伟教授强调那段时间给他留下了很深的印象，讨论班对于他们开展学术交流，扩展自己研究思路和研究领域都起了非常大的积极作用②。

北京航空航天大学贾英民教授曾回忆说，他是1988年的下半年开始参加黄琳主持的讨论班的。当时参加的人员包括北京高校和研究所的一些老师和学生，除了北大黄琳这个课题组的学生，还有王恩平老师所在的系

---

① 杨成梧、姜长生、田玉平、王在华、邹云访谈，2018年4月21日，南京。资料存于采集工程数据库。

② 霍伟访谈，2018年7月19日，北京。存地同①。

统科学研究所的老师和学生、北京理工大学的孙常胜老师和学生以及他们北京航空航天大学的人。

贾英民教授在一次访谈中说：

> 这个讨论班应该说也是非常有成效的研究班，大家都非常自由，每次都有1—2人报告一下自己的工作，然后大家就以此为话题进行讨论，应该说都是针对一些非常具体的问题进行讨论，所以说对于当时来说特别是研究生来说是非常受益的，对我们论文的选题、确定研究方向以及论文的写作都非常有帮助，我们记忆犹新，也一直非常感谢有这么一个机会和黄老师这么近距离地讨论研究问题，听他的教导和指导，这对我们以后的发展起到了很重要的作用。

学界公益　注重实事不图名分

1961年，中国自动化学会控制理论与应用专业委员会成立，黄琳是十五位正式委员之一，从第一届直至第七届他一直担任专委会委员，直到2002年，之后改任顾问委员会委员。系统科学研究所秦化淑研究员曾回忆道"黄琳不仅常常为专业委员会的工作出谋划策、积极建言（如'关肇直奖'的设立、基金筹措等），还身体力行地承担了很多工作。"[①] 曾任控制理论与应用专业委员会主任的张纪峰研究员在文章中写道："他是控制理论专业委员会和中国控制会议的骨干和脊梁，为推动我国控制理论与应用的发展做出了杰出贡献。因此2010年被授予控制理论专业委员会设立的首届'杰出贡献奖'。"[②]

[①] 秦化淑：皓首忆友情　虔心赞英才——记与黄琳逾半世纪的交往。见：黄琳先生八十华诞文集编委会编，《唯真求实　矢志创新——黄琳先生八十华诞文集》。北京：北京大学出版社，2015年，第47页。

[②] 张纪峰：我所认识的黄琳先生。见：黄琳先生八十华诞文集编委会编，《唯真求实　矢志创新——黄琳先生八十华诞文集》。北京：北京大学出版社，2015年，第60页。

图 8-1 黄琳获中国自动化学会成立五十周年杰出贡献奖证书

霍伟教授谈起他与黄老师一起在控制理论与应用专业委员会工作时说，他从 1994 年到 2012 年在专委会工作了十八年，期间也跟黄老师有很多合作。印象比较深的就是专委会每年春节都有个茶话会，这个茶话会就是让大家提提意见。每年在会上黄老师都会结合前一年的情况提出很多建设性的建议，因为他本身学识非常扎实，作风又很正派，所以他提的那些建议得到了大家的赞许，专业委员会很认可并接受了他的这些建议。这些建议对我国的控制理论发展、专业委员会卓有成效的工作都起了非常大的作用。因为黄琳的贡献都是大家有目共睹的，所以他获 2010 年第一届中国自动化学会控制理论与应用专业委员会的"杰出贡献奖"是实至名归的[①]。在获奖的三人中他不仅是人数不多的首届委员而且还一直只是一个普通的专业委员会委员。类似的情形也同样出现在中国自动化学会首届杰出贡献奖中。之所以如此与黄琳在学术界一贯低调，不求名位认真做实事是分不开，这使得他在学术界的实际影响力远比一些有头衔的要大得多。

关肇直先生是中国现代控制理论的开拓者，是控制界德高望重的前辈，为了缅怀他为我国控制理论及其应用所作出的重要贡献和对自动控制界青年科技人员的关怀、支持和鼓励，同时也为鼓励青年科技人员做出国际一流的成果，中国自动化学会控制理论与应用专业委员会设立了"关肇直奖"，为此组建了"关肇直奖"评奖委员会，每年从中国控制会议论文中评出获奖的论文和获奖人。"关肇直奖"是控制界很有影响也是大家比较看重的一个奖项，能得到这个奖项无疑是一个很高的荣誉。从 1994 年

---

① 霍伟访谈，2018 年 7 月 19 日，北京。资料存于采集工程数据库。

图 8-2　1994 年黄琳（一排右五）参加中国控制会议的合影

至 2002 年黄琳连续担任第一届至第五届评奖委员会主任。

霍伟教授是"关肇直奖"第五、六、七三届的评奖委员会委员，第六届的副主任。他回忆说那时评奖委员会人不多，十人左右。

> 他（黄琳）当主任这个期间给我们定下来很多评奖的程序包括制度，怎么做，为我们评奖工作打下了一个很好的基础。而他本人又是工作学风特别严谨，而且实事求是的精神特别强，所以在他工作任期内大家都觉得确实评得很好，没有任何的异议，而且那会儿没有任何人像现在这样来说情。大家都知道黄老师是个非常严谨的人，那些行为在学术学风上根本就行不通的，所以他为我们建立很好的一个制度打下了基础。后面这几届都是在他的那个基础上慢慢发展起来的，所以一直到现在这个奖都是控制理论专业中最重要的奖项，特别对于年轻人，是一个很重要的对他们工作的肯定，所以每年都有很多人来申请这个奖。[1]

---

[1] 霍伟访谈，2018 年 7 月 19 日，北京。资料存于采集工程数据库。

图 8-3 1997 年黄琳参加中国控制会议讲话

在谈起黄琳作为评奖委员会主任在影响控制界学风这方面所起的作用时，霍伟教授说道：

我觉得他就是起了一种表率的作用，因为他在评奖委员会里面的回避制度，还有他那种评奖时实事求是，也不是过高的提拔，也不贬低。因为他的知识比较宽广，所以他看问题就很准，而且他又深恶痛绝那种不正之风，所以他在评奖委员会中给我们包括评委都留下了很深的印象，就知道这个奖一定要有扎实的工作和严谨的学风，确实是突出的成绩才能获得这个奖，所以不管是评奖的人还是申请奖的人通过这个评奖的过程都可以感受到黄老师这种严谨的工作作风，也对他们这些后辈工作也包括

图 8-4 1998 年《控制理论与应用》第四届编委合影（一排右三为黄琳）

对我们都有很深的影响。①

黄琳长期担任中国自动化学会理事、常务理事及荣誉理事，他积极参与中国自动化学会的各种活动，并建言献策。他还长期担任《自动化学报》的编委，在编辑委员会任职期间，无私奉献，尽职尽责，经历届编委推荐，在2013年他被评为《自动化学报》"杰出贡献编委"。此外，他还用实际行动支持《自动化学报》和《控制理论应用》期刊的繁荣和发展，多次为这些刊物撰写综述类的文章。从1980年开始，他还连续担任中国系统工程学会第一届至第四届理事。

2014年系统与控制领域的科普刊物《系统与控制纵横》诞生，虽然创刊不久，但影响越来越大，很多人都喜欢看。张纪峰研究员在一篇回忆文章中讲道：

> 在系统与控制界同仁们的鼓励下，我们创办了一个科普期刊《系统与控制纵横》，黄老师给予了极大鼓励和支持。他百忙中先后赐稿三篇。他知识渊博、文笔风趣。不仅为读者带来了丰富的思想知识，而且再现了历史。有位老先生打电话给我说，读着黄琳先生《我对早年搞控制的一些回忆》，感到非常亲切，似乎听到黄琳先生用他那抑扬顿挫的声音在亲自娓娓道来！②

黄琳和高为炳院士都是在中国较早开展控制理论研究的人员，他们交往时间很长，高先生在北京航空航天大学创建第七研究室后交往更多，第七研究室的成员常来北大听课和参加讨论班，黄琳也常应邀参加北京航空航天大学的研究生答辩和其他学术活动。1994年黄琳被聘为北京航空航天大学兼职教授和兼职博导。霍伟教授讲了当时北航控制学科的情况，1993年年底高为炳先生得了多发性骨髓瘤，1994年在医院只待了三个月就去世

---

① 霍伟访谈，2018年7月19日，北京。资料存于采集工程数据库。
② 张纪峰：我所认识的黄琳先生。见：黄琳先生八十华诞文集编委会编，《唯真求实 矢志创新——黄琳先生八十华诞文集》。北京：北京大学出版社，2015年。

图8-5 黄琳（左三）参加北航博士生答辩

了。高为炳院士是北航控制理论与控制工程学科的创始人，而且是他们的学术带头人，他一去世对学科点的影响就非常大，而且在他去世之前学科点的另一位带头人程勉教授也得癌症去世了。两位老先生的离世，使学科点里的年轻人顿时觉得压力非常大，高先生的弟子霍伟责无旁贷地接过了这份担子。据他讲，把这个学科点发展下去当时是非常困难的，那时学科点只有三位博士生导师，即霍伟、夏小华、贾英民，夏小华又出国了，贾英民那个时候去德国了，而且他们觉得自己的学术水平跟高先生比差得远，所以非常需要有人来帮助他们，这个时候就想到了黄琳老师。他们认为他学术非常严谨，而且很乐于助人，就觉得他肯定会帮他们的，但到底他会否答应他们也没有把握。当他们找到黄老师，黄老师非常热情，说没有问题，这样他们就给黄琳办了做北航的兼职教授和兼职博导的手续。黄琳做兼职博导也在他们那儿招生，扩大了他们的招生名额，另外他经常到北航讨论和研究博士生的研究方向，给予他们指导，包括培养的中间过程，他们都要向他汇报，博士生答辩他都参加。霍伟教授说："我们知道他学术是非常严谨的，答辩能得到黄老师的同意，我们就觉得非常好了"。他还保留了很多黄老师参加他们学生答辩的照片。另外比如说有些学术活动，黄琳请的国外的一些人到北大访问后也请他们到北航讲一下，可以说是黄老师带着他们把这段时间的招生规模和学生培养的质量稳定了下来，所以说对他们的学科发展起了很大的作用。霍伟教授还说道：

> 他还带领我们申请了国家自然科学基金重点项目，还跟我们一起申请了当时的北大工程院的研究项目，把我们学科的主要研究方向稳定了下来。因为黄老师是搞力学系统与控制的，所以我们当时也是在力学系统与控制方面花了很大的功夫，下了很大的力气，一直到现在为止，都是我们学科一个主要的方向。这么多年坚持下来我们在黄老师的带领下也在受非完整约束的非线性力学系统控制、欠驱动的非线性力学控制方面都做了很多的工作，我们在这个方向上做的力学系统与控制的博士论文2002年还得了全国百篇优秀博士论文。由于黄老师的帮助再加上我们自己的努力，我们学科就慢慢稳定下来了，2002年我们被评为北京市重点学科，2007年我们这个二级学科就评上了全国重点学科，2008年我们又被评为国防科工委的国防主干学科。所以黄老师对我们这个二级学科在最艰难的时候能帮助我们坚持下来起了非常大的作用。我们知道锦上添花比较容易，雪中送炭不一定是人人都能做到的，所以我们这个学科是非常感谢黄老师的，他在最困难的时候帮助了我们。①

霍伟谈起作为北航的兼职教授兼职博导，除了参加答辩他们没有给过黄老师一分钱的。当时没有这个风气，也没有这个经费，确实是很廉洁的。"我们请张嗣瀛先生来我们学科给我们讲

图 8-6　1992 年黄琳在南京航空航天大学做报告

---

① 霍伟访谈，2018 年 7 月 19 日，北京。资料存于采集工程数据库。

课，讲完了都没有请人家吃饭，也是一分钱没给，想起来觉得有点对不起。"黄老师更是，从来没拿过我们这一分钱①。

自从关肇直先生1962年在中科院数学研究所成立控制理论研究室以来黄琳就开始了与研究室的合作，特别是系统科学所成立和关先生去世以后，这种联系就更为密切了，这不仅表现在积极参与和支持挂靠在系统科学研究所的控制理论与应用专业委员会和系统理论专业委员会的工作上，而且他在20世纪八九十年代还受聘作为系统科学研究所学术委员会的院外委员参与包括评定职称、人才引进等一系列工作，关于这一点郭雷院士在黄琳八十寿辰的庆祝会上讲道：

图 8-7　2013 年黄琳在华南理工大学做报告

> 从很早的时候，我还在做年轻的研究员的时候，黄老师就是我们系统所的学术委员会委员，我记得那时候我们系统所非常热闹，是允许一个方向顶多一个外面的教授可以做我们系统所学术委员会委员，所以黄老师一直对系统所的事情非常关心，非常支持，在我们后来重点实验室做过学术委员会主任、副主任。我想黄老师这么多年来对系统所、对我本人都非常地支持，非常感谢，正好今天有这么一个机会来亲自表达对黄老师的崇敬和感谢之情。②

由于黄琳崇高的学术威望和一贯公正的行事作风，他先后受聘为中国科学院自动化研究所复杂系统管理与控制国家重点实验室学术委员会副主任。并先后受聘担任南京航空航天大学、浙江大学、北京航空航天大学、

---

① 黄琳八十华诞录像，2015 年 11 月，北京。资料存于采集工程数据库。
② 黄琳八十诞辰录像，2015 年 11 月，北京。资料存于采集工程数据库。

图 8-8　2008 年黄琳（右三）在燕山大学参观机器人实验室

华南理工大学、燕山大学、东北大学、南京理工大学、中南大学等高校的兼职教授或名誉教授。在接受这些聘任后，虽然并无具体要求和约束，但他在可能的条件下总是尽力为这些学校的发展创造条件和给予帮助。近十年来由于他的工作更紧密结合国防，他成为一些紧密结合国防的重大专项、重点实验室的专家委员会的委员。他秉持自己一贯认真负责的作风为国防科技建言献策。北京理工大学的陈杰院士在黄琳八十寿辰上这样说道：

　　学校的发展得到了黄老师的大力支持，他对我们学校的控制学科、宇航学科、力学学科的发展都倾注了大量的心血。有几件事记忆犹新，90 年代的时候我担任自动控制系系主任的时候，干了一件事跟黄老师是密切相关的，就是把黄老师的《线性代数》这本书作为研究生的一个必修教材，当时有很多学生说看不懂，受不了，太难了，经过几年的磨砺，请黄老师到学校去讲，做交流，进行几年的磨砺下来以后，使得这个教材十多年来一直作为控制论里必修课里面的最主要的教材，这是一个事。第二个事，黄老师对我们学校控制学科，我们重点实验室以及科研项目的支持是亲力亲为，呕心沥血的，我们遇到一些问题与困难，请教黄老师，黄老师非常客气的，不管是我们年纪稍微大点的，还是年轻的，都可以到他家里来进行交流座谈。再一个我个人的成长黄老师也倾注了很多心血，没把我当成外人，虽然我不是他的嫡系的学生，但是我认为我是他嫡系的嫡系，对我倾注了很大的心血。①

黄琳的建言献策在业界得到很大尊重并实实在在起到作用这一事实并不代表他的一些很有见地的见解就一定为人们所理解，许多见解由于各种原因反而会被束之高阁。有两件事情给他很深的印象。2009年他和韩英铎、张履谦两位工程院院士一起应他家乡扬州市委的邀请前往商讨关于开展智能电网研究并以此带动当地科技发展的事宜。在扬州很紧张地工作了近一

图 8-9　2009 年参加扬州智能电网的讨论会后合影（左起：张履谦、黄琳、张培荣、韩英铎）

---

① 黄琳八十诞辰录像，2015 年 11 月 30 日，北京。资料存于采集工程数据库。

周，看了包括光伏产业在内的一些新技术企业，此前黄琳曾在电视上看到扬州市委书记王燕文讲扬州的发展要精致化，不与别人比 GDP、不比高楼大厦，要做精致的产业过精致的生活，觉得很有思想和特色。于是他结合扬州的这种要求和特点提出智能电网应既抓物理层面的网络同时也要抓在其上的信息网，并提出以此为契机建立智能小区乃至智能城市的设想。由于当时智能电网在美国由于奥巴马的提倡已决定拨巨款来做此事，而国内已有风声但尚未有明确观点与建议提出，当黄琳在座谈会上正式发言后扬州的报纸即时做了报导，一时间全国网络纷纷转载，扬州方面也表示要进一步落实。黄琳回到北京以后在团队内也做了部署，此间扬州还来人到北大工学院进行合作意向的讨论。但无论是扬州来参加座谈的还是单独找黄琳寻求帮助的，基本上都不谈黄琳的建议，而是或希望帮助推销产品或在具体电器产品上希望合作，而这些都不是北大工学院的强项。为了真正能对家乡有所帮助，他利用在扬州将要开会的机会，请时任工学院工业工程系系主任侍乐媛教授前往扬州商谈落实，侍乐媛从扬州回来告诉黄琳说很难推进。而扬州决定智能电网要搞并落实在生产厂家要用的智能化电表的制造上，而且还要发展当时已受到诟病的把清洁给别人把污染留给自己高能耗高污染的光伏产业。

2004 年，黄琳应燕山大学的要求参加了河北省的院士联谊会，第一次到会的院士竟有一百多。当时的河北省还为自己的钢产量是全国第一和发展水泥而颇为自豪，实际上这个省的工业已陷入高能耗和高污染的境地，并严重影响到北京的环境安全，这表明河北省的工业管理实际处于相对粗放的水平，中央后来决定要求河北省实现经济转型。当时北大工学院工业工程系正在为国家发改委起草一个精细管理企业的文件，出于对河北省经济转型的关心，黄琳将这个文件发给燕山大学负责联系院士的刘先生，希望他转给有关领导并建议他们试行。过后黄琳问刘有什么结果时，燕山大学告诉他说他们只管送文件不负责了解下文，这样一个有价值的建议被束之高阁。

上述两件事情教育了黄琳，使他认识到要使得业务真正能起作用就必须两厢情愿，而这个不仅是指愿望而且是指需求、了解和必要的共同语言。这个认识对于他在耄耋之年建立起北大控制团队与航天科技集团十分有效的合作关系起到了重要作用。

科技评审　公正透明不看人情

黄琳在学术界有重大影响的原因首先是他作为一个学者所具有的优秀品格，求实且做事情认真负责，学术上敢讲真话，待人上热情仗义，这些都给人留下深刻印象。郭雷院士在黄琳八十寿辰的活动上讲道：

> 我想作为晚辈来讲，向黄老师学习两点：(1) 我觉得应该学习黄老师做学问，追求一流的学问。前几天我因为工作原因查了点资料，看到了关先生在 80 年代左右的一篇文章，中间提到了我们国家几个控制理论方面代表的成果，其中就提到了黄老师 60 年代初做的非常好的工作，极点配置还有二次型方面的工作，这些都是控制理论中的最最基本的工作，所以年轻人来讲应该好好学习，学习黄老师追求一流的最基本的学问。(2) 还是应该学习黄老师的学者精神，我跟黄老师说过，我觉得在当今我们现在这个社会学术界情况下，能像黄老师这样始终保持一个真正的教授应有的精神和风骨，这个在我们当今还是很难能可贵的。①

早在 2000 年黄琳就作为评审专家参与过国家自然科学奖的评审，从 2006 年起他几次作为国家自然科学奖的初审与终审评委，后来他又连续担任多届"陈嘉庚信息技术科学奖"的评委。

从 1996 年 11 月开始，黄琳受聘担任北京大学学术委员会委员，直至他面临退休，后来由于获选院士，虽已年高但按工作要求重返各种评审岗

---

① 黄琳八十诞辰录像，2015 年 11 月 30 日，北京。资料存于采集工程数据库。

图 8-10　2012 年黄琳（前排右一）参加"陈嘉庚信息技术科学奖"评审会议后合影

位，多年来担任学校评审长江学者等重要岗位的工作直至年近八十。他长期是北京大学信息学部学术委员会委员与副主任，多年担任北京大学力学与工程科学系和工学院学术委员会主任一职，同时还长期承担北大校内各种人才引进的评审工作。在这些工作中，他坚持标准，有效地保证了评审的公正性和质量。在他担任的不少外单位的关于人才引进、成果评审和项目立项的一系列评审活动中，他都能做到他一直坚持的公正求实、不徇私情的作风。

　　黄琳对于学术界的公共事务从来有一个处理的顺序，即公共事务在私人事务之前，公共事务中务实的学术事务在其他事务之前。他对待公共事务的参与遵循一个原则即有钱未必去，无偿也认真。由于他对于控制科学的问题有很好的洞察力与判断，加之他数学根底好，知识也相对渊博，向他请教和寻求咨询的人不在少数，他对来者总能一视同仁尽力帮助而不论其单位与职位高低，这同他在担任科学出版基金中坚持科学图书的选题与质量是唯一标准是一脉相承的，正是他的这些处世原则诠释了他作为一位教授治学和处事的精神与风骨。在第七章中我们说过黄琳在担任基金委评委工作时认真把关、讲究质量、不谈人情关系的事情，这一精神贯穿在他

第八章　唯真求实　大师风范　*221*

所参加的所有评审工作之中。1992年黄琳作为科学出版基金技术科学组的副组长，参与科学书籍出版的评审，2006年又担任科学出版基金技术科学组组长。在评审中，他严格把关，始终坚持"评审只看书写的质量不管人情"的理念。20世纪90年代，有一位日籍华裔教授想在科学出版社申请基金出版一本控制方面的书，在他知道黄琳是该评审组的副组长时就托人带话希望黄琳能支持他。在出版社将通信评审意见的汇总意见连同对该书评审意见和样章送给黄琳时，他仔细阅读了材料发现通信评审意见对出此书没有提出疑义，但在推荐人吴麒教授的推荐意见中有这样一个建议是，希望作者能有一位中国教授合作写书以保证中文的规范和书的质量，理由是作者长期在日本工作，所写中文常不符合中国习惯。随即黄琳认真阅读了作者的样章，发现吴麒先生的意见是对的。在评审会上他表示为了保证此书的行文质量，建议作者考虑吴麒先生的建议，采用合适的方式以保证中文叙述的质量，否则按作者现在的中文表述就无法以科学出版基金的出书要求出版。

2013年6月，黄琳应中国国际科学促进会的邀请参加在中铁二院举行的关于"气浮车"的研讨会，参加会议的有国务院的两位参事、四位工程院院士和包括于景元教授在内的一些专家。这是由中国航天科工集团第二研究院杨学实研究员发明的一种利用气膜支撑在导轨上或平整坚固地面

图8-11　2009年黄琳（中）主持科学出版基金评审会

上运行的气浮车。这个项目长期得到中铁二院的支持并在那儿做了不少研究和实验。会议一开始由杨学实研究员做了项目的介绍和可能的应用前景的报告，他认为这可能是未来铁路的主要交通工具，也有可能部分代替高铁。在他报告后进行了研讨，一些人的发言主要畅谈这一技术可能带来的光辉前景，听了报告眼睛一亮，这完全是中国的原创，在我国应大规模开展这项研究，应抓紧时间给温家宝总理打报告纳入国家计划等。在张履谦院士发言时他表示应肯定研究所取得的结果，但不能只讲优点，也应讲问题。在张履谦讲完后轮到黄琳发言，他明确讲如果确是新发现的物理现象，应该寻求它的应用而且相信一定会有合适的应用；从报告看一些基本的涉及气体力学包括边界层效应的实验尚未认真做好，这种情况下反对贸然给国家领导人写报告并大规模开展研究；不赞成这项技术可以部分代替高铁的提法，因为这一说法还没有提供有说服力的根据。在黄琳的发言后中铁二院谈了几年来实验工作存在的问题，包括功耗太大、开放环境下气膜难以保持、实验结果在环境微小变化下可重复性差、一些现象无法解释等。会后过了一段时间中国国际科学促进会给黄琳邮件转达杨学实希望与黄琳合作申请基金进行研究，黄琳表示自己不是气体物理和气体力学的专家，不宜参加这种合作。

  2007年黄琳在杭州参加教育部的评奖活动，此时主持评奖的已将会上每个组一等奖和二等奖的名额确定。有一位工作人员讲如果在该组报奖的某领导的项目能评上一等奖可以将一等奖的数目增加一项。他当时就在会上责问工作人员这是什么意思，是在帮领导还是损害领导的威信，并明确表示我们评奖应只看水平不应考虑其身份是否是领导，他的发言立即得到王子才院士的支持，结果未采用该建议。大概是2011年教育部在北京中国职工之家召开创新团队的评审会，黄琳是信息科学一个组的召集人，评审包括控制和计算机的项目申请。会上广东一高校答辩时，答辩人说他们最近生产出一种产品，已经带来请各位评委带回去试用，黄琳当场表示："我们评审组的任务是评审创新团队的，不是试用产品的，请你将东西拿回去或交会议秘书处处理。"黄琳做这些表述时唯一遵循的原则就是透明公正，决不允许任何不正当做法。

这些评审活动生动地体现了黄琳对评审活动的一贯态度，即对事不对人，首先考虑的是这件事该不该做和该怎样做，进而做得如何应有科学的标准，是什么水平就是什么水平，任何影响结果的不当做法他都坚决反对。

学者情怀　生活充实名利淡泊

黄琳先生的前半生是在充满动荡的岁月中度过的，其中有三段时期生活相当艰难，那就是抗日战争期间、三年困难时期和到达汉中的前几年。抗日战争期间的逃难生活和父母宁肯贫苦也绝不在日本人手下做事以及他们日常的言传身教，使他不仅从小就懂得爱国而且懂得了什么叫高尚的情操。三年困难时期是黄琳人生道路的转折点，从入党开始经历了向科学进军、反右、"大跃进"和学校的两次教育大革命，他经历了整个过程，这一切让他自觉不自觉地选择了另一条路，即一心一意用自己的业务为国家效力，实现自己的理想。他的入党介绍人陈良焜在一篇文章中写道："六十年代'文化大革命'前，偶尔听说黄琳一心一意'闭关'于控制理论的研究，逐渐疏离政治。"是他那个时候真实的写照[①]。

迁到汉中刚好是在"文化大革命"中，当时国家已面临很大的困境，而汉中由于修铁路对原来自给自足经济的冲击使得他们的生活陷入了困难的低谷。此时的黄琳有了一个自己的家，在生活上，遇到困难怨天尤人是没有出路的，于是他学会了适应这一生活的不少技能，为了一个鸡蛋能省两分钱而步行十多里去采购、学会宰杀鳝鱼、利用出差的机会用较便宜的价钱买到公鸡自己宰杀后做成风鸡带回来等等，这完全改变了他原来的状况，让他懂得了怎样积极地对待生活的逆境。当时在汉中分校就读的工农

---

① 陈良焜：漫天晚霞　实至名归——祝贺黄琳老友八秩寿辰。见：黄琳先生八十华诞文集编委会编，《唯真求实　矢志创新——黄琳先生八十华诞文集》。北京：北京大学出版社，2015年，第13页。

兵学员武红岭这样叙述黄琳的生活情况：

  一次，黄老师邀我们几个同学去他家，他给我们做鳝鱼吃，教我们怎么收拾、怎么剔骨、怎么切、怎么烧制，像教学一样认真。那是我生来第一次吃黄鳝，觉得非常地美味。

  还有一次，好像是为还书去他家，他正坐在那里编织一件毛衣，也记不得那毛衣什么颜色、什么样式，只是惊讶不已，那场景深深定格在我脑海中。在我所认识的男性中，会打毛衣的只有黄老师独一个，你说这是不是很特别。[1]

  正是在汉中由于有了一个家就相当于在政治运动中有了一个避风港，黄琳利用这个条件从一位同学家借来了大量西方文艺复兴后的著名文学作品，仅罗曼·罗兰写的《约翰·克利斯朵夫》就看了好几遍，这些西方名著让他深思人世间的很多事情，也潜移默化地影响着他的人生观，使他对什么叫真、善、美有了新的理解，狄更斯的《大卫·科波菲尔》，萨克雷的《名利场》，雨果的《悲惨世界》，托尔斯泰的《复活》和《战争与和平》等都给他留下了深深的印记，当时有位工农兵学员叫刘宪非常喜欢学习，黄琳曾花时间单独对她进行辅导，她曾这样回忆说：

  记得有个假期，我留在学校温习功课。一次去黄老师那里，接受完辅导后，老师很关切地说："刘宪啊，你也别成天做题，有时间也应该看看课外书籍。"我回答说我正在看托尔斯泰的《复活》，老师一听乐了，开玩笑地说："那是耶稣的复活。"过一会儿，他很郑重地建议："有时间你去读读《约翰·克利斯朵夫》吧。"多少年后我才用心读了这本书，深切体会到老师当时的良苦用心。他是希望学生能向约翰·克利

---

[1] 武红岭：我心目中的黄琳老师很特别。见：黄琳先生八十华诞文集编委会编，《唯真求实 矢志创新——黄琳先生八十华诞文集》。北京：北京大学出版社，2015年，第92页。

斯朵夫对音乐那样，对知识、对学问，充满热忱、充满追求啊。[1]

在汉中黄琳有了自己的女儿黄静，她见证了黄琳几十年的生活，她在一篇回忆她父亲的文章中这样写道：

> 说到简约的生活，就正好谈谈爸爸对名利物质的淡薄。我成长的那个年代物质条件还是挺艰苦的。但是我从来都不记得爸爸妈妈在钱上计较，更不要说起争执了。大家拿了工资就是找个公共的抽屉一放（连我这个半大孩子都知道在哪儿！），随取随用。结合前面说过的定位，我觉得爸爸的定位就是一个做学问的知识分子，教书匠，把科研搞好，把学生带好是最重要的，其他名呀、利呀，外界的评价呀，都是他不关心的。身外之物，能给生活带来便利就好，完全没有什么讲究。唯一的例外可能就是对高质量的古典音乐唱片的喜爱。这些对我后来的交友、择偶、工作都产生了深远的影响。要感谢我的爸爸，给了我一个简单向上的人生观，让我的人生字典里没有名牌、豪车、彩礼、攀比这些字眼，相处的是自己我喜欢有趣的人，做的是觉得有意思的事情，没有世俗物质的牵挂，生活过得简单，随性，开心。这真是爸爸妈妈给我人生的最好的礼物！[2]

黄琳这种将物质生活看得很淡，对贫困生活具有很好的适应能力使他能在经济相对拮据时依然能坚持自己的操守，专心干自己的事业。1985年他获得世界银行贷款资助去了美国麻省大学（UMASS）做访问学者，当时国家为了节省，将资助的标准由副教授每月生活费一千美元以上降为四百美元，如果再考虑到领馆在发放前扣除的医疗保险，实际上每月只有三百八十美元的生活费，这已经远在美国各州的贫困线以下。他到达那

---

[1] 刘宪：师德难忘。见：黄琳先生八十华诞文集编委会编，《唯真求实 矢志创新——黄琳先生八十华诞文集》。北京：北京大学出版社，2015年，第95页。

[2] 黄静：回忆我的爸爸。见：黄琳先生八十华诞文集编委会编，《唯真求实 矢志创新——黄琳先生八十华诞文集》。北京：北京大学出版社，2015年，第30页。

图 8-12　2014 年黄琳（前排左二）夫妇与亲家及女儿一家合影

儿不久就发现在那儿的访问学者不论是世行资助的还是由交换计划来的几乎都打工挣钱，外地有人来找中国学者在当地的联谊会领导有时都得去饭馆，因为领导正在那儿打工挣钱。有些人甚至劝黄琳放下架子，出来一次不容易，多挣些钱回家更实惠。由于他此时已和 C. V. 霍尔洛特教授开始了合作研究，他想这机会不容易，国家给的钱虽少但紧日子还能过得下去，遂不为所动仍专心干自己的事情，于是他在访问学者中自然成了一名另类。回国后的一天他在校园内碰到数学系的石生明教授，他告诉黄琳他刚参加一个数学的会议，碰到在麻省大学读学位的留学生，他们对他说，你们北大的黄琳老师是那儿唯一不打工挣钱的公派访问学者。

　　黄琳生活简朴，从不追求奢华，但爱好广泛。他对自己生活的要求只有"粗茶淡饭，陋室简装"。当初黄琳刚从汉中回来时，一家三口，就住 12 平方米的房子，而他根本就不在意这些。他说："其实一个知识分子只需要一些时间，有相对宽松、安定的环境，能够从事自己的研究就足够了。" 2003 年之后，他已当选中科院院士，此时学科点里几乎所有的年轻人都住上了大房子，而黄琳还住在 70 平方米的房子里。冬天来暖气之前

图 8-13　2014 年黄琳在家中　　　　　图 8-14　2014 年黄琳在家中锻炼

屋子很冷，致使本就气管不好的他经常咳嗽。贾英民教授曾写道：

> 10多年前，或许人们闲聊时的一大话题是房子，记得当时已是院士的黄老师还住在北大二附中西边的家属院一个70多平方的房子里，成了全国少有的特例。在不少人为他抱不平的同时，他却能淡然处之，不为所动，该干什么干什么。直到2012年年底，他才从住了26年的房子中搬进了北大按教授标准分给的住房。黄老师这种不图物资享受，将一生倾注到自己喜欢感兴趣的事业之中的人生价值观令我们无比尊敬，也难怪在他心里这样认为"研究者要有几分呆气，才能做出创造性的研究成果"。事实上，在他当选院士不久就有单位派人来挖他并说你可以不来，你先来看看我们为你准备的190平米的大房子再说，结果他由于喜欢这个长期形成的团队和研究基础，连房子也不去看。类似的不止一家。他知道像北大这样一个相对默契能好好合作的摊子虽然不大但建起来并不容易，因此他始终对外面的诱惑未曾动心过。①

黄琳喜欢音乐，会拉二胡，会弹琵琶。特别喜爱民乐，在闲暇之余待在家里听听中国的古典音乐，沉浸在古琴、箫、琵琶和二胡的世界里是他的一大享受。其中，古琴和箫合奏的《渔樵问答》是他最喜欢的曲子之一。

---

① 贾英民：悠悠岁月　情深意长。见：黄琳先生八十华诞文集编委会编，《唯真求实　矢志创新——黄琳先生八十华诞文集》。北京：北京大学出版社，2015年，第58页。

黄琳对东西方文学作品也很喜欢,说对自己影响大的作品是罗曼·罗兰的《约翰·克利斯朵夫》。贾英民教授曾在文章中写道:"黄老师热爱读书,还善于读书,知识丰富,每当我们遇到不同类型的不悦之事时,他都能找到合适的名言和实例来鼓励大家,让听者倍感亲切和释怀。"①

《扬州晚报》的一位记者采访黄琳之后在文章《黄琳:控制的力量》中写道:

>在黄琳的书架上,还陈列着一套金庸全集。"武侠很好啊,我曾经开玩笑说要求我的博士生入门前先读完金庸。"黄琳兴致勃勃地说,金庸的武侠小说比较脱俗,能提出新的思路,比如令狐冲的"无招胜有招",蕴含着独特的哲理。②

这些爱好使黄琳生活十分多彩,加上他有做不完的事,如出版以前的讲义,帮助来咨询求助的各种人各种事,写自己一生的回忆等,这些都使得他的生活十分充实,而他对于钱财这些身外之物却并不关心。在他八十寿辰的庆祝会上,系里提出要以他的名义建立奖学金,他当即表示拥护和感谢。系里原计划募捐筹款,但后来难以实施。他知道后,就毅然捐出自己近一年的收入设立了这项基金。

图8-15 1990年黄琳(右)与高为炳先生切磋二胡

---

① 贾英民:悠悠岁月 情深意长。见:黄琳先生八十华诞文集编委会编,《唯真求实 矢志创新——黄琳先生八十华诞文集》。北京:北京大学出版社,2015年,第58页。

② 黄琳:控制的力量。见:黄琳先生八十华诞文集编委会编,《唯真求实 矢志创新——黄琳先生八十华诞文集》。北京:北京大学出版社,2015年,第369页。

图8-16 2006年黄琳夫妇在黄河壶口瀑布

图8-17 2006年黄琳夫妇参观秦岭二号隧道

黄琳勤奋一生，直到耄耋之年仍然思考不停笔耕不辍，他把这一切归之于有一个平和的心境和支持这个心境的人生观与价值观，他坚信只有心态平和静下心来，才能做出好学问。研究是有趣的，但也很苦，为了搞清楚一个问题，有时要花几个月、半年，甚至更长的时间，不静下心来是不行的。要静下心来，黄琳认为，得有几分"呆气"，对科研要有兴趣，要有废寝忘食的精神，才能得到创造性的研究成果。这种一心做学问的心态，使他对名利很淡薄，不在乎所谓的荣誉、地位这些身外之物[1]。他说：我做事的原则很简单，对国家、科学有利而我又能做的事就去认真地做，别的因素不是我要考虑的。简单说就是：给钱未必去，无偿也认真。

这种平和的心态不仅是对物质同样也是对精神，包括对自己所获得的成就，当有人问到他评上院士后的感受时，他总是强调："我只是芸芸众生中的一员，没有特殊的才能，只是运气比较好，人也不算笨。"[2] 他也曾这样轻描淡写地估计过自己的科学贡献，他说："在科学上做成一件事，世界上有1000个人知道，有些人真正明白，我就满足了。"这表现出一个大科学家的平常心态和乐观的人生观[3]。对于他能长久坚持做科研有人是这样

---

[1] 张定红，王律，陈露：平和背后的力量——访北大力学系黄琳院士。见：黄琳先生八十华诞文集编委会编，《唯真求实 矢志创新——黄琳先生八十华诞文集》。北京：北京大学出版社，2015年，第352页。

[2] 同[1]。

[3] 贾英民：悠悠岁月 情深意长。见：黄琳先生八十华诞文集编委会编，《唯真求实 矢志创新——黄琳先生八十华诞文集》。北京：北京大学出版社，2015年，第58页。

讲的:"劳逸结合的智慧,健康的心态,乐观的人生态度才是在科研道路上保持蓬勃活力的源泉。"① 这是多么朴实而又充满哲理的总结啊!

  黄琳始终认为他能保持一个平和无争的心态是因为无论是他的老伴还是他的近亲好友,无论是他身边的学生助手还是常与他交往的学界同仁,大都和他一样具有这种平和不争的心态,这样就使得他晚年始终工作和生活在一个和谐的氛围内,他对此始终心存感激并认为是他晚年幸福的源泉。

---

① 许令伟,王世龙:黄琳——控制科学的侠义之道。见:黄琳先生八十华诞文集编委会编,《唯真求实 矢志创新——黄琳先生八十华诞文集》。北京:北京大学出版社,2015年,第379页。

第九章
发展学科　为人师表

　　1985 年，黄琳在北京大学建立了以控制研究为特色的一般力学博士点，他在学科建设、人才培养等方面认真努力地付出，为高等教育、航空航天及相关领域培养了一大批学术骨干和优秀人才。他严谨求实、言传身教、悉心育人。他关心提携后辈，许多年轻学者视他为良师益友。

坚持一生　终成控制力学融合

　　北京大学的力学专业成立于 1952 年，它是以苏联莫斯科大学的力学专业为模板建立的，莫斯科大学的力学除了流体力学、固体力学，还有以陀螺和控制为特色的应用力学和以稳定性和分析力学为特色的一般力学，但当时在北大负责建立力学专业的六位先生中只有流体力学与固体力学专业的，没有对应莫斯科大学后两个专业领域的。当时国内称应用力学的非常多，但一般是指流体与固体中偏重应用与工程的。当时苏联出了一本杂志名叫《力学文摘》，其中有一栏为一般力学，其分支同时包括了莫斯科大学应用力学与一般力学两方面的内容。这样在北京大学数学力学系内就打算在力学专业内成立一般力学专门化。1955年10月钱学森回到祖国，第二年2月他在中科院力学研究所开设工程控制论的讲座，讲述他于1954年在美国出版的《工程控制论》。北大数学力学系得知消息后决定在1953级力学专业中抽出十五名学习较好的学生和少数年轻教师前往听课并以此为契机正式成立一般力学专门化。同年，北大数学力学系向领导提出要求请苏联专家帮助进行力学特别是一般力学学科的建设，这个要求很快得到了落实，苏联列宁格勒工学院的托洛依茨基副博士于1957年秋即来北大数学力学系工作，当时已内定黄琳为他的研究生，后经考试黄琳于1958年正式成为其研究生。黄琳的同年级同学陈良焜在一篇文章中谈道：

> 1956年国务院制定并发布了1956—1967年12年科学技术发展远景规划，向全国人民发出了"向现代科学进军"的号召。规划和号召极大鼓舞了包含大学生在内的知识分子的热情。在此背景下数力系53级发生两个重大事件，其一是刚回国不久的钱学森先生在中科院力学所开设"工程控制论"课程，力学系53级可以有15人参加，其二则是数学53级分出十几位同学成立全国第一个计算数学专业。黄琳入选"工程控制论"课程听课的行列，开始了他奋斗终生的控制理论的学术生涯。①

黄琳他们是第一届一般力学的毕业生，数学力学系从十五人中选了六人留校建设一般力学专门化。前有钱先生讲授工程控制论，后有托洛依茨基讲授非线性调节理论（主要是绝对稳定性）、弹性体振动理论两门课与一门飞机颤振理论的小课，此外他还指导年轻教师阅读有关非线性振动的书籍和做调节原理的大作业。从上述客观基础以及一般力学的各个分支看，自动调节理论或控制理论的条件应该是最充分的，但由于当时人们的认识，对于控制是否应该归在力学中或控制在力学中的地位与作用，力学界是并不认可的。1958年全国"大跃进"在高校的一个重要反映就是不

---

① 陈良焜：漫天晚霞　实至名归。见：黄琳先生八十华诞文集编委会编，《唯真求实　矢志创新——黄琳先生八十华诞文集》。北京：北京大学出版社，2015年，第13页。

论是否有基础均抢着办新专业和新系，什么先进办什么乃至什么时髦办什么。当时国家面临工业化和农业现代化的要求，机械化、电气化和自动化喊得很响，这三化中只有自动化在高校的专业设置中还比较薄弱，于是在工科院校中纷纷兴起办自动化系及控制专业的热潮，北大数力系在没有任何物质基础的情况下也仓促决定成立自动控制专业并于 1960 年正式挂牌招生，而由于这一系列的困难于 1962 年正式停办，重回一般力学专门化，并对 1958 级学生特别是其中六年制的均重新按一般力学的培养计划进行教学。

从 1960 年到 1962 年近两年按自动控制专业招生虽然对一般力学造成了一定干扰，但在这两年里黄琳学习和理解了最先进的控制理论，为后来从事控制理论的研究奠定了坚实的基础。这段时间里由于按自动控制招来的学生刚刚入学，黄琳为救急而被安排开设的控制方面的课程实际上是针对一般力学 1956 级和 1957 级的，主要是给前者上的。叶庆凯教授在回忆黄琳给 1956 级学生上课时写道：

> 记得，上世纪六十年代初，正值困难时期，黄琳老师常常在寒冷的教室中，手里拿着一本刚出版的外文书，把控制理论中的最新成果仔细地、耐心地介绍给学生们。黄琳老师开设的课程内容往往在北京地区是唯一的，常常能吸引其他高等院校的学生来听课[①]。

据王敏中教授回忆：

> 一两年内，他给我们开设了好几门课，如非线性调节原理、高精度系统、随机输入下的线性和非线性系统。当时这些课程都是很热门的，其内容大都是在新出版的书上或杂志上。
>
> 那时的讲义都是油印的，需要刻钢板，由于处在国家困难时期，纸张相当粗糙，每本讲义都比较厚，几年下来黄老师给我们的讲义，

[①] 叶庆凯：与我相处半世纪的老朋友。见：黄琳先生八十华诞文集编委会编，《唯真求实 矢志创新——黄琳先生八十华诞文集》。北京：北京大学出版社，2015 年，第 34 页。

有的同学估了一下其厚度，说不到一尺也有八九寸。这么多的讲义是黄老师刻苦研究、辛勤躬耕的成果。①

这些描述均表明当时一般力学的学科建设在其各门课程中控制处于主要地位但并未成熟，其特点是不囿于已有的国内书本内容而力图反映最新的国际水平但并未凝练。而1962年以后在黄琳给1958级讲有关控制课程时情况发生了本质的变化，一方面已经有了不同于工科调节原理而具有理科特色的试行的油印讲义，即强调建模—求解—分析的过程并力求具有数学力学理论支撑的特色；另一方面课堂讲授也摆脱了现学现讲的状况，基本上做到了材料经过了凝练组织，初步体现了理科特色，可以成为受学生欢迎的课程。李铁寿等对此曾这样说：

我们大概是从四年级开始有了自动调节方面的课程，黄琳老师先后给我们上过"控制系统动力学"、"非线性系统控制理论"和进入六年级后的"最优控制理论"。这些课程当时用的教材都是老师自己编写的适合北大一般力学专业需要的讲义。黄老师在讲课中还非常注重体现北大力学专业的特点：从概念和定义到论断的叙述和推理都具有清晰的理论内涵和严密的逻辑性，并擅长使用简洁的数学语言。比如，课程中利用复变函数论给出了线性系统频率域稳定性Nyquist定理的证明，使学生不但学到如何应用该定理来做控制系统分析设计，而且从推导中了解到系统零极点与频率响应之间的对应关系、开环与闭环频率响应之间的关系，并进一步懂得用不同方式描述系统的重要性。据我们中的一位后来基本上一直从事这方面工作的同学介绍，这些都在他后来工作中起了重要作用，使他深深体会到黄琳老师在培养我们理论研究能力方面的良苦用心，是一位很尽责的老师。②

---

① 王敏中：刻苦研究　辛勤躬耕　提携后辈。见：黄琳先生八十华诞文集编委会编，《唯真求实　矢志创新——黄琳先生八十华诞文集》。北京：北京大学出版社，2015年，第36页。
② 李铁寿，钱财宝，冯永清：忆黄琳老师年轻时。见：黄琳先生八十华诞文集编委会编，《唯真求实　矢志创新——黄琳先生八十华诞文集》。北京：北京大学出版社，2015年，第89页。

建设一个有特色的学科，有特色的教学和教材建设只是一个重要的方面，卓越的科研成果和培养出优秀人才是另一个重要的方面。在第三章已经介绍了黄琳在控制理论上处于国际领先的研究成果和他当时在国内控制界与一般力学界的重要影响。在人才培养方面培养六年制大学生独立工作能力上也有了很好的进展。1956—1958级一般力学的学生都是六年制，1959级一般力学未招学生，而1960级及以后的学生由于北大的政治运动、去农村参加"四清"运动接着就是"文化大革命"，使得他们在校学习时间严重缩水，而且在校学习期间的后两年又受到严重的运动干扰，他们并没有按照原定的教学计划进行培养，1956级学生在1962年开始有正式的毕业论文要求，但由于师资力量缺乏，有四位学生是请中科院自动化研究所帮忙指导的，这样以控制为毕业论文题目的共有六人。1957级做控制方向题目的毕业生有五人，其中两人是由数学专业老师指导的。1958级学生中只有十人左右是六年制，需要做毕业论文，其中两人做控制方向。这三届学生毕业后分到自动化研究所和其他单位，其中搞控制研究的约有十人，其中也有论文不是控制方向但都接受了较好控制理论教育的。改革开放后，他们在所在单位的控制岗位上起到了学术带头人或学术骨干的作用，并较早地晋升为教授或博导，而他们也和黄琳一直保持着学术上的联系。曾任中国自动化学会控制理论与应用专业委员会主任和中科院系统科学研究所所长的张纪峰教授在回忆结识黄琳的一篇文章中曾写道："记得，有一次听说，中国科学院自动化所的郑应平老师和北京航空航天大学的毛剑琴老师都是黄老师的学生。我真的非常吃惊！因为在我的心目中，郑应平老师和毛剑琴老师他们本身都是控制界的成名人物！"[①] 他所提到的这二人都曾担任过中国自动化学会的常务理事与副秘书长。这说明在20世纪60年代北大的一般力学学科点的控制科学特色就已经相当清楚，只是没有明确公开而已。

1978年一般力学录取了两个硕士生，一个是由关肇直先生转过来的朱伟灵，由黄琳指导，另一位由数学系转来，安排在朱照宣名下。从此，一

---

① 张纪峰：我所认识的黄琳先生。见：黄琳先生八十华诞文集编委会编，《唯真求实 矢志创新——黄琳先生八十华诞文集》。北京：北京大学出版社，2015年，第60页。

图9-1　1985年由王仁院士率领拜访钱学森先生，了解工程科学的办学（前排左一为黄琳）

图9-2　1993年黄琳（左三）在哈尔滨工业大学"一般力学发展与展望学术讨论会"上发言

般力学学科点就正式开始招收硕士生。招生开始硕士生是按导师报名的，这样黄老师的学生就相对多一些，这些学生毕业后不久几乎都出国继续深造了。北京大学在1985年被正式批准建立以控制研究为特色的一般力学博

第九章　发展学科　为人师表

士点，黄琳为创始人。在一开始由于当时北大的研究生毕业后几乎都忙于出国，甚至读博士多年后也伺机出去，直至1989年才招到第一个博士生并如期获得博士学位。此后博士生的队伍就逐渐地扩大起来，一段时间黄琳的博士生几乎能占到力学系的三分之一。由于有博士生的参与，一般力学学科点的教学与科研工作均取得了很大的进展，先后获得教育部自然科学奖一等奖、高校出版社优秀学术著作特等奖、国家自然科学奖三等奖，并成功主持完成由北京大学、清华大学、中科院系统科学研究所等八家单位参加的国家自然科学基金的重大项目，并于21世纪初被评为全国重点学科。

从21世纪初开始，黄琳总结他多年来从事控制研究的经历，从思想上开始思考希望走出一条不只是依靠数学进行控制理论研究的路子，并寄希望于将北大这个团队引向更具力学特色的方向。产生这一思想的根源不仅是他处在力学系这样的环境，而且21世纪初国际力学界也将动力学与控制列为力学发展的重要方向，在他的思想中，力学系统或运动体的控制一直被视为与工业过程控制一样在控制科学的发展中起着重要的推动作用并且是最重要的应用背景。黄琳丁2002年国家自然科学基金委员会组织

图 9-3　2007 年黄琳（左三）参加海峡两岸理论与应用力学研讨会部分大陆代表合影

图 9-4　2010 年在第 29 届中国控制会议上黄琳（左四）被授予杰出贡献奖，与其学生合影

的一次研讨会上做了《力学与控制科学》的报告，他在报告中充分阐述了这两个应用学科应该充分结合进而形成新的学科方向，这一报告很快发表在同年 12 月的《自动化学报》上。同时他也获得 2003 年国家自然科学基金委员会重点项目的支持。随着黄琳于 2003 年当选中国科学院院士，研究团队得到进一步充实，为了突出控制的特色，成立了力学系统与控制新的博士点，与原来的一般力学与力学基础博士点组成一个大的一般力学学科。

21 世纪初，国家自然科学基金委员会数理学部弄了一个重大研究计划，是关于空天飞行器的，此前还组织了一个香山科学会议，黄琳也参加了，后来他就一直是基金委邀请的该重大研究计划项目评审组的成员，从此时起他就开始关注有关临近空间飞行器的控制问题。经过一段时间熟悉文献与研究思考，他认识到这一领域问题的复杂性，从而提出了针对该领域需要研究的新的控制理论问题。为了寻求合作，2006 年春天他在烟台海军航空工程学院组织召开了由北京大学、航天科工集团三院和海军航空工程学院为主的关于临近空间飞行器的研讨会。2006 年 9 月，他应总装备部邀请前往新疆马兰参加庆祝两弹联试成功 40 周年的庆祝活动，活动对他触动很大，促使他下决心将余生投向国防科研之中。随后在一次由基金委出面组织在西郊宾馆召开的关于临近空间飞行器的研讨会上就其控制可能

图9-5 2005年黄琳（前排右四）与佘振苏、韩启德和戴汝为共同主持香山科学会议

出现的新问题黄琳做了发言，并提出了一些与传统飞行控制不一样的新问题，引起了航天科技集团领导的重视并要求他就此写出书面的东西供他们参考。

图9-6 2014年黄琳在太原发射中心参观发射

图9-7 2014年黄琳夫妇在西昌卫星发射中心参观

2008年，北大人事部通知黄琳称有航天科技集团承担的某重大专项拟请他参加其专家委员会，接着由学校党委副书记张彦主持了一个由人事部、先进院与保密办负责人和黄琳参加的专门会议。张彦表示：黄琳老师能参加这样的专家委员会是北京大学的光荣，学校全力支持黄先生参加这一工作。并责成与会的保密办派人与对方协商落实有关规定，其他部门对黄先生工作中遇到的问题一定要负责帮助解决。从此北大力学系的控制科学学科就具有结合航天工程这一国家重大需求的特征，并开始了与航天科技集团有关控制科技的团队紧密合作的历史。

2003年黄琳当选院士后，随着年事渐高，关于学科点建设的日常事务乃至科研与教学中的大事均交给年轻人负责处理，在遇到问题不好处理时再找他研究解决，这十多年来学科点一直健康地发展并取得不俗的成绩，先后获得过教育部自然科学奖一等奖和国家自然科学奖二等奖，培养的博士生获得全国百篇优秀博士论文，学科点也跻身于全国双一流建设的优势学科。

图9-8 黄琳获全国优秀博士学位论文指导教师证书

一个有特色的学科点就像一个优秀的学派一样，除教学和科研上的业绩外还有它独特的文化与精神氛围，在这方面黄琳有一些自己独特的见解。这些见解主要表现在如何发展控制科学和培养什么样的人两个方面。

针对控制科学的发展，黄琳在2015年11月于北大举办的控制科学发展论坛开幕式上所做的致辞集中地体现了他的看法。[①]

---

① 黄琳：控制科学发展论坛开幕词。《系统与控制纵横》，2016年第3卷第2期。

必须扎根中国实际

科学及其成果自然是无国界的，但控制作为技术科学，它在中国的发展将不可能离开它发展的土壤——中国的需求和实践。中国工业的转型、国防的增强、社会的进步和科技的发展都向控制科学提出了新问题，也提供了解决这些问题的机遇。例如航天，中国缺乏低纬度的发射场，要高效快速地实现地球同步卫星入轨就必须解决火箭机动飞行的强耦合效应问题以便采用火箭三维飞行的技术，我国成功地解决了这个问题并建立了行之有效的理论方法，从而使火箭飞行技术在世界上处于先进行列。

控制科学的发展自然不会是一个国家的事，因此必须着眼全球，跟踪国际上的发展，吸取其有用的成分使我们能处在国际前沿，但同时也要分析在发展的进程中也一定会存在泡沫。跟踪是必须的，但跟踪并不是"跟风"。盲目跟风常常是敲锣打鼓热闹登场，乏善可陈冷清结束，在控制领域这样的例子并不鲜见。在引进国际上先进方法技术的同时必须扎根中国，建立符合我国实情的方法与技术，并使之在理论上完善。

抓住信息丰富的时代机遇

对于控制来说，信息丰富的时代特征带来的变化是十分巨大的，它主要表现在系统的复杂程度因网络化、分布式与多尺度、大规模、多回路的多种控制；信号的传递方式数据化和由于系统的复杂而使通信及信号处理过程与控制密不可分，这些都使得20世纪下半叶开始的以单一模式表述的控制系统及其理论不能适应这一巨大的变化。

研究控制科学主要依靠数学与计算机，而控制器的设计关键是算法设计。紧靠严格而又抽象的数学理论来进行控制科学的研究可以得到基础性的带一般意义的结果，这可能有一定的指导意义。但作为控制器设计则必须借助计算机和其他技术。控制的结论能真正用得上就必须重视可算性，要从"能够算"向"算得好"转化，而算得好必须是"方便""精确""适时""可扩展"的结合，这对于长期只依靠理论数学研究控制的人来讲是一件新事情，也是一个机遇，而这个转变将可以把我们的科学理论更好地用来指导我们关于控制器的设计。

智能科学技术是当今信息科学技术发展的一个带里程碑意义的事件，它定将为控制科学的发展提供新的思路、理论和方法，我们必须紧紧抓住这个机遇把智能科学技术的发展与控制科学的实际结合在一起发展智能控制。

走自己的路不断创新

探索是一件极具风险的事，害怕风险就会失去机遇，走自己的路就要不怕失败。这就要求我们应该去做有重要价值但别人不敢做的问题，应该去做自己过去不会做的问题，也就是要求我们不要总生活在自己过去的影子里。另外做新的东西就不要害怕别人的责难，控制科学发展进程中也表明，很多新的有生命力的理论方法在一开始都受到过责难。历史的发展证明了他们的正确性。真正对科学成果的评价不是SCI他引数，也不是得什么奖，而应该是经得起时间和实践的检验。

虽然关于学科点的学术定位是黄琳在新形势下作出的，但其中的如下思想却是在他一生的工作中贯彻始终的，即做有价值的工作但不图虚名，要关注国际动态

图9-9 黄琳在北大工学院五周年庆典上讲话

但不赶时髦，力求结合国家需求并耐得住寂寞。在有了这样一种主导思想后起决定因素的就是人才。黄琳强调培养人才是一个长久的工程，他在北京大学工学院五周年庆典上发表了如下讲话：

  大学的根本任务是培养人才，而培养优秀人才是一个长期积累的过程，即所谓"十年树木，百年树人"。要成为一所真正在国内外有重要影响的工学院，她首先应该在培养人才上取得骄人的成绩。例如在国际上，哈佛大学出了30多位诺贝尔奖得主，在国内，我们原来就读的北京大学数力系在"文化大革命"前培养出的毕业生平均每届学生有两位院士诞生。这些都在人们的心目中留下极深的印象。摆在我们工学院面前的长期而艰巨的任务就是要为国家培养急需的高端人才，这些人才就智育而言应该是基础扎实、目光远大、富于创新的新型人才。

  基础扎实是指人才必须有足够的知识储备和严格的科学训练。"文化大革命"中流行的"立竿见影"和"急用先学"不是培养扎实基础的做法。而要使培养的人才达到基础扎实，首先就要要求教师在知识层面上能做到"广中求精"，而后"深入浅出"地教给学生，而这是很难做到的。要做到这一点我们必须克服浮躁的毛病，沉下心来做好教学工作。

  目光远大，首先要求我们培养出的人才心胸要开阔，充满事业心。在科学上不安于现状，要有科学和事业上的理想。要做到这一点，首先要求教师本身应该有宽阔的胸怀。一个小肚鸡肠的老师绝不可能培养出目光远大的学生。同时，一个好的老师在科学上必须具有前瞻性，一个有宽广科学视野的教授应该能开辟或至少能适应新的研究领域并且能在科研上提出新的问题。而这就要求老师们首先克服科学上偏狭的心态。

  富于创新也是很难做到的，这首先要求我们培养的学生对科学技术充满兴趣与好奇，进而要求学生在好奇的同时能真正解决"所以然"的问题，并具有自我解决疑难的能力和毅力。真正的创新在今天一般都要通过长时间的努力才能达到，这也要求我们老师能做出榜样，不急功近利而是要把主要的注意力用来集中解决有价值的科技问题上。①

进入 21 世纪，黄琳所在的团队依托力学系统与控制这个新的博士点，实验室和学科建设得到了进一步的发展。他团队内的年轻人也开始指导博士和硕士研究生，人才培养得到了很好的延续，毕业的一大批研究生进入高等院校、航空航天院所等单位工作。

进入老年后，黄琳仍然身体力行，经常就学科发展、人才培养乃至课程设置等方面给予学科点里的年轻人积极的指导和建议。从控制科学在北大发展的路子上，黄琳坚信理论必须结合中国的需求，抓住机遇，及时进入航天领域，也正是在他的带领下团队在高超声速飞行器的控制上做出了有价值的工作。

黄琳不仅对北大一般力学和力学系统与控制学科的发展作出了巨大贡献，他还多次对力学系以及北大工学院的发展提出他的建议并给予支持。曾任力学系主任的苏先樾教授回忆说：

> 在我后来担任力学系主任期间，黄琳先生任系学术委员会主任。对于系里的学科建设和发展，我向黄琳先生多有请教，获益良多。黄先生多次在系战略研讨会上强调，我们北大人不仅要在基础理论方面做出有国际水平的原创性工作还要在国家的重大需求方面啃硬骨头，为解决关键技术问题提供支撑。②

2003 年黄琳当选院士，北大新闻网采访他时提及北大工科的发展，黄琳强调在北大必须发展新型的工程科学，希望自己当选院士对此是一个推

---

① 赵雅娇：百年工学　继往开来——北京大学工学院五周年庆典。北京大学工学院官网，2010 年。
② 苏先樾：追求原创　勇于啃硬骨头。见：黄琳先生八十华诞文集编委会编，《唯真求实　矢志创新——黄琳先生八十华诞文集》。北京：北京大学出版社，2015 年，第 40 页。

动。所谓新型的工程科学区别于传统工程，北大不搞发电、机械、水利，而应该注重学科领域的新苗头，如力学与信息科学发展而来的控制科学。他认为北大发展新型工程科学有两大独特优势。深厚的理论基础和多学科的交叉条件是肥沃的土壤。另一个巨大优势是，相比传统工科院校，北大所受限制较少，创新的空间更大。传统工学院受所承担的工程限制，需要解决目前的运用问题，运用传统方法更保险，也更容易被马上推广运用。北大少了条条框框的限制，思路可以更开阔。北大尤其还要注重创新和实践紧密相连，不要让新思想仅仅停留在"空想"[①]。

言传身教　桃李不言下自成蹊

　　黄琳出生在教师家庭，自小受家庭影响，严谨来自身为中学教师的父亲的言传身教，对学生要充满爱和关心则主要来自母亲。父亲黄应韶是中学数学老师，中学的数学是几何、代数与三角，其中尤以平面几何中难题众多而为当时的中学生所热衷，黄应韶刚好主教平面几何。家中有很多纸盒子，长方形，大小相当于两个名片盒，里面放着大致 20cm×6cm 的专用卡片，卡片的正面是题目，背面字很小很密是解此题的步骤或出处等，文字工整图也精美，这给黄琳留下深刻的印象。加上平时闲谈治学的事，这些言传身教深刻地影响着黄琳，使他在治学上可谓一生严谨。他母亲朱庆云是小学校长，抗战胜利后的两年黄琳就在妈妈当校长的下铺街小学上学，有时上学同去的路上或在家中常会谈到学校中发生的事情及妈妈如何对待和处理这些事情，由于这些事情都是发生在黄琳身边的，这给他留下了深刻的印象。有一次妈妈说她上课时有个孩子睡着了，她没有叫醒他而是把自己的外衣脱下来披在孩子的身上，下课时孩子醒来她才去问他是不是夜里没有睡好。就这样一个充满爱心的举动实际上让全班的学生都

---

① 庞博：推动北大新型工程科学建设——新当选院士黄琳访谈。北京大学新闻网综合新闻，2003-11-27。

受到了教育。父母亲的严谨和爱心潜移默化地影响了同样是教师的黄琳的一生。

"文化大革命"前，黄琳为建立一般力学学科开设了很多专门化课程，但不能带研究生，指导学生的毕业论文与学生相处也只有半年，因此从严格意义上没有像后来指导博士生或硕士生那样，他的主要职责就是把最新的控制成果弄明白然后选择其中重要而又基本的教给学生。由于这些内容比较新也比较难，自然就远超过当时一般大学教材的水平，学生普遍的反应是难但很愿意花功夫弄明白，有学生用当时刚出现的名词"超级大国"来形容说课后的时间大部分都用到了这些课上，但几乎也都认为内容很有用。当时在班上学习属于中等程度的吴淇泰这样评价他的课：

> 黄琳老师那时虽然年轻，但是已经显露出了他的非凡能力，在他从事的控制领域钻研得很深，也有了不少研究成果，所以他的课上得很有特色，严密的逻辑，深入浅出的讲授给大家留下了很深的印象。他讲的内容，都是当时的前沿。[①]

黄琳做事严谨认真，他教导学生做学问要踏实不浮夸，追求创新，不随大流。他对学生既严格要求，又真心关怀，赢得了学生的尊敬和敬仰。他的各个不同时期的学生在回忆文章中都谈到了黄琳的言传身教对他们的影响。黄琳研究生刚毕业时给1958级本科生讲授专业课"自动调节原理"，当时在北大首次开这门课，用的教材是苏联索洛多夫尼柯夫著的《自动调节原理》上、中、下三册。毛剑琴教授回忆说：

> 黄琳老师讲课时，让我感觉到他的功底很深，不像是第一次讲这门课。他的思维很敏捷，一黑板的公式一边推一边讲，很从容，可我在下面一边听、一边记很是紧张，稍一放松就被落下了。足见他对理解所讲内容和备课时下了多大功夫。我后来几十年在自动控制理论及

[①] 吴淇泰：师恩难忘。见：黄琳先生八十华诞文集编委会编，《唯真求实　矢志创新——黄琳先生八十华诞文集》。北京：北京大学出版社，2015年，第87页。

其应用领域里从事的教学和科研工作也可以说是在这时得到启蒙和打下基础的。①

黄琳总喜欢把自己认为重要的东西教给学生，他不仅对六年制大学基础很好的北大学生是这样，就是对大学只学了两年就留校工作的红卫兵大学生和中学并未认真学完就上山下乡或参加工作的工农兵学员也是这样。而这样做在"文化大革命"那种恶劣环境下他必须承受很大的压力。1972年，黄琳给留校生上课，对理论课与"文化大革命"前本科生同样的严格要求使听课者受益匪浅，还因此被说成是"张勋复辟"。他还担任了73级工农兵学员的跟班老师，当时，社会上正批"师道尊严"，可黄琳与学员相处得很融洽，他们喜欢黄琳老师，说："老师就是老师，怎么能批。"由于尽可能对学员严格要求，73级学生中，出了一些出类拔萃的人才②。在本传记的第五章对此曾作叙述，实际上这体现了黄琳在教育思想上受我国传统教育思想"有教无类"影响很深。

改革开放以后，黄琳可以独立指导研究生，前十年以硕士生为主，十年后以博士生为主，这样他就有了严格意义上的学生。他与一般的导师不同之处在于他有很多控制科学上的问题需要解决，正如他一再强调的观点：发现科学问题和解决科学问题远比是谁发现和是谁解决要重要得多。正因为有了这个重要认识，他认为来到他这里读研究生的人是来支持和帮助他发现和解决科学问题的，他绝不能亏待他们。这样他对他的学生就力求做到严格要求、鼓励独立、关心他们的生活、支持他们的发展，并将这些贯彻在行动中。

黄琳教课重视读经典著作，常把与课程有关的主要经典著作推荐给学生。在他所著的《稳定性理论》和《系统与控制理论中的线性代数》等书中都全面地列出了有关的经典著作。无论在讲课中或是在书的论述中，他

---

① 毛剑琴：有一种学风是"唯真求实"——为黄琳老师八十诞辰作。见：黄琳先生八十华诞文集编委会编，《唯真求实 矢志创新——黄琳先生八十华诞文集》。北京：北京大学出版社，2015年，第84页。

② 秦寿珪：耿直的黄琳。见：黄琳先生八十华诞文集编委会编，《唯真求实 矢志创新——黄琳先生八十华诞文集》。北京：北京大学出版社，2015年，第3页。

都会不时地很自然地引用经典著作中的内容。毛剑琴教授曾写道：

> 记得学分析力学时，他并不是任课老师，一次他问我，有没有读一本这方面的经典著作。我说图书馆借不到，过了几天，他托人给我带来了他自己的这本书。现在想来，作为一名教师，除了传授知识外，努力地帮助学生。像牛顿说的那样"站到巨人的肩膀上"也是十分重要的，因为只有这样才能使学生对所学专业知识的产生、发展有深刻的认识，也才能更好地思考如何进一步在该方向上有所创新。①

黄琳提倡在教学和学术上与学生平等地互动，鼓励独立思考。他总是认真地倾听学生提出的问题，再给出耐心的解释。毛剑琴教授说：

> 这种互动延续至今。现在，我在专业上遇到问题时，想到的还是打电话请教黄老师，也总能从他那里得到有益的启发和鼓励。
>
> 当年北大的一批包括黄老师在内的精英老师，通过言传身教，将唯真求实的科学精神和学风传承给了我们，让我在北大的7年中享受到了一种高尚的学术环境：没有剽窃、抄袭，没有包装、浮夸，没有学术与权、钱、利的交易，有的是学术上的独立思想，平等的交流互动和创新的活力。②

黄琳在做学问上的勤奋和执着给后辈树立了好的学习榜样。无论是在动荡的六七十年代，还是改革开放后，他都坚持执着地研究着，并不断有创新的成果发表。即使在汉中条件不是太好的情况下，他仍能搜集和阅读大量的书籍和资料，付出比平时多很多倍的勤奋和毅力，完成经典著作《系统与控制理论中的线性代数》，惠及从事控制科学研究的无数学者。

---

① 毛剑琴：有一种学风是"唯真求实"——为黄琳老师八十诞辰作。见：黄琳先生八十华诞文集编委会编，《唯真求实 矢志创新——黄琳先生八十华诞文集》。北京：北京大学出版社，2015年，第84页。

② 同①。

吴淇泰教授在文章中回忆说,"文化大革命"以来运动不断,学校的一切业务工作都停顿下来了,学业也早已荒废了很多年,黄琳老师在"文化大革命"初期就曾提示过他,要好好看点书,在"文化大革命"后期,更是明确告诉他要抓紧学习,这对他来说是非常重要的。

"文化大革命"后期我调离北大,来到了一个新的工作单位,工作能很快上手与老师的先前提醒,早作准备是密不可分的。改革开放以后,他的成果如井喷般的迸发出来,他每有新的著作总是送我一本让我好好学习。那时他常常来杭州开会,讲学,每次来,总对我的工作有很多的指教和鼓励。我离开了母校,离开了老师,来到了一个新的工作单位,如果说我有点长进的话,与黄琳老师的提携,多次的指教、帮助是分不开的。①

黄琳教过的学生李铁寿、钱财宝、冯永清在文章中回忆说,黄琳老师给他们的印象是治学很严谨。他们中间有一个同学毕业论文是《Sperry 陀螺罗盘运动的非线性分析》,导师是一名当时从复旦大学到北大数学力学系进修的宋家骐老师,也是一位非常认真和负责的年轻老师。在这篇论文最后答辩时,黄琳老师是主要的提问老师,估计在参加答辩前他已对这篇论文很认真和仔细看过,所以在答辩提问到最后时,他提出对这篇论文的演算推导还应该补充一些证明,并为此和指导老师进行了非常详细和认真的讨论,双方还有所争论。虽然答辩当时是通过了,但事后指导老师还是要求该同学做些修改和补充,使这篇论文最终和另外两篇论文一起被教研室推荐给1964年的北京力学学会年会,并在会上进行宣读。还有一次他们中一位同学所在单位聘请黄琳老师当博士论文答辩委员会委员,在答辩前黄琳老师非常仔细地审阅了论文,发现文中引用某个重要定理时缺少条件。起初那位博士生解释说,她是从一本工科教材上转引的。黄琳老师举出反例说服了她,建议她不要引用那个结论,并且以后引用要查找数学上

---

① 吴淇泰:师恩难忘。见:黄琳先生八十华诞文集编委会编,《唯真求实 矢志创新——黄琳先生八十华诞文集》。北京:北京大学出版社,2015年,第87页。

严谨的书。由于她的刻苦努力,在不用那个有错的结论的情况下也得到了满意的结果,顺利通过了答辩。这件事情中黄琳老师治学态度的始终不渝和对年轻人呵护的严格、耐心和认真使他们深受感动[①]。

黄琳是一位性格开朗、不摆架子、和学生相处情意真挚的老师。每到周末,特别是节假日,他多次参加同学们组织的爬山活动。黄琳老师还是一位一直关心学生成长的老师,他不但在学校时与他们相处得很好,毕业离校后,仍能得到他的关心和帮助。在年级同学后来的聚会上,有不少同学都提到了黄琳老师对他们在各自工作岗位上碰到的问题所给出的力所能及的帮助[②]。黄琳对待学生充满热情,非常关心学生学业上的进一步训练和发展,如对于有潜力的学生课后常给予单独的指导。他的学生张洪涛回忆说,他们的高等代数结课后,黄老师叫来三位成绩不错的同学,有罗纪生、缪昇和他。让他们去读一本比课上内容更深入一步的书,布置了一个跟多元线性常微分方程有关的问题。问题大概是在什么条件下一个多元线性微分方程可以化为一个单元线性微分方程。这个问题已经有人解决了,黄老师是想借此强化训练他们解决问题的能力。

我们三人登门请教。黄老师一家当时住在未名湖边的一幢红色宿舍楼里。湖畔楼阁?听上去似乎应该不错,进去一看才知道条件很差,一个大筒子楼,房间小,生活很不方便。黄老师首先说跟他打交道不必拘束。谈话内容别的不记得了,但一句话怎么都忘不了,"千万不要不懂装懂"。这句话,黄老师轻描淡写脱口而出,我却心里咣当一下。是啊,年轻人爱面子,成绩好点儿的可能更爱面子,更怕显得比别人差。[③]

师从黄琳读硕士、博士而后去高校或研究所工作的很多学生对他在指

[①] 李铁寿,钱财宝,冯永清:忆黄琳老师年轻时。见:黄琳先生八十华诞文集编委会编,《唯真求实 矢志创新——黄琳先生八十华诞文集》。北京:北京大学出版社,2015年,第89页。

[②] 张洪涛:我的黄琳老师。见:黄琳先生八十华诞文集编委会编,《唯真求实 矢志创新——黄琳先生八十华诞文集》。北京:北京大学出版社,2015年,第97页。

[③] 同②。

导学生和年轻后辈如何开展学术研究、严谨治学、宽厚待人和关爱晚辈等方面深有体会和感触。

502所胡军研究员于1990年至1993年在北京大学师从黄琳攻读博士学位，他说黄老师对人生、对科学研究的态度以及专研精神，对他当时和后续的人生产生了巨大的影响。他在黄老师指导下，进行控制理论方面的研究工作，进入了前所未有的阶段。他看到北大理科氛围所关注的与工科或工程机构关心的东西有很大的不同，他们更关注理论的基本问题，哪些问题解决了，哪些方面还存在问题，如何清晰地描述问题，以及对解决问题的方法、结果的物理意义和审美；问题的"有趣"和最终结果的"简单"，常成为他们追求"真相"的动力；北大老师对学科的历史发展脉络、科技大家的贡献以及自己当下从事的工作在整个学科中的位置很清楚，在这里学习的不但是知识，还是一种文化，从这方面，他理解了黄老师外在的从容沉静、内在的强大毅力，近六十年对学术净土的坚守与耕耘。"黄老师是厚积薄发的学者，学问深厚，对控制科学的发展方向洞察透彻。"在北大跟随黄老师学习，胡军说他逐渐理解了学者治学的方法，即独立研究与讨论班相结合，学习和讨论最新的科学技术的前沿进展，总结和发现还存在的问题，进行研究，将结果与导师讨论，再在讨论班宣讲，大家提意见。"对进入研究课题后的博士研究生，每周一次，黄老师在家进行单独指导，一块桌板，师生面对面进行深入交流。"①

师从黄老师读博士，胡军总结了几点感想：其一，科学研究要老老实实，不能有功利思想。我们这些工科学生对科学知识的掌握更多是为了应用，对知识的学习是有选择的，按照自己认为的最有用的想法进行选择，这限制了工程进一步发展和应用；其二，进行科学研究，客观上要求学者淡泊名利、淡定和从容不迫，否则根本在近乎绝境的科学探索中很难坚持下来。这一点，黄老师是典范，他五十多年的研究经历充分说明这一点；其三，在北大读博的经历，对科学研究工作有了全新的理解，对自己能力也有了新的评估。

---

① 胡军：北大读博随想。见：黄琳先生八十华诞文集编委会编，《唯真求实 矢志创新——黄琳先生八十华诞文集》。北京：北京大学出版社，2015年，第99页。

我经历了比较全面的工程训练和严格的理论训练，两者的结合可能是最适合我的。

离开北大已 22 年了，我的工作内容与学校的研究虽有很大不同，但跟随黄老师学习和从事研究的那份永恒难忘的经历，将一直激励我前行。

曾经在北大跟随黄琳读硕士的中科院数学与系统科学研究院洪奕光研究员在文章中写道：

成为黄琳老师的学生后，近距离地领略到他的高尚品德和高深学问。他的言语并不多，但一语中的，幽默且深刻。当我大四写本科毕业论文时，就在他"轻松"的指导下很快写出一篇论文，并在国内知名学术期刊《控制理论与应用》上发表。然而，研究生期间体会更深的是黄老师高屋建瓴的学术境界，他教育我们不要浮躁和急于发表文章，而是要从大方向、大问题入手做科研。在他的指导下，我努力研读不少控制方面的名著（包括 Kailath 的《Linear Systems》和 Desoer 与 Vidyasagar 的《Feedback Systems: Input-output Properties》），使我这个原来完全不懂系统控制的懵懂少年对相关理论有了一个较为全面的了解，并为后来在学术界发展打下了坚实的基础。虽然我后来因为做非线性控制方向离开北京大学，但这么多年来我仍然感受着黄老师追求卓越和献身科研的榜样作用，并沐浴着他给我的各种支持和帮助。无论我身在何处，总忘不掉那珍贵充实的北大研究生时光，更忘不掉与黄老师的幸运师生缘。[①]

多年以后，回头去看自己师从黄先生问学的这段经历，除了在先生悉心指导下，写出一篇学位论文之外，更大的收获也许来自不易言传的感悟。这些感悟，源自亲炙黄先生的言传身教，在后来的日子里，不断地浮上心头，穿越时空，唤起温暖而明亮的记忆。黄先生非

[①] 洪奕光：珍贵的师生缘。见：黄琳先生八十华诞文集编委会编，《唯真求实 矢志创新——黄琳先生八十华诞文集》。北京：北京大学出版社，2015 年，第 3 页。

常推崇学术上的品味，主张"擒贼须擒王"（笔者的浅俗的概括，黄先生未必完全认同），鼓励年轻后进犯难进取，勇于做大题目，期期以凑论文数目而无视研究议题的旨趣为戒。①

黄琳的学生孙广振教授如是说。

黄琳老师主持的一周一次的讨论班坚持了很多年，力学大院里的小平房对许多博士生来说记忆深刻，在这里进行的讨论班对学生掌握专业基础知识，凝练合适的研究问题，相互促进以及开阔视野都有极大的帮助，中间休息时海阔天空的聊天也带给大家很多的快乐。王金枝曾回忆说，她入学时参加讨论班的人员除了北大的老师、博士后、学生，还有系统科学研究所的王恩平研究员、北京理工大学的孙长胜教授等。讨论班上除了报告自己的研究工作，黄老师还会安排博士生系统地报告某一本书或某一专题，并会进行一些讨论。她记得入学不久，黄老师让她和师弟郁文生报告《系统与控制中的线性矩阵不等式》（*Linear Matrix Inequalities in System*

图 9-10　2008 年第四届全国复杂网络学术会议期间黄琳（右五）与其学生合影

---

① 孙广振：笙歌放散　月华满楼。见：黄琳先生八十华诞文集编委会编，《唯真求实　矢志创新——黄琳先生八十华诞文集》。北京：北京大学出版社，2015 年，第 103 页。

and Control Theory）一书，由于他们都没有学过控制理论，对其中一些细节理解可能不是很到位，担心有些地方讲不好，就商量在讨论班讲之前对某些问题先交流讨论一下。"黄老师知道后也要参加我们的讨论，现在想起来黄老师晚上骑着

图9-11　2000年黄琳与参加博士论文答辩的学生合影（左起：段志生、黄琳、喻学刚）

自行车从家里来到力学大院里的小平房参与我们的讨论还是很感动。"在讨论班上她还系统地报告过模型降阶和控制器降阶的各种方法，这对她顺利完成博士论文起到了非常有益的作用。后来的博士生还系统地报告过苏联科学家列昂诺夫（G. A. Leonov）等专著《非线性系统的频域方法：理论和应用》(Frequency Domain Methods for Nonlinear Systems: Theory and Applications)，这本书介绍了一类多平衡点非线性系统全局性质的一些结果。在此基础上，黄老师领导的课题组在多平衡点非线性系统全局性质的鲁棒分析和控制器设计方面做出了一些有特色的研究工作，完成了一项国家自然科学基金重点项目和多项面上项目，还出版了一本英文专著，培养了多名博士生，这些与讨论班上的报告和研讨都是分不开的。从黄老师主持的讨论班上也间接地学到了指导学生的一些方法，认识到讨论班上除了报告最新的文献、个人的研究工作，选择一些和研究方向密切相关的专著、系统地让学生报告对于科研工作的有效开展和培养学生各方面的能力都非常有用[1]。

北京航空航天大学教授郝飞也提到讨论班对他科研的影响：

除了上课，博士期间每周一次的讨论班，黄老师从未缺席过。我们轮流报告 Robust and Optimal Control 专著的内容或讲一些文献，后

---

[1] 王金枝：我眼中的恩师。见：黄琳先生八十华诞文集编委会编，《唯真求实　矢志创新——黄琳先生八十华诞文集》。北京：北京大学出版社，2015年，第105页。

来是参加 Leonov 的非线性频域方法专著的讨论班，黄老师总是通过简单几句点拨，能使我们茅塞顿开，让我受益匪浅。此外，讨论班间隙黄老师常讲金庸武侠小说的一些情节来比喻学术中的问题或观点，让我大开眼界且对很多知识点有更深入的理解。[①]

燕山大学李鑫滨教授回忆说：

> 在北大读博的四年中，让我感到惊讶的是黄老师还非常喜爱金庸的武侠小说，甚至跟我们开玩笑说要先读完金庸的小说才能读黄老师的博士，现在能理解实际上黄老师是要求我们在学术研究上不拘泥现状，要有天马行空、敢于创新的意识和精神。

就博士论文选题，北京邮电大学郁文生教授回忆说，黄老师对学生博士论文题目的选择，一般是只指明一个大方向，给学生充分的自由，很少干预。记得当时同届的师姐王金枝选题是"H无穷模型降阶研究"，而他选择了延续鲁棒参数化的研究，题目是"系统鲁棒严格正实综合与鲁棒稳定性分析"。关于研究生选题，中南大学年晓红教授在文章中说，在这方面黄老师始终有自己的坚持，强调研究生选题应该以国家重大需求为目标，工程应用为背景，解决从工程实践中凝练出的最基本的控制科学问题。他进北大学习时，海湾战争爆发，空天安全问题受到国家重视，黄老师当机立断安排他学习微分对策，寄希望能对国家的空天安全领域作点贡献。黄老师对国家安全和重大需求的责任感给他留下了深刻的印象[②]。

黄琳常与他的学生谈起他早年做科研的经历、他对做学问的态度和观

[①] 郝飞：散记导师二三事——献给我的导师黄琳院士八十寿辰。见：黄琳先生八十华诞文集编委会编，《唯真求实　矢志创新——黄琳先生八十华诞文集》。北京：北京大学出版社，2015年，第123页。

[②] 年晓红：大家思想　学者风范——浅议黄老师的学术思想和科学研究观。见：黄琳先生八十华诞文集编委会编，《唯真求实　矢志创新——黄琳先生八十华诞文集》。北京：北京大学出版社，2015年，第127页。

点，以及对于当前中国控制现状的看法。他强调科学研究要注重解决实质性的科学问题，或研究工作对解决实际工程问题有帮助，不追时髦，不求多发论文，黄琳对发表论文的要求是少而精。他有一个观点，就是一个人的学术贡献在于解决了什么科学问题，而不是发了多少篇 SCI 论文。这与当前学术界一味统计发表论文数量、强调 SCI 或 EI 索引的风气是大相径庭的。郁文生教授回忆说，他做博士生时北京大学并无发表论文的硬性指标，博士论文也无论文长短页数的要求。前届师兄安森建的博士论文《混合不确定系统的鲁棒稳定性与鲁棒性能》仅 50 多页，但因研究工作取得重要进展，对国际著名鲁棒控制理论学者霍尔洛特的一个结论给出了一个反例，并进行了修正，得到黄老师的很高评价。黄老师对论文质量的要求很高，关键是看对所选论题有无实质性的进展，并且强调写清哪些内容是真正自己的工作[1]。

黄琳对现行的论文制度有着自己的看法，他认为"学生首先应该做研究，不是说去编文章"，之所以这样说是因为他看到不少的博士生在求学时期有了一点点成果就急于发表，没有了精雕细琢的耐心，"这对科学的进步起不了任何作用"。他还将这比喻为"有点铁就要打菜刀去卖，离十年磨一剑差得太远"。"研究者要有几分呆气，才能做出创造性的研究成果。"对于当代的年轻人，黄琳说："不能太脆弱，要经得住失败。"用他最喜欢的金庸武侠里的人物来说，就是"应该像郭靖，有股傻气，能干傻事，不怕失败，人要经得起失败"。这些谆谆教诲十分朴实无华，却也道出了老一辈科学家把手中接力棒传递下去的殷切希望[2]。

与此相关的还有论文的质量。国内很多机构将论文引用量作为一个硬性的指标来检验一篇文章甚至一个科学家的成就，殊不知"引用有两种，一种引用是代表了别人写文章的时候比较细致，他文章里的参考文献几十篇，他就把你的文章装进去了。所以这不代表你做了什么东西，也不代表

---

[1] 郁文生：景仰风范　深荷恩师——庆祝导师黄琳院士八十寿辰。见：黄琳先生八十华诞文集编委会编，《唯真求实　矢志创新——黄琳先生八十华诞文集》。北京：北京大学出版社，2015 年，第 108 页。

[2] 黄琳——控制科学的侠义之道。见：李军凯主编，《燕园娇子：13 位杰出院士的学术人生路》。北京：北京大学出版社，2013 年。

他对你的一个什么评价。另外一种是不一样的，比如说你在这个问题上提出了什么概念，别人现在就用你的概念，引用你的方法，得到了一个结论。这样的论文引用明显更具有意义"。黄琳认为，引用数量只是一个衡量指标，虽然客观但是不全面，真正追求真知的人不应该在意这些虚的东西，而应该踏踏实实做出自己的成果来①。

光明网记者采访黄琳后写道：

> 黄院士说自己幸运，其实能成为他学生的人更应该感到幸运，因为他要求的标准非常高，招收的人数也不多。他让学生做的研究是"有科学价值又无处可抄的问题"，他从不主张盲目跟着外国人跑而要求走自己的路。这样不仅让学生养成了严谨的学风，而且形成了一个善于提出新问题进行研究的良好氛围。②

不跟风，不以课题是否流行为标准，去做一些真正有价值有特色的问题是黄琳多年来灌输给他的学生的一个观念。他的学生北京大学段志生教授讲他在做博士后期间从事的关联系统分散协调控制课题，无论如何当时也不算热门方向。黄老师认为国际上几十年来未说清楚大系统关联项的作用，特意让他开展这个方向的研究。经过与黄老师讨论，他将问题归结为设计交叉反馈控制器上。经过一段坐冷板凳的日子，在不稳定子系统作用、交叉反馈协调镇定条件以及加强耦合作用镇定系统等方面给出了一些有意义的成果，黄老师可能觉得这些工作没有套用传统大系统理论对角占优的老路，还比较满意。2011年，在国内一次学术会议上，一位国际知名老院士的大会报告指出大系统耦合协调控制及其在现代高超声速飞行器中的应用是重要课题方向，其实北大黄琳团队的段志生等人在近十年来一直在开展相关工作。段志生在博士后报告中给出的一些关联协调控制成果以及后续的研究表明，这方面课题确有其深远的意义。段志生在文章中写道：

---

① 李琪：心如镜面无纤毫——访著名控制理论专家黄琳院士。光明网，2011-09-07。
② 同①。

自己在科学研究上走得越远，越能感受到黄老师所指导课题方向上的深远价值。而且在学术评价上黄老师也只注重本质原创，拒绝平行搬系统、搬定理式成果，在讨论班上黄老师曾经说过的一句话，我至今记忆特别深刻："有些人的成果证明了张三住李四对面充分必要李四住张三对面，张三、李四到底住在哪不清楚。"这句话乍听起来觉得挺有意思，仔细琢磨一下的确很深刻。①

黄琳的学生北大的杨莹教授清楚地记得黄老师对大家说过的话："中国人喜欢跟随国际潮流，什么热做什么，总跟在别人后面做，就总比别人慢一步，做的都是一些修修补补的工作。为什么我们不能在一个有意义的方向上做出创新性成果，让别人也跟着我们做呢？"杨莹回忆说，她读博士的时候，多平衡点系统的研究也不是一个热门的研究方向，但黄老师以敏锐的眼光感觉到，多平衡点系统的研究不但有必要而且有很重要的理论意义，当时国际上的研究只有一些频域分析的结果，黄老师希望他的学生能在多平衡点系统的鲁棒性和控制上做一些工作。杨莹的博士论文就是以多平衡点系统控制为方向开展的一些相关的研究。在黄老师的带领下，他们在多平衡点复杂力学系统控制的研究上相继取得了一批具有原创性的成果，在国际上引起了关注和后续研究②。

黄琳的学生李忠奎研究员在文章中写道：

先生曾和我讲过一个故事，有位领导夸赞某教授学术水平高，说发表论文已逾百篇。但问起这位教授解决了什么科学问题，却说不上来。对于追求时髦的课题，跟在别人屁股后面做一些拓展或者发表了一堆排列组合式的论文，不具有真正的学术贡献。

欧阳华博士有几次回国去看黄老师，老师都会告诉他不要跟风，

---

① 段志生：我与黄老师相处者十八年。见：黄琳先生八十华诞文集编委会编，《唯真求实　矢志创新——黄琳先生八十华诞文集》。北京：北京大学出版社，2015年，第111页。

② 杨莹：念恩师。见：黄琳先生八十华诞文集编委会编，《唯真求实　矢志创新——黄琳先生八十华诞文集》。北京：北京大学出版社，2015年，第118页。

坚持做自己的特色。黄老师自己就是这么实践的，正因为如此他才有了至今仍被同行高度评价的里程碑式成果①。

黄琳对自己的学生发表论文都要严格把关。郝飞教授回忆说：

> 我们整理出来的每篇文章一定要有创新的地方或解决一个问题。未经允许不得私自投稿，更不能随便写文章署他的名字。且要自己认为没什么问题，再给老师看。我每做一点工作整理成文后，黄老师看后总能一针见血地指出文章中的问题。每次黄老师的修改，几个句子或者几个词汇，总能起到画龙点睛的作用。②

黄琳对自己和学生做学问要求严谨，但对学生却也很宽容和信任，从来不会给学生很大的压力，对学生指导有方。欧阳华博士由衷地说出了大家的心声：

> 做他的学生挺开心的。他这种对学生的态度，看似平常，但对保持学生对这个学科方向的兴趣却是弥足珍贵的。即使在国外，大家反映导师普遍比国内的宽容的背景下，我还是遇到了很多的博士硕士一毕业就发誓此生永不从事他们学的这一行。黄老师的学生绝大部分都仍在从事与控制多少有些关系的工作，这点与黄老师对学生的态度应该有着密切的关系。对学生而言，黄老师就像一盏灯，看他明白自己的方向，学他知道怎么走，做他学生觉得心暖。③

---

① 李忠奎：师从黄琳先生二三事。见：黄琳先生八十华诞文集编委会编，《唯真求实 矢志创新——黄琳先生八十华诞文集》。北京：北京大学出版社，2015年，第133页。

② 郝飞：散记导师二三事——献给我的导师黄琳院士八十寿辰。见：黄琳先生八十华诞文集编委会编，《唯真求实 矢志创新——黄琳先生八十华诞文集》。北京：北京大学出版社，2015年，第123页。

③ 欧阳华：言传身教 隽永犹长。见：黄琳先生八十华诞文集编委会编，《唯真求实 矢志创新——黄琳先生八十华诞文集》。北京：北京大学出版社，2015年，第131页。

图9-12　黄琳（左四）与学生在其家中讨论学科点工作后合影

黄琳多次强调控制科学是技术学科，工程实践需求对本学科的发展起到重要的推动作用，跟黄琳做博士后的厦门大学曾建平教授对此印象深刻。他写道：

> 谆谆教导，铭记于心。这些年来，我和我的课题小组密切关注实际问题，积极地了解行业特别是航空航天领域的发展趋势。在有行业需求背景的非线性动力学系统优化与控制方面，做些力所能及的工作。①

多年在国外从事研究工作的欧阳华博士对黄老师在讨论班和私下里的讨论中反复强调的这个观点也深有感触：

> 控制理论研究一定要明白这些问题的工程背景，如果把控制单纯作为数学，学数学的看不上，因为在他们看来，控制没有解决任何纯

---

① 曾建平：从中关园到海韵园。见：黄琳先生八十华诞文集编委会编，《唯真求实　矢志创新——黄琳先生八十华诞文集》。北京：北京大学出版社，2015年，第114页。

第九章　发展学科　为人师表　**261**

粹数学的问题。

这些话这些年不知道多少次帮到我，每每无谓地往应用数学里面钻而得不到答案的时候，都会想起工程背景这件事情来，跳出窠臼，回到工程问题本身上来。几经努力，终于可以做些与工程实际相结合的工作并从工程问题中抽出一些比较具有一般性的控制理论问题来，算是明白了什么是工程背景了。①

黄琳常常告诫他的学生们要沉下心来做学问，要耐得住寂寞。杨莹在文章中写道：

对于高校科研人员中普遍存在的急功近利现象，黄老师经常提醒我们引以为戒："原来人们常说，十年磨一剑，现在很多人都是只打了一把菜刀，就拿出去卖了。做学问没有捷径，你们要沉得下心，才能出好成果。"多年来，我们也以黄老师的话时时鞭策自己，让自己不浮躁，沉下心来真正解决一些科学问题。②

李忠奎研究员总结说，黄老师给学生带来的影响之一就是要潜心做学问，苦中作乐，不去争名夺利。

先生曾经说过，做学术研究不是发财的职业，能达到小康就好。先生曾以其当年证明棱边定理（不确定性多项式族的鲁棒性理论中的一个奠基性工作）为例，说起做真正的学问常常会遇到困难而苦闷，当取得突破时又感到很大的乐趣。现在的学术氛围比较浮躁，很多人托关系，找捷径。有些人水平一般，但因善于运作而获得了很多荣誉。先生知道这些浮躁之气会对我这样的年轻人产生不好的影响，乃至于

---

① 欧阳华：言传身教 隽永犹长。见：黄琳先生八十华诞文集编委会编，《唯真求实 矢志创新——黄琳先生八十华诞文集》。北京：北京大学出版社，2015 年，第 131 页。

② 杨莹：念恩师。见：黄琳先生八十华诞文集编委会编，《唯真求实 矢志创新——黄琳先生八十华诞文集》。北京：北京大学出版社，2015 年，第 118 页。

坏的引导,常常教育我要沉下心来,做出好的成果,不走歪门邪道。①

黄琳治学严谨,对学生严格要求。他的学生喻学刚在文章中说儒家的名言"凡学之道,严师为难。师严然后道尊,道尊然后民知敬学"在当今社会越来越模糊,但在读书时他总能在黄老师身上看到。他还讲了这样一件事,有一回,学校里面某教师在学术上有造假的行为,在校内外产生了不良的影响。当他们几个同学正在实验室讨论此事时,黄老师进来了。黄老师当时已经年过六旬,但他时常来到实验室耐心地给他们做指导和解答问题。于是请教黄老师对此事的看法,他什么也没说,仅让大家去收集和这个事件相关的一些材料,当几个年轻的同学们把材料交给老师时,他让大家针对收集的材料,每个人都发表自己的观点,并和他们一一进行了讨论。这件事情让他们都认识到这类不端行为对人对己的危害,从而让大家从这件事情上学到了做学问和做人的道理。"他用实际行动教育我们:要治学,先做人。老师这种对科学和真理的认真和执着的态度使我们认识到,在人情世故、社会关系等因素面前,坚持科学和真理是我们做事和做人的原则。"②

王金枝在文章中写道:

> 多年来在黄老师身边工作,非常清楚客观、公正、实事求是是他秉承的原则。他评价一个人的研究工作一定是以他做出的科学贡献为前提的,不会受其它外在的任何因素的影响。他这种客观、对事不对人的做事原则是当今社会大多数人难以做到的。这种严谨的治学精神、实事求是的态度非常值得年轻人认真地学习的。③

黄琳不赞成很多单位急功近利过度量化的管理模式和方法,把评价、

---

① 李忠奎:师从黄琳先生二三事。见:黄琳先生八十华诞文集编委会编,《唯真求实 矢志创新——黄琳先生八十华诞文集》。北京:北京大学出版社,2015年,第133页。
② 喻学刚:从一件小事看黄老师的治学精神。见:黄琳先生八十华诞文集编委会编,《唯真求实 矢志创新——黄琳先生八十华诞文集》。北京:北京大学出版社,2015年,第115页。
③ 王金枝:我眼中的恩师。见:黄琳先生八十华诞文集编委会编,《唯真求实 矢志创新——黄琳先生八十华诞文集》。北京:北京大学出版社,2015年,第106页。

衡量科研工作的贡献简单地变成数数的管理模式，他形象地把这种管理比喻成生产队挣工分。对报奖他也有自己的看法，他认为只有做出了有特色有价值的科研工作，累积到水到渠成后才可以考虑。对报奖材料他坚持不能夸大事实，每句话都要客观、有依据，实事求是的科学态度是必须坚持的。他是这么做的，也是这么要求他身边的年轻人的①。

王金枝在文章中说，黄琳老师思维敏捷，对事物有独到的见解，发表意见清晰、精练、有分量，大家私下里议论起来都很佩服。他记忆力特别好，比如很多人的电话号码随口就能说出来。由于他学识渊博、为人平易，善于理解别人，和年轻人相处融洽，因此很有号召力。除了跟他的学生们探讨学术上的问题，也会跟大家聊起他的家庭、童年的往事、在北大读书时的趣事、在汉中十年的故事，也会聊起社会上的一些事情。也常常把他写的一些随笔如《关于大师》和《谈谈指导研究生与科研中的一些关系》等拿来与大家分享，并征求大家的意见。这些交流拉近了学生们与他的距离，使他们在敬畏之外又增加了亲近感。

黄老师的号召力从一件事情上即可体现出来，2011年中国科学院信息学部委托他主持控制科学发展战略项目，他在做了顶层设计后，邀请了国内外若干杰出的中青年学者具体参与此项目，在这些工作几乎没有基金资助、没有任何实际好处的情况下，大家都能花很多时间，积极配合、参与讨论，有些单位甚至提供经费与条件帮助召开研讨会，最后很完美地共同完成了控制科学发展战略报告，并由科学出版社正式出版，黄老师将这个成功归结为："因为这是控制界大家都关心的公益事业。"目睹黄老师与大家开会讨论、一起工作的全过程，体会到这项工作的顺利完成除了参与人员的社会责任感之外，不能不说黄老师个人的人格魅力起了非常大的作用。②

---

① 王金枝：我眼中的恩师。见：黄琳先生八十华诞文集编委会编，《唯真求实　矢志创新——黄琳先生八十华诞文集》。北京：北京大学出版社，2015年，第106页。

② 同①。

黄琳认为做科研应该有一个宽松的、相对安静的环境，他也尽力为他周围的年轻人创造尽可能好的科研氛围。无论从工作上还是生活上，他都能细致地关心与他一起工作的年轻人。从事业上的发展、科研方向的把握、科学问题的凝练到申请科学基金的内容等，他常常会主动提出他的看法和建议，对他们写的一些东西也会提出一些建设性的修改意见。他生病住院，王金枝去看他，他还跟她谈起某某科学问题很有意义，建议课题组的一位同事申请这个方向的面上基金。黄琳很推崇冯·卡门，系里有位老师买了一些冯·卡门的自传，恰好被他碰到，就要了几本，送给了课题组里的年轻人每人一本，嘱咐他们好好读一读。王金枝回忆道：

> 黄老师能够设身处地地为他人着想，理解别人。我记得在我读博士后期，跟黄老师谈起自己没做出什么好的研究工作，比较惭愧和苦恼，他鼓励我不要着急，慢慢来，安慰我好的适合的问题本身也不是太多。虽然我知道他是安慰我，但还是让我感到了他的包容，反而让我增强了自信心。[1]

杨莹说出了大家共同的感受：

> 对于我们这几个年轻人的成长，黄老师倾注了大量的心血，并努力为我们的发展创造了宽松的环境和良好的科研平台。我们能够一步步脚踏实地地走到今天，形成国内颇有特色的研究团队，跟黄老师的培养和付出密不可分。[2]

黄琳不仅对身边的年轻人关爱，对已经毕业离开北大的学生也同样非常关心。郝飞说他从博士后出站到北京航空航天大学第七研究室工作后每

---

[1] 王金枝：我眼中的恩师。见：黄琳先生八十华诞文集编委会编，《唯真求实　矢志创新——黄琳先生八十华诞文集》。北京：北京大学出版社，2015年，第106页。
[2] 杨莹：念恩师。见：黄琳先生八十华诞文集编委会编，《唯真求实　矢志创新——黄琳先生八十华诞文集》。北京：北京大学出版社，2015年，第118页。

次见黄老师,他总会问起他的工作、生活以及科研进展情况。黄老师为他所做的一切都是那么的自然。正所谓"学高为师,身正为范"。① 他的学生燕山大学李鑫滨回忆说,2010年黄老师到燕大,听说他正在做智能电网方面的研究,马上就给了他很多智能电网方面最新的资料,让他非常感动。

黄老师睿智敏捷,看事情也有着独特的视角,因此每次和黄老师见面都有很大的收获,在谈论科学问题或国家大事时,言语中也常常流露出对国家、社会的责任感,让人觉得非常有正能量。②

生活上黄琳对同事和学生的关心也很细致入微,有人生病住院了,他会委托他人代他去医院看望。王金枝回忆说:

2003年我家楼上有人感染非典,他得知后让我去他那拿口罩,打电话告诉我注意下水道的消毒。2013年我做了个小手术,他让师母第一时间打来电话,让我感受到了父辈般的关心和爱护。③

黄琳在学科建设、人才培养等方面认真努力地付出,为高等教育、航空航天及相关领域培养了一大批学术骨干和优秀人才,其中包括载人飞船系统副总设计师胡军,长江学者王龙、段志生,杰青获得者董海荣,青年长江学者李忠奎。黄琳以严谨的治学之道、追求真理的精神、宽厚仁慈的胸怀、踏实做学问和积极乐观的生活态度,为他的学生树立了一辈子学习的典范,他的教诲与鞭策将永远激励大家在科学和教育的道路上励精图治,开拓创新。

---

① 郝飞:散记导师二三事——献给我的导师黄琳院士八十寿辰。见:黄琳先生八十华诞文集编委会编,《唯真求实 矢志创新——黄琳先生八十华诞文集》。北京:北京大学出版社,2015年,第123页。

② 李鑫滨:高山仰止 师道尊严 言传身教 春风化雨——回忆黄老师对我的教诲和影响。见:黄琳先生八十华诞文集编委会编,《唯真求实 矢志创新——黄琳先生八十华诞文集》。北京:北京大学出版社,2015年,第123页。

③ 王金枝:我眼中的恩师。见:黄琳先生八十华诞文集编委会编,《唯真求实 矢志创新——黄琳先生八十华诞文集》。北京:北京大学出版社,2015年,第106页。

着眼未来　良师益友提携后辈

黄琳对于科学事业的理解从来强调一点，即科学事业既是个人的更是国家的。改革开放以后，他致力于推动中国控制事业的发展，这体现在他无保留地与人分享相关专业知识和想法、无偿地接受他人的咨询、给出有建设性的建议、在同行或单位遇到困难时能够站出来给予支持和实质性的帮助等诸多方面。他不仅自身学风严谨，具有敏锐的学术洞察力、独到的见解和儒雅的学者风范，他还以此教育和影响与他有业务联系的年轻人，成为很多年轻学者的良师益友，赢得了大家由衷的敬佩。在文集《唯真求实　矢志创新——黄琳先生八十华诞文集》中有多篇文章都讲到了黄琳对年轻学者的影响、关心、鼓励和帮助。

薛安克教授写道："三十多年来，先生于我既是良师又为益友，我从先生的学术研究中不断汲取营养，并有幸受先生指点点拨，获益良多。"他清晰地记得与先生第一次见面是在 1987 年 9 月于湖南索溪峪召开的第七届全国控制理论及其应用学术交流会上。面对既是前辈又是名家的先生他有些踌躇，不知如何当面交流请教，最终还是怀着惴惴不安的心情开门见山地向先生抛出了脑子里盘旋的几个问题。令人意外的是，面对年轻后学，先生并没有居高临下，而是非常谦和地仔细解答，与他探讨，并鼓励他深入研究下去。从那以后，他们的学术交流逐渐频繁起来，并由此结下了深厚的友谊[①]。

虽痴心学术近乎呆，但先生的思想却是非常灵活开放。他认为，控制科学的着眼点在于改造世界，主要应由需求推动，所以要与需俱进。先生的这一思想也是我在学术研究中的切身感悟。每每与先生交

---

① 薛安克：矢志高远长求索　质朴智睿存世范——贺黄琳院士八十华诞。见：黄琳先生八十华诞文集编委会编，《唯真求实　矢志创新——黄琳先生八十华诞文集》。北京：北京大学出版社，2015 年，第 62 页。

流，都会为他广阔的视野和开放的思维所折服，为他在控制科学研究中的丰富多彩所感染和鼓舞。即便在当选为院士以后，先生依然沉静如水、质朴如故。记得在2006年的一次学术会议中，我向先生请教了将不确定性放在标架上来解决不确定系统鲁棒性问题的新想法，他专门参加了我们研究小组的讨论。回北京后在百忙之中专门写信回复我，分析其可行性并提出建议，还表示"这对我来讲是新的，所述可能不对"，认真谦和至此，着实令人钦佩。①

段广仁院士回忆道：

在我们每个人的成长过程中，都会得到良师益友的帮助和提携。对我来说，黄老师所给予的关怀和帮助是数不尽的。其中有我知道的，同时我相信，还有更多的是我不知道的。点点滴滴反映了一位前辈给予晚辈的关爱。

2010年年末，段广仁院士的英文专著《广义线性系统》一书在斯普林格出版，后来该书的中译本要在科学出版社出版，想请黄老师帮助为中译本作序，黄老师一口答应下来，仅过了四天时间，他就收到了黄老师写好的序。在邮件中还问他是否满意，有什么改动的建议。"我迫不及待地一口气读完了黄老师写的满满两页纸的序。写得太好了，深刻、切题，有独到见解。"说起谦逊，他这样写道：

和黄院士接触，你会听到他常说的一句话——"这方面我不懂"。特别是在他晋升院士之后，感觉听到他讲这句话的频率反而还升高了。这种实事求是、低调谦逊的态度令我对他老人家更加敬佩。②

---

① 薛安克：矢志高远长求索　质朴智睿存世范——贺黄琳院士八十华诞。见：黄琳先生八十华诞文集编委会编，《唯真求实　矢志创新——黄琳先生八十华诞文集》。北京：北京大学出版社，2015年，第62页。

② 段广仁：书缘　人缘　情缘。见：黄琳先生八十华诞文集编委会编，《唯真求实　矢志创新——黄琳先生八十华诞文集》。北京：北京大学出版社，2015年，第71页。

陈杰院士在文章中写道[①]：

多年来，黄院士对北京理工大学控制学科和我个人的发展都给予了极大的热情关心和无私帮助。黄琳老师与我有着多年的交往。他每次到我校，都使得我们受益匪浅，他的精彩、高水平、具有独到见解的学术报告对我校控制学科的发展有着深远的影响；对我校重点实验室的建设、重大科研项目的开展倾注心血、悉心指导；他为我校培养的博士生和青年教师已成为我校优秀的学术骨干；他友好地邀请我和学校的教师参加他主持的讨论班、参加控制科学发展战略研究等，推进我校控制学科的建设。他的崇高品质和大师风范，给我们留下了深刻印象！

2008年黄老师在我校做学术报告时说，关于神经网络的论文，全世界每年论文过千。每篇文章都有一些自己的"贡献"，说穿了就是用神经网络的算法，找或编个例子，然后依靠计算机算一算就当作成果去发表，这充其量也就能算上是个练习，不是创新，真正的创新只能属于首先提出人工神经网络和做出突破性贡献的那些人。他指出，不要什么热就都去搞什么，科研工作不能"跟风"、"赶时髦"，跟在别人后面是很难创新的。他要求年轻人打好基础，扎扎实实做好自己的工作。在解决自己工作的问题过程中，才可能有所创见，才可能有真正的创新。

黄老师治学严谨，一丝不苟。北大力学系曾招收了一届控制专业本科生和一届研究生，需要开设《控制理论》课程。黄老师工作繁重，当时他自己还有两门博士生的课程要讲，抽不出时间再讲上述课程。他坚持从外校聘请讲过多遍该课程的教师来校讲课，黄老师建议由我校自动控制系有过多年《控制理论》教学经验的孙常胜老师来讲。我们当时问过黄老师，您的弟子都已经是国内外知名的专家，学术造诣很深，为什么不让他们讲这些课？黄老师回答说，他们的学术造诣再深，但他们不熟悉控制工程也没讲过这些课，不能上讲台。由

[①] 陈杰：我们身边的黄琳院士。见：黄琳先生八十华诞文集编委会编，《唯真求实 矢志创新——黄琳先生八十华诞文集》。北京：北京大学出版社，2015年，第76页。

此可见黄老师对待教学工作的严肃态度和严谨的治学精神。黄老师不经意间给我们树立了榜样，率先垂范重视教学质量。

黄老师担任我校的复杂系统智能控制与决策国家重点实验室学术委员会的副主任和我校承担的973项目专家组副组长，每到汇报和评审的时候，他都要求将评审材料事先送给他审阅，他会非常仔细阅读相关材料，发现其中的问题都会认真标注，并向我们提出了许多中肯的修改意见。记得有一次他对实验室年度汇报材料中的论文标注的准确性提出问题，评审前一天晚上专门打电话与我们核对，我们为他这种一丝不苟的治学精神深受感动，对我们实验室发展和项目研究起到了非常重要的指导作用和标杆作用。

黄老师非常注重对年轻学者的提携和培养，给予我们极大的鼓励和关怀。他多次到我校为广大师生做讲座和报告，并邀请像我这样的后辈到北大交流讲座。记得2006年3月17日我应黄老师的邀请，到他实验室进行学术交流，并做"一类复杂系统的多指标优化与多目标决策"学术报告，黄老师非常认真地全程听完我的报告，并对我们所做的工作给予了积极的鼓励与肯定，也将其中的问题和将来的研究发展与我们进行了深入的交流，对我后来的学术发展有着重要的影响。

黄老师为人低调，平易谦逊。2008年他应邀来我校做了精彩的学术报告"空天技术中的控制问题"，中央电视台闻讯后要求来录像，并向全国播放。这在有些人看来可能是宣传个人的好机会，可黄老师得知后却坚决不同意。我们只能尊重他的意见，谢绝了电视台的采访。但对我校出于学习目的而安排的录音录像黄老师却欣然同意。这同时也体现了黄老师对北京理工大学的信任和对我校控制学科师生的关怀。黄老师为人平易谦和，每每遇到熟识或是前来请教的不熟识的老师或同学，都会主动问候，并非常耐心地回答每一个同学或老师提出的每一个问题。黄老师与人说话从来都是低声细语、从不高调大声，对待同事平等谦和，对待年轻人就像长辈一样语重心长、关心爱护。

四川大学黄家英教授回忆说：

黄老师既是一位受人尊敬的院士，也是一位受人爱戴的良师益友，他给人予智慧、引导和启迪。

他具有学者的风范、智者的眼光，待人诚恳、和蔼可亲，没有架子、平易近人。记得在上世纪七十年代有一次参加峨眉山夏天控制会议后，他和北京的几位老师到成都中转回北京。我以粗茶淡饭招待他们，吃的是小菜稀饭，可黄院士不嫌弃，和大家一样地吃得很高兴、有说有笑。而有一次我到他家拜访，他则礼贤下士、热情好客，并设宴款待，至今我仍记忆犹新。①

纽约大学姜钟平教授在文章中回忆说：

先生很健谈，不管是专业之类的话题，还是控制（界）的过去和现在，先生都能讲得头头是道，风趣之中充满哲理。每次和他聊天，总能给人许多启发，让人感觉"与君一席话，胜读十年书"。

他讲到有两件事情让他始终难忘，也反映了先生的过人之处。一是，控制理论在 50 年代引入国内之时，力学界并不认可，但先生却能坚持自己的选择，几十年如一日，不受环境左右，直到 20 世纪末国际力学界一致认为"动力学与控制"是力学的最重要的分支之一。二是，先生做研究完全是兴趣驱动，一直从事原创性研究，不为名利所累。当他问起先生得到的关于线性系统二次型最优控制的原创性结果早于西方至少三年，为何没发表在国外英文刊物上时，先生轻描淡写地说，那是由于当初"文化大革命"前的政治环境所致，个人损失是小，国际控制界少了一个中国人自己的结果是大②。

清华大学梅生伟教授回忆说，1993 年秋他进入中科院系统科学研究所攻读博士，选课时导师秦化淑研究员让他选修黄先生的"稳定性理论"，

---

① 黄家英：良师益友　教师楷模。见：黄琳先生八十华诞文集编委会编，《唯真求实　矢志创新——黄琳先生八十华诞文集》。北京：北京大学出版社，2015 年，第 51 页。

② 姜钟平：控制界的风清扬——写在黄琳院士八十寿前夕。见：黄琳先生八十华诞文集编委会编，《唯真求实　矢志创新——黄琳先生八十华诞文集》。北京：北京大学出版社，2015 年，第 78 页。

并特意告诫说这门课程对从事控制理论研究非常重要,而黄先生对学生的要求也特别严,因此嘱咐他努力学习。几天后在北大力学系见到了黄先生,"他仔细询问了我的学习情况后,语重心长地对我说:你是数学出身,学习控制理论先天不足,一定要结合工程背景来学。他进一步建议我参加力学系由他本人主持的每周一次的'鲁棒控制'讨论班"。跟随黄先生学习的日子里,先生的大家风范给梅生伟留下深刻印象。先生上课不带讲义,而讲授内容烂熟于心,彼时先生已年近六旬,除了先生的超强记忆力,最重要的他深厚的学术造诣,特别是对微分方程、高等代数和一般力学已然到达炉火纯青的境界。他授课如演讲,广征博引、逻辑缜密,或叙或写,如行云,如流水。

> 每次上课我不仅获益匪浅,感觉还是一次难得的享受。应该说"稳定性理论"是一门艰深晦涩之课程,既需要严谨深厚的数学基础,又依赖对工程问题的感性认识及凝练,学好不易,讲好更难。黄先生讲课如此自如潇洒,非一流大学者不能为也。

他也尊称黄琳为大师,他心中的大师须具备五项特质:一曰渊博之学识;一曰深邃之见解;一曰高尚之品格;一曰明辨之思维;一曰绚丽之文采。[①]

中科院系统科学研究所张纪峰研究员在文章中写道:

> 黄老师治学严谨、观点犀利,处处透着大师的风范,一直以来都是我学习的榜样和崇拜的对象。由于近水楼台,我从黄老师那里得到的呵护和帮助格外多。从申请研究生奖学金这样的小事到申请晋升副研究员、正研究员这样的"大事"。[②]

[①] 梅生伟:先生之风 山高水长——记我跟黄琳先生学习的日子。见:黄琳先生八十华诞文集编委会编,《唯真求实 矢志创新——黄琳先生八十华诞文集》。北京:北京大学出版社,2015年,第80页。

[②] 张纪峰:我所认识的黄琳先生。见:黄琳先生八十华诞文集编委会编,《唯真求实 矢志创新——黄琳先生八十华诞文集》。北京:北京大学出版社,2015年,第60页。

西北工业大学慕德俊教授回忆说，1991年当时他还是西北工业大学戴冠中教授的博士生，利用戴老师和黄老师联合承担国家自然科学基金重大项目的机会，有幸结识黄琳老师。初次的接触，黄老师睿智慈和的目光、和蔼温暖的微笑、敏捷深邃的思维、坦诚精辟的解答、与生俱来的人格魅力，即刻深深地感染着他。随后，他们一直保持着密切的往来，并成为忘年之交。至今他还保留着黄老师1991年以来给他所有的手写信件。

> 他的诸多观点和见解启迪深思，对我教诲深刻。在世界观、价值观方面，"黄琳思想"深深影响着我，是我在精神上真正的"良师益友"。
>
> 每当我对国际、国内一些重大问题感到迷惑的时候，总是请求黄老师帮助解读。他总能凭借宽广的知识面，把复杂问题用简单通俗的语言客观地描述出来。例如前两年热议的"钓鱼岛"问题，黄老师从历史的演变过程，系统客观地帮我分析了"钓鱼岛"争端的由来和现状，让我豁然开朗。[①]

黄琳周围工作的年轻同事更能深刻地感受到他在各方面对大家的影响。北大力学系刘才山教授2000年博士后出站后留在北大工作，他说在与先生接触交往的十多年中，不仅时刻感受到先生儒雅的学者风范，敏锐的学术洞察力，也亲身体会到先生对年轻学者的关心、鼓励和帮助。

> 先生是国内倡导基础学科，特别是应用基础学科，应当与国家重大发展需求相结合的学者之一。无论在公开的学术场合，还是在私下的学术交流中，先生都强调"科学研究应当由问题驱动，国家发展需求是科学问题的重要源泉之一"。先生也曾多次提及"国外的核心技术是买不来的，而核心技术的发展必定与基础科学研究密切相关"。

---

① 慕德俊：良师益友　教诲情深——回忆我与黄琳院士交往的难忘情缘。见：黄琳先生八十华诞文集编委会编，《唯真求实　矢志创新——黄琳先生八十华诞文集》。北京：北京大学出版社，2015年，第82页。

正是基于这些科学的理念和中国科学家的责任担当，先生在年逾古稀之年，仍然从事在科学研究的一线，多次亲自承担了国家自然科学基金重点项目和国家重大科技攻关项目。为促进年轻学者的成长，先生不仅带领大家深入到航天工程部门，了解工业部门需求，凝炼科学问题，而且积极提携年轻学者，并帮助他们承担重要的责任。印象深刻的是在2003年，先生促成了自然科学基金委员会信息科学部和数理科学部联合资助的"复杂非线性力学系统的控制研究"重点项目。该项目强调了对运动体力学研究和控制科学理论一体化研究的必要性和重要性。我有幸加入到该项目的研究工作中，并为我后来的学术研究奠定了重要的基础。

先生强调学术自由，在学科组内部形成了良好的学术氛围。在学术讨论会上，先生倡导大家积极发表自己的学术观点。他多次强调"争辩是学术研究不可缺少的一部分"。在先生的支持下，我同先生一起联合培养了一名博士研究生。在培养该同学的过程中，不仅领略到先生高屋建瓴、言简意赅的学术深度，也体会到先生在培养人才过程中特有的宽厚大度、坦诚开朗、和容纳不同意见的学术宽容度。[①]

北大力学系杨剑影教授写道：

在这近10年的时间里，黄老师言传身教，点点滴滴，润物无声，从各个方面影响着我。黄老师为人正直，品格高尚，淡泊名利，和黄老师每次接触，我最强烈的感受是他亲切宽厚而同时又认真严格的特点。有时也会在聚会中听到黄老师谈起自己的一些经历以及对一些社会现象或社会事件的看法，总是受益匪浅，在当今社会急功近利的浮躁风气下，黄老师总是教导我们要沉下心来，不要赶时髦，要脚踏实地做一点真正有价值的事情。他虽已经年逾古稀，却仍然活跃在科研

[①] 刘才山：我所敬仰的黄琳先生——祝贺黄琳院士八十周岁寿辰。见：黄琳先生八十华诞文集编委会编，《唯真求实　矢志创新——黄琳先生八十华诞文集》。北京：北京大学出版社，2015年，第42页。

创新的第一线。在科学研究中，他思维敏捷，目光独到，常常片言只语就切中问题的要害，即使涉足到新的领域里，黄老师总是能从纷繁复杂的表面现象中梳理出本质性的问题。①

黄琳对年轻学者的理解、关心和爱护带给他们温暖，他严谨求实追求科学的精神是他们学习的榜样。

---

① 杨剑影：桃李不言　下自成蹊。见：黄琳先生八十华诞文集编委会编，《唯真求实　矢志创新——黄琳先生八十华诞文集》。北京：北京大学出版社，2015年，第44页。

第十章
老骥伏枥　不忘使命

　　进入晚年的黄琳积极参加与空天技术相关的专家委员会的工作，为国家空天事业的发展献计献策。带领北大的控制团队开展与航空航天部门合作，完满地完成了航天科技集团的具挑战性的科研任务。主持国家自然科学基金重点项目"近空间高超声速飞行器自主协调控制研究"，主持"控制科学发展战略"研究项目，组织全国从事控制科学研究的中坚力量完成发展战略研究报告，并出版专著《中国学科发展战略·控制科学》。黄琳耄耋之年仍笔耕不辍，改编了专著《系统与控制理论中的线性代数》，校对完成了五十多年前编写的两本讲义，即《控制系统动力学讲义》和《最优控制理论》。他还在空闲时间开始撰写回忆录，通过还原从各个时期不同生存环境下走过来的知识分子的成长经历，给后人以启迪。

定位明确　服务国防为国献智

　　黄琳在科研中一直注重将理论研究与实际应用相结合，尤其关注国家重大战略需求。早在 1959 年读研究生期间，在对拟研制的飞机安定性的预研实际工作中，他提出了针对时变系统的多维系统衰减时间问题，并以此为基础完成了研究生的论文答辩，成果正式发表在第二届国际自动控制大会上。改革开放以后相当长一段时间里，由于国家经济和生产发展的状况决定了北大的科学研究特别是像控制科学的研究更多地只能依靠国家科学基金的支持。经过几十年的实践使他对控制科学如何发展有了新的思考，即必须充分认识实际的需求并考虑物理方面的必要性，而不能仅考虑数学描述下的合理性。他首先将兴趣集中在力学系统上并获得了国家自然科学基金重点项目的支持，接着他将力学系统控制问题的研究集中于航天领域新的飞行器的控制问题上。21世纪初，随着航空航天技术的发展，空天成为新的战略"制高点"，航空和航天力量相互配合成为未来战争的必然趋势，空天一体化的作战思想逐渐得到各国的重视。作为空天结合部的近空间正成为各军事大国关注的焦点。黄琳敏锐地意识到这一新兴飞行器领域里控制科学与技术所将面临的特殊问题和难点，这既是对传统控制理论与方法的挑战，也是控制理论与方法寻求突破和创新的难得的机遇。因此，从21世纪初，黄琳带领自己的团队，开始有意识地布局新型空天飞行器动力学与控制方向的研究，在这些研究中他特别强调实际意义和需求推动，并积极寻求与航空航天部门的合作。

传统航空航天飞行器主要集中在距地20千米以下的稠密大气层内的航空领域和距地100千米以上的航天领域，随着航空航天技术的快速发展，距地20千米至100千米的临近空间正成为各发达国家飞行器发展的热点。近空间高超声速飞行器技术是21世纪航空航天技术的新制高点，是航空史上继发明飞机、突破声障之后飞行的第三个划时代的里程碑。高超声速飞行器已成为未来国防装备发展和民用空天技术的重要方向，特别是临近空间高超声速飞行器，由于其具备传统航空与航天飞行器所不具备的战略、战术以及效费比方面的优势，更是受到普遍关注，是目前各国争夺空天权争相发展的重点，已经成为21世纪世界航空航天领域一个极其重要的发展方向。2004年3月27日在加州爱德华兹空军基地进行的X-43A第二次试飞取得突破性成功，X-43A试飞成功具有划时代的意义，为人类实现高超声速飞行跨出了艰难的革命性的第一步。与此同时，国内也开始高度重视这一领域技术的开发与研究，2001年由一部分主要是关注湍流的力学家发起召开了一次香山科学会议讨论空天飞行器所带来的新的力学问题，黄琳作为一般力学即动力学与控制方面的专家参加了会议，在会上他谈到控制可能在其中的作用和面临的问题。2002年，国家自然科学基金委员会发布《空天飞行器的若干重大基础问题》重大研究计划，从那时起黄琳就成为该项目的评审专家参加了项目相关的活动。2007年3月，国家自然科学基金委员会发布了《近空间飞行器的关键基础科学问题》重大研究计划，随后在国家战略要求指导下国家正式在航天科技集团和航天科工集团从国家层面开始部署了相关的重大研究计划。在这样的大背景下，由于事先的相对充分的准备，早在2006年，黄琳团队就获得教育部重点项目"新型空天飞行器控制理论与仿真研究"的资助，几乎同时他积极地推动北大与航天科工集团和海军航空工程学院三方合作并成功于2006年在烟台海军航空工程学院召开了有关近空间高超声速飞行器有关控制问题的研讨会。2007年，黄琳团队还获得了国家"863"计划项目"卫星机动变轨技术"的资助。这样他们就开始把研究方向向航空航天控制前沿领域倾斜，初步开展与新型空天飞行器有关的控制方面前沿性理论与仿真研究。

大致在同一时间，在一次由基金委出面组织于西郊宾馆召开的关于临近空间飞行器的研讨会上，黄琳就其控制可能出现的新问题做了发言，并提出了一些与传统控制不一样的新问题，引起了航天科技集团领导的重视并要求他就此写出书面的东西供他们参考。2008年，北大人事部收到航天科技集团来函，在其提供的国家某重大专项工程专家委员会的名单中有北京大学黄琳院士，要求通知本人并签署相关保密协议。随后党委副书记张彦召开由人事部、先进院与保密办的负责人和黄琳本人参加的工作会议，在会上张彦代表学校对于北大有教授参加该专家委员会给予了高度评价，并责成保密办母金玲同志与航天科技集团商谈有关保密等问题，随后黄琳即正式参加该专委会的工作。北大的控制团队也承担了两项重大专项专题项目研究任务，正式参与该重大专项的相关控制理论与方法的研究，成功实现了立足国家需求将控制理论与航天的新问题相结合的研究路线。经过课题组成员的努力，面对用传统控制理论方法无法奏效的非线性、高动态与强耦合的问题，采用了针对问题的新的理论方法，完满地完成了航天科技集团的具挑战性的科研任务。航天科技集团对北大的工作作出高度评价，称"相关研究成果为航天科技集团高超声速国家重大专项控制系统的研制和试验飞行的成功提供了理论和方法的支撑"[①]。在将这一证明的初稿拿去征求黄琳的意见时，他以自己不是真正在第一线工作为理由毅然删去上面"黄琳院士"这四个字而保留了段志生与杨剑影两课题组的字样。由于北大团队在该重大专项上的贡献，黄琳也应邀作为控制方面的代表不顾年高辛苦驱车八小时前往太原基地参观了第二次飞行器的成功发射（美国同类型飞行器试验两次均失败）。

北大控制团队由于在控制理论研究工作有重要创新，且在该重大专项工作中有成功应用而获国家自然科学奖二等奖。

在完成这一任务的同时，黄琳并不安于现状，而是向课题组的年轻人提出一个进一步研究的理论问题，即系统的控制输入的增加究竟对系统的性能有什么益处，针对这一问题课题组进行了研究并得到一些有价值的理论结果，产生了有益的国际影响。时任北京大学长江讲座教授，现为美国纽约大学理工学院教授的姜钟平在一篇文章中这样写道：

> 黄先生是控制界公认的学术大师，做他的学生应该是幸福的。虽然我不是他的学生，但我有幸得到许多机会近距离感受先生的人格魅力和正能量。我在北大做"长江"讲座教授时，那时国际上欠驱动力学系统的控制方向如火如荼。先生让他学生做的却是"过驱动"问题的研究。现在回头想想，"过驱动"问题同样有理论与应用价值，我不怀疑将来会是一个热门研究方向。从这一个例子就可看出，先生希望他的学生走前人没走过的路，形成自己独特的研究风格，而不是一味地赶时髦以发表文章为目的。在北大三年期间，我个人的研究也深受先生的影响。先前主要从事由稳定的子系统组成的关联系统稳定和控制研究，现在很荣幸能有机会和先生开始合作探讨不稳定子

---

① 航天科技集团项目应用证明。2014年7月5日。资料存于采集工程数据库。

系统在关联系统稳定性中的作用。我又一次看到先生选题的前瞻性和创新之处。①

以参与重大专项为契机，北京大学与航天科技集团开始了至今十多年来良好的合作关系，在黄琳指导下，团队成员作为负责人承担了国家重大专项工程飞行控制与制导项目、重大基础研究（"973"）项目，针对高超飞行器多通道耦合和控制分配、高速机动鲁棒自适应制导与控制、气动与控制一体化、国外高超声速飞行器失败分析等方面的难点问题，做出了一系列有特色的重要成果，为高超声速飞行控制关键科学问题的研究积累了基础和经验。结合近空间高超声速飞行器飞行控制方面的前期研究工作，黄琳提纲挈领地梳理了高超声速飞行器面临的控制难点问题，于2011年第10期《控制理论与应用》上发表了关于高超声速飞行器控制关键基础科学问题的论文《近空间高超声速飞行器对控制科学的挑战》②，论文分别从六个方面讨论了高超声速飞行器对控制科学带来的挑战：（1）高超声速飞行器强耦合特征，解耦与耦合协调控制的区别与联系；（2）高超声速飞行器异类多作动器的协调配合，以及冗余控制输入和一体化设计带来的控制科学问题；（3）流体力学与控制的结合，面向控制的建模理论与方法；（4）高超声速飞行器中相关的经典非线性、时变、优化与变分问题；（5）高超声速飞行器控制过程中的飞行分段与问题分解；（6）重视计算机的作用，有效结合计算机仿真解决工程问题。从高超声速飞行器实际需求出发提炼问题并加以解决，不仅对飞行器本身非常重要，而且会推动控制科学的发展。这一纲领性的文章指导了北大团队的研究方向，其核心观点贯穿于团队成员们十年来的高超声速飞行器控制研究工作中。

2010年，黄琳牵头申请的国家自然科学基金重点项目"近空间高超声速飞行器自主协调控制研究"获批，项目以近空间高超声速飞行器为背

---

① 姜钟平：控制界的风清扬——写在黄琳院士八十大寿前夕。见：黄琳先生八十华诞文集编委会编，《唯真求实　矢志创新——黄琳先生八十华诞文集》。北京：北京大学出版社，2015年，第78页。

② 黄琳：近空间高超声速飞行器对控制科学的挑战。《控制理论与应用》，2011年第10期，第1496—1505页。

景，以解决由于飞行器以高超声速在近空间飞行带来的特殊飞行控制问题为目的，对飞行自主协调控制所涉及的以下重要科学问题展开深入研究，包括：非线性强耦合状态的飞行可解耦条件与关联协调控制问题；异类混合多操纵面动态输入配合与冗余控制一体化问题；高超声速建模问题；高超声速飞行器控制仿真实验与仿真评价，并对理论研究成果加以仿真实现。通过研究新理论、探索新机制，建立新方法，确立一套适应高超声速飞行器的控制系统设计理论。在几种典型飞行状态下（包括巡航、爬高、下滑、平面机动），深入研究高超声速飞行控制系统建模和控制的具体方法，解决由于高超声速飞行强非线性强耦合引起的飞行控制技术上的理论难点，并建立高超声速飞行器飞行控制系统评价指标体系和评估方法，给出飞行控制系统实时仿真试验验证方法和实时仿真试验结果评定方法，对前面的理论研究成果提供仿真支持。这一项目结题时获得优秀评价。

针对高超声速飞行器多作动器课题，北大团队还围绕这一对象开展了一系列理论研究，给出了使得多输入系统二次性能指标严格下降的充分必要条件，验证了多输入在改善最速控制方面的作用，建立了多输入分配鲁棒最小二乘算法。给出了输入故障下的容错控制方法，建立了飞行器反作用力控制与舵面控制的联合协调分配算法。给出了飞行器姿态控制多通道耦合模型以及线性参数变化的凸组合模型，分析了高超声速条件下参数变化的主要特征，以及模型不确定性主要来源。对升降舵、副翼和方向舵进行了舵面效率的研究，探讨了气动力耦合、运动学交叉耦合和惯性交叉耦合的影响。分别从结构不确定性、非结构不确定性以及两者组合的情况给出了不确定性模型建立方法，建立了风干扰、干扰力与力矩及弹性形变等典型不确定性模型，给出了鲁棒、容错、自适应、抗饱和等控制方法。进一步给出了鲁棒分散控制与控制器切换抖动抑制方法。建立了高超声速飞行器等离子体流动控制数值模型。针对美国高超声速飞行器的失败案例，对大攻角飞行控制难度以及表层脉动压力进行了深入分析，给出更合理的控制方法。在多运动体协调控制、流动控制、工程计算误差分析等方面也给出了有意义的结果。项目执行期间发表 SCI 检索论文 50 多篇，北京大学课题组主要成员获得教育部自然科学奖一等奖与国家自然科学奖二等奖，一名博士获得全国百篇优秀博士学位论文奖。团队成员被评为2011年教育部新世纪优秀人才，入选2013年长江学者，获得杰出青年基金。

由于北大控制团队与航天科技集团十多年有成效的合作，双方有较好的了解，容易实现有效的合作，在黄琳和科技集团科技委主任包为民院士的倡导和推动下，这一合作正在扩展为航天科技集团与北大特别是整个力学方向的合作。

立高志远　主持控制战略研究

2010年，经中国科学院信息技术科学部第十四届十二次常务委员会会议决定，自然科学史研究所（学部学科发展战略研究中心）邀请黄琳负责并依托北京大学开展"控制科学发展战略"研究，项目的研究时间为2011年6月至2013年6月。全国从事控制科学研究的单位很多，具研究人员或大学教师过百的单位至少数十家，其中不乏名所名系，北京大学黄琳所在的团队不足十人，虽然在控制科学的研究上很有特色，但要承担这个任务仍然是很困难的。时任中科院信息技术科学部主任李衍达院士在后来由科学出版社正式出版的《中国学科发展战略·控制科学》一书的序言中是这样叙述的：

> 北京大学具有综合学科优势，科学研究氛围好，可以脱离单一学科的局限性，自由探索控制科学的发展趋势及其面临的重要需求；信息学部第十四届常委会认为，依托北京大学、由黄琳院士主持完成这项研究是非常合适的，常委会对这项研究寄予很高的期望。经过两年多的努力，发展战略研究组先后举办了两次研讨会和一次前沿论坛，邀请了45位专家做综述报告，在这基础上形成了"控制科学发展战略研究报告"。报告在回顾控制科学发展历程的基础上通过总结成功的经验，对当前新的挑战下控制科学可能的发展做出阐述并给出在新

形势下促进其发展的建议，给人以深刻的启迪，是一份具有重要价值的研究报告。①

一开始学部常委会提出要研究的是控制科学与控制工程的发展战略，黄琳在接到相关通知后召集课题组成员进行讨论，他明确提出两个问题，希望大家发表意见。他指出：其一，北大在控制工程上没有条件做发展战略研究建议，向常委会提出只做控制科学的发展战略研究而不专门涉及控制工程；其二，这基本上是一项科技界的公益活动，要花很多时间，做得成功对科技界特别对控制科学界非常有益，但按现在的职称评定与业绩考核的标准对个人升迁没有什么好处。经过认真讨论，对第一点大家一致表示要实事求是地向学部常委会提出。对于第二点，让他十分欣慰的是大家一致表示，既是对科技界特别是控制界有益的公益事业，要做就不应该只考虑此事对个人前途和利益的影响，大家愿意一起来完成这个光荣而又艰难的任务。这样黄琳经学部常委会同意将研究范围只限制在控制科学上。于是为期前后的工作就这样开始了。

黄琳在接受这一任务以后，考虑到控制学科的研究面很宽而北京大学的团队人少且只集中在控制理论与运动体控制相关的应用上，虽有自己的特色，但独立承担整个控制科学学科的发展战略研究工作是力不从心的，必须集中全国控制界的力量，共同承担才能胜任。因此必须树立一个思想，即尽可能地动员全国乃至全球华人控制界来做好此事，为此他一方面依靠学术团体和学术刊物，召开一系列学科发展的研讨会，针对控制科学的各分支邀请知名专家做学术综述报告，凝练问题、形成共识。由于控制界的鼎力支持加上他个人在控制界的重要影响，这一艰巨任务得以圆满完成，在实施的短短两年里，先后参加到这一工作中来的两院院士有十四位，各分支的具重要国内外影响的教授近一百位。期间召开的各种研讨会与工作会议近三十次。其中，由学部出面的"控制科学的前沿与挑战"技术科学论坛有两次，分别在北京中国科学院学术会堂和沈阳东北大学举行；

---

① 中国科学院：《中国学科发展战略·控制科学》。北京：科学出版社，2015年。

两次有百人参加的全国范围的综合性研讨会,分别在北京大学和中南大学举行;其他专题研讨会和各种工作会议大部分在北京举办。这些会议一般都得到所在单位人力和财力上的大力支持。在这些会上共发表综合性与专题性的学术报告七十个,据不完全统计,仅在《自动化学报》从2013年2月开始至年底就陆续发表相关综述文章二十多篇[1]。这样有众多专家参与的规模和带来的处于最前沿的巨大的信息汇集是北大团队和黄琳本人所预想不到的,这一方面显示出中国控制界对此需求的迫切,另一方面表明常委会将此任务交给北大和黄琳来做的正确性。这一系列的活动为最终完成控制科学发展研究报告奠定了一个很好的基础。

为了有序地开展具体而深入的工作,黄琳即时组织人员并成立了工作组,详细制订了项目研究计划。2011年年初,由黄琳领衔,北京大学力学系统与控制学科点段志生、王金枝、杨莹和刘蕾组成了项目工作组,后来又增加了杨剑影与李忠奎,并组建了由国内高校和研究所的几位知名学科带头人组成的项目专家组,形成工作团队,进行项目总体策划和顶层设计。根据控制科学的内容,分成了控制理论、过程控制、航空航天与运动体、网络、交叉学科及其他等五大领域,并分别任命各个领域的具体负责人和由北大派往该组的联络员以便分组顺利开始工作。

2011年9月24日至25日,控制科学发展战略第一次会议在北京大学中关新园举行,以两院院士、长江学者、学科评审组成员和杰出青年基金获得者为主的海内外知名教授和专家学者参加了会议。会议以专题报告和自由讨论为基本方式,针对五大领域,除报告外每天安排一小时进行交流讨论。会上,黄琳介绍了会议召开的目的和要求,明确了控制科学发展战略研究的主导科学思想、框架、条目和必要的分工。郭雷、柴天佑两位院士分别从控制理论、控制工程两方面做综述报告。十九位专家分别进行了五大领域的专题报告,报告和讨论侧重于对控制学科发展的战略分析,包括从科技发展角度进行的时代分析和需求分析,总结新特征,研究新的可能的学科生长点等,为项目研究创造了一个良好的开端。会上,《自动化学

---

[1] 黄琳:"控制科学发展战略研究项目"结题报告。2013年10月21日。资料存于采集工程数据库。

图 10-1　2011 年黄琳（一排右五）参加在北京大学举办的控制学科发展战略研讨会合影

报》主编王飞跃主动提出将会议报告形成控制科学发展战略综述论文，在《自动化学报》以专题形式刊出。从 2013 年 2 月起，先后有二十余位专家的综述报告在《自动化学报》发表，在国内学术圈引起强烈的反响。其中，黄琳的文章《为什么做，做什么和发展战略》，作为控制科学学科发展战略系列的首发论文在《自动化学报》2013 年第 2 期发表。文中，黄琳从控制科学的发展历程和发展趋势剖析了为什么要进行控制科学发展战略的研究，并结合信息丰富时代给控制科学带来的新问题，探讨了我国急需发展的控制科学基础理论和应用的重点方向。他认为：（1）控制科学在我国真正在理论上深刻或便于应用的原创性成果仍然较少，我们必须从战略层次上去研究现存控制科学的合理性与不足，做出对未来发展的研究预期。（2）控制科学的定位是在信息科学的意义下，研究与控制器（或控制平台）设计和实现有关的科学问题。必须对控制科学的历史与现状进行系统的分析，从过去历史分析中寻找规律，从现状分析中总结需求和相邻学科发展的影响，并关注各分支的瓶颈问题。（3）通过广泛收集文献、充分进行学术交流，在若干关键问题上形成发展战略的基本思路。

在发言中，黄琳强调这次会议是一次研讨会而不是规划会，更不是项

图 10-2 2012 年黄琳（一排右五）参加在中南大学召开的控制科学发展战略项目第二次会议合影

目与资金的分配会，因此要求与会专家本着科学的态度从发展战略的角度，不仅谈自己从事的领域中自己的工作，更要谈这个领域的全貌、来龙去脉、发展方向和可能的学科生长点；对已有成果意义的评价应力求客观公正，符合学科发展的现实；在提出建议时只谈该建议的必要性和意义，避免涉及具体布局、资金投入和涉及单位利益的非科学事项。由于坚持了项目参与者只应关注整体学科发展的战略而不去考虑个人或单位的得失，使得整个两年的研讨期间能够秉持一种客观、科学和相对超脱的学术氛围，使最后形成的报告具有较高的学术水平和公正性。为了发展战略研究的进一步深化，在黄琳的倡议下，2012 年 4 月 6 日至 8 日，由中南大学承办在湖南长沙召开了控制科学发展战略项目第二次会

图 10-3 2013 年黄琳主持"控制科学面临的前沿科学与工程问题"论坛

议。会上，与会专家从控制理论、过程控制、航空航天与运动体、网络、交叉学科及其他等五个方面对控制科学所涉及的研究领域进行了深入的交流与讨论，并在上述方向组成了五个工作小组，明确了战略报告分组报告的撰写人员及分工，部分工作小组还邀请了相关研究方向的专家参与分报告的撰写工作。之后按学部常委会决定，黄琳先后于 2012 年 9 月 4—5 日在东北大学主持了"控制科学的前沿与挑战"技术科学论坛，2013 年 5 月 29—30 日在北京中科院学术会堂主持了"控制科学面临的前沿科学与工程问题"前沿论坛。在这四次会议国内外学者和专家共做了 53 个综述报告。

图 10-4　2012 年控制理论发展战略报告研讨暨评议会合影（一排右六为黄琳）

在项目执行期间，各个工作小组也以专题研讨会、工作会议等不同形式开展了卓有成效的工作。在上述一系列报告的基础上，经过各个工作组成员认真不懈的努力最终形成了控制科学发展战略报告的初稿。报告共分六部分，第一部分是控制科学发展战略总体报告，由黄琳主笔撰写：论述了控制科学的定位、新的时代特征带来的新特点和新方向；分析了控制科学发展的历史和从中得到的启示；从控制科学整体的角度对五个重要领域提出了新时代下具有挑战性的新问题；对现今人类社会和我国控制科学的进一步发展进行了需求分析、学科发展的思考，提出了进一步发展的几个重大需求方向和一些实质性的建议。后五部分是控制科学关注的五个重要领域：控制理论，航空航天与运动体控制，过程控制，网络控制，交叉学科、教育和其他，报告详细分析了这些领域的发展、需求、面临的挑战和新的机遇与问题。2013 年 5 月 31 日，项目组邀请部分专家在北京召开了控制科学发展战略研究项目报告的咨询评议会，根据专家建议对报告做了进一步完善。2015 年，控制科学发展战略研究报告以专著《中国学科发展战略·控制科学》由科学出版社出版。

图 10-5　2015 年在北京大学举办的控制科学发展论坛合影（二排右七为黄琳）

　　由于黄琳主持的控制科学发展战略研究项目以及《中国学科发展战略·控制科学》一书的出版在学术界引起了很好的反响，该项目又被列入国家自然科学基金委和中国科学院联合资助的项目并获得了继续资助（2014 年 5 月 20 日，国家自然科学基金委员会－中国科学院学科发展战略研究工作联合领导小组召开第三次会议，审议通过了由黄琳负责学科发展战略研究项目"控制科学发展战略研究"，项目研究时间为 2014 年 7 月至 2016 年 6 月）。为推动控制科学发展战略进一步的深入研究，黄琳提议成立了控制科学发展战略系列丛书编委会，由编委会邀请相关专家就控制科学若干重要领域和分支进行发展战略研究。研究结合国家重大需求和学科本身的逻辑发展，归纳总结学科发展的瓶颈问题和新的学科生长点，从战略角度形成控制相关学科的发展建议，项目成果以出版系列丛书的形式完成。

由于这是中科院学部组织立项的第一个关于控制科学的发展战略研究项目，它的完成凝聚了近百名处于控制科学前沿教授的心血，在研究过程中积累了相当丰富的经验和教训，为后来进一步在该方面的发展战略研究提供了借鉴和起到了一定的示范作用。例如在管晓宏院

图 10-6 《中国学科发展战略·控制科学》

士后来负责的有关系统工程发展战略研究的第一次全体参与者的会上，他们就将《中国学科发展战略·控制科学》买来发给与会者人手一册作为参考。

2017 年 7 月，国务院正式发布了《新一代人工智能发展规划》，标志着我国迎来了人工智能发展的重大战略机遇，体现了国家加快建设创新型国家和世界科技强国的决心，以及构筑人工智能发展的先发优势的战略布局。黄琳意识到，这一方面是国家对人工智能的关心与重视，另一方面是控制科学发展面临的巨大挑战，这两者的碰撞意味着发展智能控制大好时机的到来，应紧紧抓住这个机遇，迎头创新，在新一代控制科学发展上占据制高点，从而在一些原始创新上取得决定性进展。2017 年，中国科学院信息技术科学部常委会批准由包为民院士主持开展"智能控制及其工程应用"发展战略研究项目，黄琳、王子才和郭雷三位院士负责智能控制学科发展战略的研究。为研讨智能控制的理论、技术、应用面临的关键问题以及未来重点研究方向，黄琳于 2017 年 10 月 7 日在北京大学组织召开了智能控制研讨会，七十多名相关方向的专家学者参加了会议。会上，黄琳做了题为《我对智能控制的一点看法》的大会报告，从控制角度谈了他对当前智能控制发展的一些看法。报告首先介绍了人工智能在人类社会从无到有的过程，目前发展人工智能已是国家的战略层面；接着介绍了人工智能与控制的关系，包括控制科学与技术的定位，控制科学技术的发展

呼唤人工智能的介入，智能与传统的关系、算法仿真的作用等；最后对人工智能发展提出了三点建议：建立一个智能控制的联合研究中心、研究和开发新的智能算法、建立针对智能控制的仿真平台且能与传统控制仿真相容。与会专家也分别就信息物理系统（CPS）驱动的控制系统、知识自动化及工业应用、多运动体的智能控制、脑机接口的临床应用、智能自主飞行控制技术等多个领域与方向进行了专题报告和热烈讨论。会后，黄琳进行了总结发言，他指出：目前国家给了我们非常宽松的环境让我们做原创的工作，人工智能用在控制里面不是达成共识的时候。科学研究是具体的，不是在大框架上。建议大家脚踏实地把工作做细，能够拿出各种观点做出实际的理论实际的东西，不能把科学停留在思辨式上。会后，黄琳和杨莹、李忠奎在大会报告的基础上撰写了《关于智能控制的几个问题》一文，发表在《中国科学：信息科学》2018年第8期上。文章系统地介绍了人工智能的起源、发展和研究现状，并从控制的角度，阐述了人工智能在控制系统中应用时可能遇到的问题以及带来的挑战和机遇。文中，黄琳进一步强调：（1）智能算法和仿真在智能控制中的重要性，指出智能控制的核心当是以人工智能的方法来实现的控制算法；（2）人工智能和传统控制的关系，指出传统控制与智能控制不应互相排斥而是结合，应认真研究智能控制与传统控制各自的优缺点与适用条件以做到优势互补；（3）针对新智能控制方法的提出，智能控制仿真平台的设立，以及多学科交叉联合研究中心的建立等方面，提出了新时期下智能控制研究的几点建议。

　　经过两次战略发展项目的研究，黄琳及其团队对当前我国控制科学发展中所需要研究和待解决的问题进行了认真梳理和深入思考，对学科点未来发展方向的规划起到了重要的参考和指导作用。黄琳前瞻性地指出要面向国家安全和国民经济的战略需求，分析技术进步和信息丰富时代给控制科学带来的新问题，开展具有特色的原创性应用基础研究，服务国家和社会。这一思想如今正引领和指导着北大控制团队的科学研究和人才培养。

多彩一生　笔耕不辍留赠后人

黄琳一生的经历无论从国家的变化还是从他所从事的控制科学的演变来看都极具特色，这是当今年轻人所不可能经历的。从国家的变化看，他经历了两个不同的半生。前半生在充满动荡不安的环境中成长成才，后半生从改革开放开始，当时他已过"不惑"这一人生科研黄金年龄，他经历了科学工作复活阶段的艰辛，待到国家相对富裕，各项条件得以改善之时，他已渐近耄耋之年。从控制学科的发展看，他出生之时经典控制理论刚起步，研究生毕业时赶上现代控制理论的兴起，晚年面临信息丰富系统日益复杂的现实，可以说他的一生见证了整个控制科学发展的进程，也是难得的机遇。这些和时代密切相连的丰富经历促使他晚年下决心要把这一切记录下来，留下文字作为这一特殊时间中国科学家成长成才的见证，给后人以启迪。

大致在2009年黄琳开始回忆自己的一生并打算将其记录下来，但后来由于事情依然繁多致使写作时断时续。他首先完成了"文化大革命"的四部曲，即"'文化大革命'初期""参加演出队""总也改造不好"和"十年汉中梦"，随后他又完成了"我的童年"，中学的两部分"以淘为主"和"成长与转变"，后来由于要再版《系统与控制理论中的线性代数》而停顿下来直到采集工程开始。为了配合采集工程，他先后完成了"病中上大学"和"毕业、工作——动荡中求索"，这样连同以前已写成的基本上涵盖了他的前半生的经历。这些回忆成了采集工程资料的重要来源。至于他的下半生的回忆，只能停停写写，采集工程需要的，他先按要求提供素材并保存至原拟定的各篇框架内，待以后空闲时再完成。

在黄琳撰写回忆录的同时，他也对科学研究、培养研究生以及学风等问题，根据客观的科学的事实和他的理解和经验写了一些随笔。这些随笔大部分并未公开发表。其中针对当今学术界的时弊与一些不正确的引导，他撰写了两篇文章，分别是刊登在《北京大学校报》2014年第1355期上的《关于大师》和教育部刊物《学位与研究生教育》2014 年第 10 期上的《谈谈指导研究生和科研工作中的一些关系》。这两篇随笔发表后有很好反响，不仅被其他杂志转载，而且被一些教授指定为年轻老师和博士生学习的材料。

在《关于大师》一文中，黄琳以哥白尼、布鲁诺和蔡元培为例，指出他们所作出的巨大贡献刚好与他们所受的教育是相悖的这一点说明大师并不是教育出来的，从而指出当今社会上流行的"钱学森之问"实际上是科学上并不成立的命题。接着他从天赋、教育、志向与兴趣、机遇以及毅力等因素出发阐述了其在大师成长过程中的作用，然后指出：以上五个方面只是杰出人才可能脱颖而出的一些必要的条件，但他们的真正成长还必须有合适的生长环境，由于是学术界的事情，这个学术生态的环境必然要有其符合学术发展的特点。学术活动是一种智力活动，必须充分认识智力活动在人类社会进步中的决定性作用，这样才能形成整个社会尊重知识尊重人才的氛围。这种氛围不仅体现在精神与思想层面而且还应体现在物质方面。一般说来知识分子并不追求奢富，他们只要求有简单小康的生活使其探索与研究不受生计盘算的影响；学术上的建树是建立在长期积累之上的，积累既是学术上的传承，又是产生创新的基础，由于这是智力活动，智力活动不可能在一个十分嘈杂喧闹的环境中进行，因此需要一个安静长期稳定的学术环境；知识与智力在人类社会进步中的作用是既有直接的也有间接的而且大量可能是间接的，在学术建树上追求立竿见影的效果是荒唐的，学以致用这个是有道理的但不能由此引申为以用定学，因为很多重要发现到真正用得上常常需要几年甚至几十年的时间，而有一些重大的学术发现只是提高人类的认识，从狭义的理解它似乎没有什么用；学术上的建树常与探索未知相联，要求探索过程不走弯路乃至不允许失败是不现实的，一个新的见解或理论在刚出现时必然是不完善的，此时要求业界的公认也是不现实的，有异见乃至反对应视为正常现象，包括允许错误的反对意见的发表；世界上一个共识是学术事务应该由做或至少是懂学术的人来领导和管理，应坚持让做或懂学术的人有职有权地自己管理学术事务，尽量减少行政干扰；学术做得好坏的标准应由懂学术的人说了算，经费是提供做研究的条件，根本不代表研究水平的高低，既不要用经费作为标准评价研究工作也不要用金钱勾引学术界不务正业。总之这就是要创造一个自由宽松的环境，让学术界这个复杂的系统在这个环境中良性地演化，有一定时间积累，产生杰出的成果和学术界的大师是水到渠成很自然之事情。相反如果一味地人为地干预，例如规划一个路线图，投多少资，挖多少人搞一个向诺贝尔奖冲击的目标和计划，可能最后什么也得不到，只能落得一个违背科学研究的客观规律而拔苗助长的结果。

在《谈谈指导研究生和科研工作中的一些关系》中，黄琳从以下十二个方面阐述了科研和培养研究生要处理好的一些关系：（1）师傅领进门，修行靠个人；（2）好学生不靠教，赖学生教不会；（3）选题最能体现导师的作用。选题一要有价值，二要学生经过努力能做得出来，即跳一跳才够得着；（4）注重实质性贡献而不是科学管理需要的数据；（5）十年磨一剑和有铁就打菜刀卖；（6）功劳、苦劳与疲劳；（7）不能总满足于编习题和做习题；（8）是真创新就不要急于要别人认可；（9）时间比奖励更能体现成果的价值；（10）学习和研究都很苦，乐是在苦中产生的；（11）积累是基础，创新是目的；（12）工欲善其事，必先利其器。

在黄琳进入耄耋之年笔耕花费精力最多的是为中国控制界留下了三本非常具学术特点的专著。

首先动笔修改的是《系统与控制理论中的线性代数》。关于该书第一版的出版过程与该书的巨大影响以及修改出版第二版的情况在第六章已作了详细介绍。黄琳学术成长采集工作启动以后，很快就先后发掘出半世纪前他完成的两本讲义《控制系统动力学讲义》与《最优控制理论》，关于这两本讲义的特点、学术价值和决定出版以及出版过程的艰辛在第四章中也已作了阐述。这里只想指出一点，在黄琳决定重出这三本著作之时已年届八十，要做这样的事自然压力很大力不从心。通常在学术界古稀老人想著书立说总是先寻求较年轻而治学有成的年轻助手，这样以年长者的学识、积累和经验与年轻人的精力充沛、思维敏捷和信息灵通两相结合发挥各自优势就能较好完成这一写作任务。对于修改《系统与控制理论中的线性代数》，一开始黄琳也寄希望于有年轻学者的协助，在物色人选时他想到了南京理工大学的邹云教授，这是因为邹云是数学系出身，搞控制研究也已有二十多年，在南京理工大学长期用这本书给研究生上课，且两人交情很好。黄琳一次和邹云谈起此事，意外地立即遭到回绝，至此他就下定决心自己来完成。后来邹云在文章中这样写道：

> 记得那是一年的秋天，黄老师讲座结束回宾馆的路上，似乎有些不经意地对我说："邹云，我想授权你，改编再版这本书。"乍听这话，我的第一反应是："我才不干，黄老师。这世上如果还有什么事情算是最愚蠢的，那就莫过于改编世界名著了。"气得黄老师一边笑着一边直摇头。平心而论：这部专著非常经典，要改编得满意，难度实在太大，也只有黄老师亲为了。听说最近黄老师正在亲自修订，将要出版。很开心！热切期待中。①

正式出版两本半个世纪前的讲义，并不做大的修改和增加大篇幅的内容，从学术的角度相对容易一些。由于这两本讲义均是油印产品，时间一久字迹难免模糊不清，在正式录入成电子版前需要审校一遍以便录入者能看清楚文字与符号，这得由黄琳亲自来做。由于《控制系统动力学讲义》内容相对容易，加上用的讲义是二十年前孙常胜教授在北大上课时重印的

图 10-7　2013 年黄琳获北京大学第三届"蔡元培奖"证书

图 10-8　2014 年黄琳获北京大学"国华杰出学者奖"证书

---

① 邹云：我认识的黄琳老师。见：黄琳先生八十华诞文集编委会编，《唯真求实　矢志创新——黄琳先生八十华诞文集》。北京：北京大学出版社，2015 年，第 56 页。

版本，相对清楚，黄琳就放心将此交给李忠奎博士去做，待基本完成正式印刷前他再看一遍。而《最优控制理论》则很不一样，一来这是五十年前的讲义字迹已经模糊，纸又发黄，难以看清，二来《最优控制理论》使用的数学比较艰深，叙述符号相对复杂，加之已有的教材取材相对简单致使年轻人在仅学过最优控制课但并未做深入研究的人来说，一般不能顺利读懂这本讲义，于是所有校改的工作必须主要由黄琳亲为，在录入电子版后经过他三次认真校改终于完成了任务。

随着这两本讲义的正式出版，黄琳将以五本有鲜明特色的学术著作留给业界，这对于中国学者说来并不多见。黄琳认为他很幸运能取得这些成就。早年他虽然经历过一些挫折和坎坷，但他始终坚守，老老实实尽好教师职责，认认真真地迎接每个挑战，扎扎实实地做好本职工作，始终保持学者所应有的风骨。正是这些让他在晚年能感到一丝丝的欣慰，因为此生并未虚度。

黄琳生活淡雅简朴，工作认真负责，几十年如一日。北京大学工作五十多年来，在人才培养与学术研究上都取得了杰出成就。晚年也获得了多项荣誉，包括2010年获第一届控制理论专业委员会杰出成就奖，2011年获中国自动化学会成立五十周年杰出成就奖，2013年获北京大学第三届蔡元培奖，2014年获北京大学"国华杰出学者奖"。

黄琳学术成长资料采集小组成员跟着黄琳老师走进了他八十多年的难忘岁月，深入了解了他通过努力和奋斗成为一代学术大师的丰富精彩的人生。两年的工作收获了很多的感动和有益的影响，得到的精神财富也将激励小组成员在学术研究和教书育人的道路上不断努力创新。同时，能为黄琳这样一位为国家科学与教育事业踏踏实实工作了一辈子的学者做一点力所能及的事情，小组成员感到由衷的欣慰和自豪。

结 语

　　黄琳作为中国控制界的拓荒者、推动者和见证者之一，经历了我国控制理论和控制工程从落后到繁荣发展的过程。

　　黄琳出生在一二·九抗日救亡运动前夕，正值国家危难之际，艰苦卓绝的抗日战争、颠沛流离的逃难生涯、相对贫苦的生活磨炼和爱国正义的家庭影响，无声地教育了他，为他爱国、正直和敢于担当的一生奠定了坚实的基础。父母都是爱国正直的中小学教师，他们寄希望教育救国的思想也深深地影响着他，学好科学报效祖国是他心底深处的信念。黄琳中学就读于扬州中学，后考入北京大学数学力学系，这两所学校优秀的教学环境、出色的师资条件和良好的学习氛围，为他打下了扎实的知识基础。黄琳认为作为学生需要有意培养自己的独立性，不能仅仅依赖于听课。不同课程的任课老师有不同的教学特点，任何老师的讲授都有可取之处，即使是上课满黑板不停地写，不习惯与学生互动而语言又乏味的老师，完全跟上老师的思路与所写的内容也是一种能力的锻炼，而自己努力从中凝练出思想是对学生的更高要求。十几年的求学生涯不仅使他具备了良好的学习习惯和方法，还使他养成了善于独立思考的习惯。勤于思考、善于思考成为他日后开展学术研究工作的重要武器。

　　1956年钱学森先生在中科院力学研究所讲授"工程控制论"，黄琳作为北京大学数学力学系抽调的十五位学生之一前往听课。正是受钱先生的影响，他开始关注动力学与控制科学这一研究领域。研究生期间，他从苏联专家那里学到了有关鲁里叶系统绝对稳定性等苏联的最新成果，使他很快地了解并熟悉了东西方控制领域的最新知识和国际前沿方向。而控制科学在当时的中国处于刚刚起步的阶段，黄琳及时抓住了这样一个开展控制科学研究的良好机遇，再加上前期完整的教育为他积淀了扎实的功底和厚实的学术素养，以及对科学研究孜孜以求的信念和浓厚的兴趣，使他很快就能够独立地开展控制方向的科研工作，也因此作为年轻的优秀学者崭露头角。1959 年 2 月，当时主管航空的一机部四局总工程师昝凌找到北大提出开展关于飞机安定性分析的研究，北大数学力学系联合一机部四局和数学研究所组成联合小组开展了工作并顺利完成了任务，黄琳作为主要研究者撰写了结题报告，成果得到四局的充分肯定。黄琳从这一结合实际的科研实践中提炼了如何估计系统衰减时间的理论和方法，并以此作为研究生毕业论文顺利通过了答辩。1961 年中国自动化学会成立，之后成立了控制理论与应用专业委员会，黄琳是第一届委员会十五位委员之中最年轻的一位学者。随后他的论文《论衰减时间估计》作为学会遴选的两篇稿件之一入选了 1963 年第二届国际自动控制联合会大会，这篇论文引起了包括知名学者拉塞尔和塞戈在内的国际控制界的关注和讨论，他们明确指出："本文中提出的理论在研究不变流形的稳定性方面具有一定的实用价值。"后来黄琳受周培源先生委派参与筹备一般力学全国大会并做大会报告，并在此基础上完成综述文章《控制系统动力学及运动稳定性理论的若干问题》，发表在 1963 年《力学学报》上，他的报告及文章对国内业界产生了很大的影响。

  黄琳学术上的成长和取得的成就与他秉持一步一个脚印踏实认真的工作精神，以及在学术上坚持做创新性的研究工作理念是分不开的。苏联专家曾给他一个题目，用平方积分评价作为性能指标，针对普通反馈和恒行式反馈来选择参数以使系统优化，在他完成这一任务以后就一直思考如何将这一方法上升为理论。直到 1963 年黄琳与他指导的学生郑应平、张迪共同努力解决了这个问题，即在一般性框架上得到了基本理论的结果，特别对常系数线性连续系统证明了二次型最优控制问题解的存在性和唯一性，给出了最优控制的线性控制律、黎卡提方程求解的序列逼近法和单输入线性系统极点配置定理，这些领先国际同类研究的结果都是现代控制理论的奠基性成果。后来他又解决了离散系统的对应问题，并想将这些结果合在一起投稿第三届国际自动控制联合会大会，但由于政治运动未能实现。

20世纪80年代以来，鲁棒控制一直是控制领域中的重要前沿课题，其中参数摄动控制系统的鲁棒分析与综合是鲁棒控制理论的重要组成部分。多项式族系数空间中稳定性区域一般不具有凸性，这导致参数摄动系统鲁棒稳定性分析变得十分复杂。苏联学者哈里托诺夫给出的多项式族稳定性分析定理是这一领域的开创性工作。黄琳1985年访问美国时，及时抓住了这一关键研究课题，与美国学者巴特利特和霍尔洛特合作给出了著名的棱边定理，这一里程碑式的工作将参数摄动系统稳定性研究推向了高潮，在20世纪90年代初的国际控制刊物上几乎每期都有相关论文发表。随后他又给出更为基础的边界定理，将当时国际上该领域最重要的结果放在同一研究框架中。2013年，他因上述几方面的成果当选为国际自动控制联合会会士，其学术成就得到了国际上的广泛认可和高度评价。

黄琳学术上的成长与他重视教学，把教学和科研看成是相辅相成的理念有着密切的关系。早在20世纪60年代的前半段黄琳就为一般力学的学生开设了国内院校很少能开出的前沿课程，包括控制系统动力学、非线性调节原理、高精度系统、随机输入下的线性和非线性系统及最优控制理论等热门课程。其内容大都选自新出版的书或杂志，包含了当时控制理论中的最新成果。这也间接地使他迅速牢固地掌握了控制领域相关方向的基础理论以及最新的研究方向，这毫无疑问对他的科研有很大的帮助，同时也使他成为国内控制领域内公认的理论基础雄厚知识面宽广的少有的专家之一。黄琳一直把教书育人与做研究放在同等的重要位置，他不仅在教学工作上兢兢业业，花费了大量时间和精力，还认真指导本科生做毕业论文。写进教科书的控制理论的基本结果二次型最优控制和极点配置定理就是在他指导1957级学生郑应平、张迪过程中共同完成的。

北大数学力学系自动控制专业因当时的形势等各种原因未能如愿建立起来，但一些听黄琳讲授控制课程的学生从中却受益匪浅，最终走上了从事控制科学研究的道路。据不完全统计，20世纪60年代听他讲授有关控制课程的学生只有几十人，而真正以控制方向做毕业论文的也就十人左右，但在90年代成为控制方向教授与博导的就有六七人之多。针对当时国内没有相关的特别是适合理科教学用的教材，黄琳在授课的基础上完成了《控制系统动力学讲义》与《最优控制理论》两本讲义，简单地讲，前者是具理科特征的调节原理，而后者是迄今为止能见到的同时从极大值原理、动态规划和线性最速控制三方面论述最优控制理论的著作。讲义体现了他对这两门课程深厚的理论功底和个人独特的理解，也包括他对已有成果的诸多改进，甚至包括尚未发表的离散定常线性系统二次最优的理论。在他参加工作初期就花费了大量时间在没有立项需求、没有出版计划、在北大设置控制专业前景还不完全明确以及对个人提职被冻结的前提下（黄琳自1961年研究生毕业到升为讲师整整经历了十八年），撰写了这么丰富且有特色的讲义是需要有理想、有巨大勇气的事情。遗憾的是在当时的背景下，这两本讲义并没有发挥应该有的作用。是采集工程的开展使这两本尘封了五十多年的讲义得以重见天日。拿到讲义后黄琳进行了认真的阅读，基于这两本讲义在今天仍具有鲜明的特色和重要的科学价值，经与科学出版社联系决定正式出版。这样在他耄耋之年又开始了对这两本讲义逐页的仔细校正。

  黄琳一旦认为一件事情是有意义的，是值得做的，他就会落实到行动上坚持做下去并要做好，而不会受环境及他人的影响。1976年"四人帮"倒台，政治气氛相对比较宽松，这让黄琳得以思考一些一段时间里一直困惑他的两个方面的问题：一个是固体力学需要的大量计算其基础究竟是什么？另一个是这十几年来控制理论究竟发展到什么程度？就在从汉中迁回北京的慌乱中，他静下心来跑图书馆，收集资料。经过思考和调研他发现国内急需一本和系统与控制相关的线性代数专著，以供相关科研人员参考使用。他坚信这是一件有意义值得花时间去做的事情。于是他开始了日复一日安心整理著书的工作，基于自己的教学与科研实践以及当时的客观需要，他在汉中用几年时间完成了《线性代数应用理论讲义》，在迁回北京以后多次在部分高校讲授相关内容，后经不断的修改完善最终成就了他的

第一部专著《系统与控制理论中的线性代数》的诞生。该书 1984 年由科学出版社出版，并于 1986 年和 1990 年先后两次重印。这本专著在当时为推进国内控制理论的研究作出了重要贡献，后来还被清华大学等多所高等院校列为控制理论专业的研究生课程。作为一本系统的基础理论参考书，它影响了几代青年控制理论工作者的成长，有太多的人在不同的场合都提到这本专著是他们开展控制科学研究最重要的基础理论参考书之一。随着计算机和控制学科的发展，黄琳认为有必要补充调整部分内容，于是 2018 年黄琳重新修订了其中的部分内容，分上下两册重新出版。他的另两部专著《稳定性理论》和《稳定性与鲁棒性的理论基础》也分别于 1992 年和 2003 年在北京大学出版社和科学出版社出版。这些专著的内容都是他依据自己多年从事科研的经验而编著的，包含了基础理论、一些最新的研究成果以及前沿研究所必备的知识和技巧，内容丰富、叙述简洁严谨，书中一些内容十分重要而在同类著作中很少能找到，这些专著既可以作为教材使用也可以作为工具书使用。

  黄琳在学术研究的道路上从不惧怕触碰各种难题和新的东西，一向注重解决科研中的实质性问题，而不以课题是否流行为标准。从 20 世纪初开始他就积极倡导控制科学必须结合国家需求研究，发现和抓住新的生长点而不要局限于自己已熟悉并有一定优势的领域。他针对大系统研究中常被视为消极因素处理的关联项的作用，认为强耦合的复杂系统的控制必须充分认识关联作用的积极方面，将习惯的解耦做法改为协调控制，指导他的学生将问题归结为设计交叉反馈控制器上，这样在不稳定子系统的作用、交叉反馈协调镇定条件以及加强耦合作用镇定系统等关联协调控制理论方面做出了有意义有特色的研究工作。他在研究工作中特别重视国家急需的前沿问题，近二十年来他指导年轻人先是集中研究包括运动体控制在内的非线性力学系统的控制，进而聚焦到当时国内尚未开展的高超声速飞行器的控制上，自从他 2006 年去新疆参加纪念两弹联试成功四十年活动以后，更是积极联系航天应用部门凝练科学问题寻求合作攻关，在深入调查研究的基础上提炼出高超声速飞行器控制的若干关键理论问题积极开展研究。由于准备工作提前和相对充分，他很快应邀进入国家有关重大专项的专家委员会，北大团队也进入相关研究，经过大家共同努力，取得了理论与方法上的突破，完满地完成了航天科技集团具有挑战性的科研任务。相关单位给予的评价是："相关研究成果为航天科技集团高超声速国家重大专项控制系统的研制和试验飞行的成功提供了理论和方法的支撑。"不仅如此，他还指导年轻人以此为背景进行一般理论的研究，提炼了以飞行器多执行机构为背景的多输入作用问题，把问题聚焦到了增加输入对二次性能指标的影响问题，开辟了一个多驱动问题的新方向。同时主持完成了两项与高超声速飞行器相关的基金重点项目，取得了一批有价值的理论成果，成功实现了立足国家需求将控制理论与航天新问题相结合的研究路线。

与众多老科学家一样，黄琳身上怀有强烈的国家使命感和社会责任感，勇于担当的精神也是他事业上成功并赢得人们尊重的原因之一。由于"文化大革命"所造成的科技倒退以及人才出现断层现象，改革开放后面对的一个现实问题就是急需培养新的一代人才。在这一形势下，黄琳积极组织与参与推广现代控制理论、积极开设新方向的课程、认真培养研究生；他联合八家单位主持了"八五"期间自动化学科唯一一个重大项目，为稳定一支理论研究队伍和做出控制方面高水平成果作出了贡献；他针对新的科学方向，积极进行学术调研、弄清来龙去脉，凝练关键问题，多次在学术会议上做大会报告并撰写综述文章，认真做到高屋建瓴指明方向，让学术界共享信息与心得，积极推动学术发展；进入晚年的黄琳仍不忘使命积极参加与空天技术相关的专家委员会的工作，为国家空天事业的发展献计献策；勇于承担由中国科学院信息技术科学部常委会指派的"控制科学发展战略"研究项目，组织全国从事控制科学研究的中坚力量完成了发展战略研究报告，相关内容以专著《中国学科发展战略·控制科学》的形式由科学出版社出版，为从事控制科学的相关人员开展科研工作提供了有价值的参考资料。由于项目成果显著，经学部推荐该项目又成为中国科学院与国家自然科学基金委联合资助的项目，由双方出资支持其后续研究。

黄琳这一代人与伟大祖国一起经历了太多的磨难，他本人也多次重病，但他从没有被这些击倒，反而练就了知难而进、自强不息的坚强品质。无论是研究工作还是成果评价，他一向坚持实事求是，最不能容忍

"弄虚作假"。"文化大革命"期间，在汉中的时候他就曾因坚决反对工宣队领导塑造假典型的行为而受到打击。在受聘进行科研工作评审时，也从不因评审工作涉及某些知名人物或其他因素而影响其所做的客观、合理的评价。在国内控制界他一贯反对伪科学，坚持以科学态度对待研究成果，从不计较个人得失。在中国控制会议设立"关肇直奖"这个控制界的首个学术奖项时要找评审委员会的主任，挂靠单位中国科学院系统科学研究所和中国自动化学会控制理论专业委员会一致推选黄琳，他连续服务了八年。

特别需要提到的是20世纪60年代他在线性系统二次型最优与极点配置方面所做的领先于世界的科研成果，由于当时的环境，文章仅发表在国内，致使这一创造性工作在国际上很长一段时间内没有得到应有的认可，许多人都为他感到遗憾时，他却能淡然处之，他认为真正有意义的科研成果本身远比是谁发现这一成果更重要。他对自己已尽力做的事情从不感到遗憾，面对失败，他想得更多的是今后应怎样改进，对个人所受的不公正待遇总能处之泰然。

黄琳是北京大学一般力学博士点的创建者，他在学科建设、人才培养等方面都作出了突出贡献，为教育、航空航天及相关领域培养了一大批学术骨干和优秀人才。他言传身教、悉心育人、宽厚待人、关心提携后辈，是年轻学者的良师益友。他学识渊博、成就斐然，深受国内外同仁的敬重。因此在2013年获得被视为北京大学最高荣誉的"蔡元培奖"。

纵观黄琳学术成长过程，我们可以看到在其内心始终有着坚定的信念支撑他度过一个个学术生涯的难点和转折点，那就是强烈的爱国主义情怀和对科学矢志不渝的追求。他一生严谨治学、一丝不苟，始终怀有强烈的国家使命感和社会责任感。他潜心治学、力求创新的科学精神，淡泊名利、乐观向上、实事求是的生活态度，都深刻地影响着年轻科学工作者的成长，激励着他们脚踏实地努力为祖国的科学事业作出更大的贡献。

附录一　黄琳年表

1935 年
11 月 30 日，生于江苏省扬州市，排行第二，父亲黄应韶与母亲朱庆云分别为当地中学、小学教师，哥哥黄瑶三岁。

1936 年
患上肺炎，奄奄一息，被教会医院的一位美国医生救治。

照了一张珍贵的全家福。

1937 年
8 月 13 日，八一三事变，上海战事打响。12 月 8 日，与扬州一江之隔的镇江发生大屠杀惨案。

年末，全家开始了近五年的逃难，辗转于扬州、泰州、东台的农村地区（溱潼、罗村等）。

1938 年
春天，逃难到扬州东乡（今属江都县）的朱家套。

春末，由朱家套迁到大桥。

2—7月，父亲黄应韶在江都县大桥镇白沙补习社任数学教员。

8月，父亲黄应韶任江苏省立第一临时中学数学教员，全家由大桥迁到溱潼。

1939年

哥哥就读小学二年级，黄琳尚未入学。

1940年

7月，黄琳入学。

1941年

年初，由于日军的"清乡""扫荡"，全家由溱潼转移到水网地区的罗村。

夏，全家回到扬州。全家搬到未被日军占领的上海租界，父亲黄应韶任镇江师范沪校教导主任，兼课扬州中学沪校。母亲在镇江师范附属小学教书。

12月7日，珍珠港事件爆发。全家由上海租界逃难至泰兴的农村。

1942年

春，全家逃难至泰兴，住在封家集，父亲黄应韶在位于樊家堡的江苏省立第一临时师范任教，黄琳失学在家。

夏，结束逃亡，返回扬州沦陷区定居，父亲离家在东台溱潼的江苏省立第一临时中学教书。上城中小学，后因出生不久患肺炎又经逃难长期患病，咳血未愈，在家自修。母亲在家隐居。父母为免日伪麻烦均改了名字，名字为黄立照与朱绮华。

1943年

秋，进城西小学读三年级，生活很拮据。

1944 年

秋，因经济困难未能按时交学费，后转学至离家较远的城北小学。

1945 年

8月15日，抗日战争胜利，母亲朱庆云上了当地报纸的"忠贞榜"，被任命为下铺街小学校长，随母亲转至下铺街小学读五年级，父亲随江苏省立第一临时中学迁回扬州。

1946 年

年初，父亲黄应韶随江苏省立第一临时中学校长顾仁铸接收南通中学，任教务主任。后为免政治迫害于夏天返回扬州在扬州中学任教，兼课慕究里中学和同仁中学。

1947 年

夏，小学毕业，考入扬州中学初中部。

1948 年

淮海战役爆发，经与地下党沟通，全家未随国民党南迁，选择留在扬州。

1949 年

1月25日，扬州解放。

3月21日，苏皖边区二专署以民干字第344号委令任命父亲黄应韶为扬州中学校长。

8月，参加中国少年儿童队。

1950 年

7月10日，抗美援朝运动开始。兄弟两人报名参军参干，哥哥黄瑶参加中国人民解放军。

8月，考入扬州中学高中部。

11月，参加中国新民主主义青年团（即今共青团）。

1951年

春，父亲黄应韶参加第一届赴朝慰问团前往朝鲜战场。

春，被青年团派往南货业店员工会组织活动教唱革命歌曲。

随后担任扬州中学舞蹈队队长，筹建和主持扬州中学舞蹈队的工作。

5月9日，加入扬州市音乐协会。

9月28日，被扬州市团市委任命为扬州中学初中部少年儿童队的辅导员。

1952年

家中一本日本人长泽龟之助编写的《几何学词典》成为午睡前后的主要读物。

9月，高三因游泳患血吸虫病住院，安心学习，成绩有了大幅提高。

中学阶段，十分喜欢各种体育活动，积极参加体操、田径等活动，在校运动会中拿过奖牌。

1953年

7月，高中毕业。

10月，经统考，进入北京大学数学力学系，满足了决心从事数学事业的愿望。

11月，因爬西山受风寒突发急性肾炎并住院，加之不适应大学生活，第一学期成绩不理想。

1954年

第二学期后学习状况转好并被任命为班长，期末考试全优。

暑假，参加共青团和学生会组织在北京北部山区泰陵村的军事野营活动。

11月，父亲黄应韶调任苏北师范专科学校教务副主任，数学系副主任。

1955年

5月15日，加入中国共产党为候补党员（该称谓于1956年改为预备党员），候补期一年，介绍人为陈良焜、王玛丽。

7月1日，被选派在北京中山公园参加庆祝党的生日的活动。

7月，全国开展肃反运动，暑假被安排在校党委的办公室做义工，做来往函件的收发、填报、登记等的事情。

暑假后开始分专业，经组织建议选择力学专业。

11月，获北京大学1954—1955年度优秀生称号，获奖状与奖章。1957年5月5日，邓小平、彭真、杨秀峰等陪同苏联最高苏维埃主席伏罗希洛夫参观北京大学，优秀生集体捐献优秀生奖章编成图案、配上镜框作为礼物赠送给他。

1956年

1月，中央提出"向现代科学进军"的口号，大学准备开始建立副博士与博士制度。2月，钱学森回国在力学所讲授他的专著《工程控制论》，系里选定有他在内的十五位学生前往听课，成为第一届一般力学专门化的学生，从此走上了研究控制科学的道路。

5月，按时转为中共正式党员。

暑假，离家三年后首次回家。

下半年，旁听清华大学钟士模的调节原理课程，后因病停止。

10月，因参加庆祝游行活动并淋雨而感冒，开始咳血。

1957年

1月，咳血后通过碘油造影检查确诊为严重支气管扩张，在友谊医院进行了手术，左肺三分之二被切除。

因手术住院未参加四年级上学期的考试，流体力学、弹性力学和数学物理方程在留校读研后补考，免去了毕业论文，改为前往中科院数学研究所参加秦元勋主持的"运动稳定性讨论班"。

4月，术后重新上课，陀螺仪课程考查合格，哲学和非线性振动课程考试成绩为优。

暑假后，列宁格勒工学院托洛依茨基副博士来北大工作，并开设了非线性调节原理课程，指导建立一般力学专门化，经考试录取为他的研究生。

父亲黄应韶经吴贻芳、胡颜立介绍，参加中国民主促进会。

反右派斗争开始，夏天开始被安排担任保卫干事负责看管材料。

秋，开始听苏联专家讲课。

1958年

上半年，继续担任系保卫干事并参加以反浪费和反保守为名，但以"红专辩论"为主的双反运动，同时听苏联专家讲课。

暑假，短期担任先行进校的数学力学系工农调干生党支部书记。

下半年，参加大炼钢铁、人民公社化、"大跃进"运动以及校内的教育革命运动，同时向苏联专家学习。

1959年

年初，与一机部四局、数学研究所等组成研究小组研究拟造的喷气式飞机的安定性问题，历时半年，提炼出系统衰减时间的概念。

同时由苏联专家出题做关于用平方积分评价为指标进行系统参数优化的研究。

下半年，苏联专家回国，与同事组织非线性振动讨论班，不久即停办。完成论文《关于多维非线性系统衰减时间的估计问题》。

庐山会议后参加在北大开展的反对右倾机会主义的运动，年底数学力学系又一次掀起"教育革命"运动，无法正常学习与工作。

1960年

年初，作为先进集体一般力学的代表参加在人民大会堂召开的北京市文教界先进分子代表大会。

4月,第一篇学术论文《关于多维非线性系统衰减时间的估计问题》于《北京大学学报》1960年第1期上正式发表。

下半年,北大进入三年生活困难时期。开始给56级学生讲调节原理课程中随动系统与高精度系统部分。

年底,因浮肿等原因经批准回扬州休养,为期两个多月。

1961 年

上半年,给56级学生讲调节原理课程中有关控制中随机过程部分。

8月,研究生毕业,论文经答辩通过,答辩委员会主任为北京大学数学力学系主任学部委员段学复。

9月,开始给56级学生讲脉冲系统,用时两个月。

10月30日,父亲黄应韶当选为第一届中国民主促进会扬州市委员会主任委员,后曾任多届中国民主促进会扬州市委员会主任委员和江苏省委员会委员。

11月,和教研室同事俞达成、易继锴一起前往天津参加中国自动化学会成立大会并宣读论文,受邀成为第一届控制理论与应用专业委员会委员,第一次作为正式成员参加全国性的学术团体,此后连续任第一届至第七届控制理论与应用及控制理论专业委员会委员,直到2002年。2008年当选第九届、第十届、第十一届控制理论专业委员会顾问委员。

1962 年

上半年,参加全国关于第二届国际自动控制联合会大会论文的评选会,论文《论衰减时间估计》获选送大会,后获该会录用。

7月,受周培源先生委派参加筹备全国一般力学大会并做题为《有控系统动力学的若干问题》的大会报告,报告后钱学森先生做了发言。后经推荐以《控制系统动力学及运动稳定性理论的若干问题》于《力学学报》1963年第2期上发表。

夏,应林士谔教授邀请参与《1956—1967年科学技术发展远景规划纲要（草案）》中一般力学学科的修订，执笔调节理论和稳定性理论部分。

9月，参加关肇直先生在北京颐和园龙王庙召开的学术座谈会，商谈国内控制理论如何发展的问题，钱学森先生谈到有关解决弹性体控制的问题。

冬，应哈尔滨军事工程学院邀请前往哈尔滨参加该校的科学研讨会。

1963 年

2月，指导三位大学六年级学生郑应平、张迪和殷金生做大学毕业论文，安排进行连续和离散控制器分析设计的研究，即二次型最优控制问题，解决了连续时间系统的相关问题，合作完成论文《李雅普诺夫第二方法与最优控制器分析设计问题》，于《自动化学报》1964年第4期上发表。该文解决了二次型最优控制的基本理论及单输入极点配置定理。离散时间相应问题未得到结果，后自行研究解决。

上半年，为1958级大学生开设控制系统动力学课程。

夏，搬到十三陵北大校区。

7月，由于论文《论衰减时间估计》被在瑞士召开的第二届国际自动控制联合会大会录用，中国自动化学会通知准备前往瑞士参加大会，因北大数学力学系党总支反对，决定论文由宋健代为宣读。

8月，参加中国代表团为出席第二届国际自动控制联合会大会的准备会议。

秋，为1958级一般力学开设运动稳定性课程。

1964 年

春，为1958级一般力学开设最优控制课程。

春，担任数学力学系教学秘书，负责十三陵校区的教学协调等工作。

秋，中国自动化学会通知准备第三届国际自动控制联合会大会论文，遂将文章《李雅普诺夫第二方法与最优控制器分析设计问题》加以扩展成连续和离散两类系统的二次型最优控制的结果，交社教工作队转送，被扣杀，使这一基础性成果长期得不到国际认可，直至2013年8月，当选国际自动控制联合会会士，才在其官方文件中给出明确评价，是对中国人对控制理论基本问题所作贡献的公开认可。

11月,以中宣部为首的社会主义教育工作队受中央指派进驻北京大学,开始社教运动。

1965年

年初,前往南口机械厂劳动约两个月。

春,经上课和几次修改完成两本讲义《控制系统动力学讲义》和《最优控制理论》的定稿。

7月5—14日,参加在北京举行的中国自动化学会学术年会及第二届代表大会。

9月,被派前往河北正定县新安村参加农村"四清"运动,任组长,接受贫下中农再教育,时间约半年。

1966年

3月底,奉调回京,随后被派往天津707所参加惯性导航系统研究并带六年级部分学生做毕业实习。

6月,"文化大革命"开始,由天津被召回参加运动。运动开始被同教研室革命派编造罪状,贴满一墙大字报,斥责黄琳为"修正主义苗子"。

10月,在学生鼓励下一起前往兰州、西宁、宝鸡、成都、重庆、贵阳、昆明、遵义、长沙、正定、北京参加大串联,主要观看大字报和游览。

12月,前往正定新安村看望"四清"时的老乡。

1967年

5月1日前,随北京大学数学力学系教工文艺宣传小分队前往百花山林场、黄塔公社等地进行文艺宣传活动。

7月,参加北京大学组织的"人民战争胜利万岁"演出团的乐队。

1968年

12月,同李孝珍结婚。

1969 年

10 月，为了响应"三线建设"规划的需求，北京大学将数学力学系的力学专业、技术物理系和无线电系迁到陕西汉中。与夫人暂时分离。汉中分校基建基本完成，但生活条件很艰苦，首要任务是建校劳动、修护坡、种树。

年底，带文艺宣传队前往勉县大巴山山区乱石窖等地演出近一个月，主要宣传毛泽东思想和农业学大寨。

1970 年

主要从事建校劳动。

年底，夫人调往汉中。

1971 年

年初，去宝鸡虢镇下厂参加"以射流为中心的技术革命"，被指派帮助车间实现他们改进的与射流无关的振动送料器，完成任务。

赶上中央要"拉练"的号召，步行翻越秦岭，又咳血。

因如实讲的有关事实与工宣队编造的典型不一致而挨批。

夏，患疟疾并发急性黄疸型肝炎。

秋，随固体力学组王大钧、邓成光前往石泉水电工地进行项目调研并参加固体组有关活动。

1972 年

开始为"文化大革命"中留校大学生补习基本数学课程，开设线性代数、常微分方程、复变函数与变分法等课程。与其他教师联合举办随机过程讨论班，不久因反击右倾翻案风运动被叫停。

下半年，去天津、无锡、上海等地调研开门办学。

1973 年

5 月，受邀赴天津参加核潜艇惯性导航的攻关会。

年底，为新一届入校的工农兵学员教数学。

1974 年

全年为 73 级工农兵学员教数学课。

秋，去四川汉旺汽轮机厂与 73 级工农兵学员一起开门办学。

12 月，参加由汉中分校党委组织的评法批儒小组并化名陆武山执笔完成文章《〈天工开物〉的科学成就与反儒精神》于《清华北大理工学报》1974 年第 2 期上发表。

1975 年

6 月，夫人去扬州，女儿黄静出生。

8 月，带领 73 级学生去汉川机床厂。历时一个多月，完成关于"五星轮包络计算"任务。后以汉中机床厂小分队名义写成论文《万能镗刀架五星轮曲线的计算》于《北京大学学报》自然科学 1977 年第 1 期上发表。

1976 年

9 月，与固体力学邓成光老师带领部分学员去武功水工所开门办学。

10 月，开始针对固体力学计算的需要，结合现代控制理论的发展，编写讲义。

1977 年

5 月，女儿黄静由上海来到汉中。

中央决定北大汉中分校撤销，原北大教工返回北京。继续专心研究和编写应用线性代数讲义，到 1978 年年底，基本编写完成《线性代数应用理论讲义》。

1978 年

1978 年 3 月 22 日，邓小平在听完北大有关领导汇报后决定北大汉中分校撤销。原北大教工返回北京。

7月，全国招考研究生。录取的第一位研究生为朱伟灵，毕业后去了中国企业管理协会。

冬，国防科技大学、中科院系统科学研究所、中科院成都分院三家单位联系希望能调黄琳前去工作。同时扬州师范学院以照顾其父母的名义调其回家乡工作。

冬，应江苏省扬州师范学院数学系邀请讲授线性代数应用理论讲义历时近两个月，同时探望父母。

1979年

2月，全家由汉中回到北京。

上半年，前往国防科技大学讲授应用线性代数讲义历时近三个月。

5月，参加在厦门举办的第一届中国控制理论及应用学术年会，从此恢复了在控制界的活动。

6月14日，由助教升为讲师。

8月，在山西忻县主持控制理论专业委员会主办的暑期报告会，涉及系统辨识、参数估计、自校正调节器、多变量系统的极点与零点、大系统的分散控制、控制理论在生物医学中的应用等方面的内容。

秋，教78级学生的线性代数。与学生郑应平、严拱添等一起组织在北京控制工程研究所举办的控制理论讨论班。曾较长期咳嗽带血。

年底，参加在石家庄为评选送第八届国际自动控制联合会大会论文而举行的控制理论论文报告会。

1980年

2月，应西北工业大学与西安交通大学邀请在西安讲授《线性系统应用理论讲义》两个月。

5月，在四川成都控制理论学习班讲授《线性系统应用理论讲义》与线性系统。

10月，获选中国自动化学会理事。

12月22日，升为副教授。

年底，获选中国系统工程学会理事。

1981 年

5月，在北京参加中美控制系统学术会议的筹备与审稿会，有两篇论文入选。8月，会议在上海召开，因故未去，由学生朱伟灵参加并代宣读论文。

秋，在南京理工大学讲授"应用线性代数讲义"。

12月1日，参加在云南省昆明市举办的中国系统工程学会理论委员会成立大会暨学术讨论会。此后连续任第一届至第四届中国系统工程学会理事，直到1998年。

1982 年

6月，在四川峨眉参加中国控制理论与应用年会。

秋，在南京理工大学举办现代控制的研讨班。

11月21—26日，参加在广州举办的第一届《控制理论与应用》编委会，此后连续任第一届至第八届《控制理论与应用》编委会成员。

1983 年

为研究生讲授线性控制系统的几何理论。

秋，先后参加在重庆北碚召开的中国自动化学会理事会、重庆大学召开的全国系统工程学会系统理论学术报告会和在武汉召开的系统工程学会理事会。

1984 年

为研究生讲授英国学派建立的多变量线性系统的频域理论，后译著《线性多变量反馈系统分析的复变方法》于1986年3月由科学出版社出版。

为研究生开设选修课一般系统理论。

1月，"应用线性代数讲义"历经多次修改以专著《系统与控制理论中的线性代数》由科学出版社出版，于1986年4月15日被评为科学出版社

1984—1985年优秀图书。

5月，参加在北京召开的系统与控制国际会议，并做中国线性系统的成果方面的大会报告，后整理为论文《多变量线性系统的一些新结果——中国的一些成就，1980—1984》（Some new results in multivariable linear system—Some achievements in China，1980-1984）于《数学物理学报》1987年第1期发表。

获第一项科学院自然科学基金资助进行机器人动力学与控制研究，该项目于1988年结束，发表论文汇集成册于1989年交国家自然科学基金委。

夏，和陈滨等人去沈阳自动化研究所进行机器人方面的项目调研。

8月，经国家评审，特批为教授。

秋，接受清华大学邀请以《系统与控制理论中的线性代数》作为学位课教材为研究生讲课。

1985年

为研究生开设凸分析及其应用。

夏，系里改名"力学与工程科学系"，随王仁院士请教钱学森先生办学方向。

9月，以访问学者名义去美国麻省大学（University of Massachusetts）做访问学者一年，开始鲁棒多项式稳定性研究，并与麻省大学 C. V. 霍尔洛特合作，获包括棱边定理在内的一批成果。

秋，被国家批准为博士生导师。

1986年

2月，应邀访问波士顿哈佛大学与东北大学并做学术交流。

2月14日，国务院批准国家自然科学基金委员会成立，受聘为国家自然科学基金委员会的第一届、第二届、第三届评审会自动化学科专家组成员，至1991年结束。

4月，先后应邀访问加州大学戴维斯分校和华盛顿大学（圣路易斯）并做学术交流。

5月，应用线性代数与线性系统理论被评为北京大学首届科学研究成果奖二等奖。

9月，应国际宇航学会副主席P. M. 拜奴姆教授邀请访问华盛顿霍华德大学并做学术交流。

10月，母亲朱庆云去世，享年77岁。

10月，受聘为中国自动化学会《自动化学报》第五届编辑委员会委员，此后连续担任至第八届，2005年当选《自动化学报》第九届编委会顾问委员。

1987年

7月，为南京航空航天大学姜长生教授编著的《自动控制理论基础》作序言，并为该书做审校。

9月11—15日，参加在湖南索溪峪举办的第七届全国控制理论与应用学术交流会。

1988年

年初，参与筹备中日双边控制会议。

5月，提出对弹性体建模的按不同置信度分层建模的理论与方法，精度明显优于国际上建模方法，成果发表在《力学学报》的中英文版上。

7月29日—8月12日，参与接待前来访华的美国宇航学会副主席P.M. 拜奴姆博士，并邀请他正式访问北京大学，为时一周。

10月，受聘任为中国科学院系统科学研究所控制理论研究室兼职研究员。

11月16—20日，参加在山东省曲阜市举行的全国控制理论及其应用年会，并做大会报告，后报告内容整理成论文《控制理论发展过程的启示》于《系统工程理论与实践》1990年第1期上发表。

受聘为南京航空航天大学名誉教授。

邀请苏联专家托洛依茨基访问北京大学。

12月，在杭州花家山参加中日双边控制第一次会议。

1989 年

3 月，应邀访问美国麻省大学作合作研究半年。

4 月，应邀访问得克萨斯 A＆M 大学和霍华德大学。

8 月，应邀访问美国伦斯勒理工学院。

9 月 10 日，担任中国自动化学会第五届、第六届理事会理事，1997 年 10 月 6 日担任第七届、第九届理事会理事和常务理事，2013 年 12 月 28 日担任第十届、第十一届理事会特聘顾问。

11 月 11—15 日，参加在陕西省西安市西北工业大学举行的全国控制理论及其应用年会。

解决国际上长期未解决的用输出反馈能否实现二次型最优的问题，成果发表在 International Journal of Control 上后修改充实又用中文发表在《中国科学》上。

1990 年

1 月，主持国家自然科学基金面上项目"非线性与含不确定参数系统动力学与控制理论"，1992 年 10 月结题。

3 月 15 日，受聘为中国科学院科学出版基金第一届专家委员会技术科学专业组副组长，此后连续担任至第四届专家委员会技术科学专业组副组长，2005 年受聘为第五届专家委员会技术科学专业组组长。

5 月，参加在日本举行的第二次中日双边控制会议。会后受邀访问大阪大学、京都大学、东京工业大学。

8 月，当选为中国系统工程学会第三届理事。

11 月 11—15 日，参加在浙江省杭州市举行的全国控制理论及其应用年会，做大会报告，后报告内容整理为论文《系统鲁棒性的若干问题——背景、现状与挑战》于《控制理论与应用》1991 年第 1 期上发表。

1991 年

担任系统与控制科学应用数学丛书编辑委员会主编，先后由科学出版社出版书籍《近代概率引论——测度、鞅和随机微分方程》《应用实分析基础》和《凸分析》。

10 月，为发展我国高等教育事业作出的突出贡献，被国务院决定享受政府特殊津贴并颁发证书表彰。

8 月，在长春参加国家自然科学基金委信息学部评审会期间为评审专家做大会报告《复杂控制系统理论的几个问题》。

8 月，提出值映射与等价族的概念与方法，给出了边界定理，形成关于多项式族鲁棒分析的边界检验理论，与合作者的相关结果在《中国科学》上发表三篇论文。

11 月，参加在北京举行的中国自动化学会第三届全国学术年会，并做大会报告，报告内容整理为论文《复杂控制系统理论：构想与前景》于《自动化学报》1993 年第 2 期上发表。

1992 年

3 月，参加中国自动化学会隆重召开成立三十周年纪念暨第三届学术年会。

春，在山东大学参加编纂《数学辞海》的筹备会议，后列为编委会学术指导。

夏，接待访问北京大学的加拿大鲁棒控制专家 B. A. 弗朗西斯。

7 月，专著《稳定性理论》由北京大学出版。该书于 1995 年 7 月获全国优秀科技图书二等奖，于 1995 年 11 月获第二届全国高等学校出版社优秀学术著作特等奖。

8 月，与系统科学研究所王恩平在河北省唐山市乐亭县组织鲁棒控制暑期研讨班。

10 月 11—15 日，参加在江苏省南京市举行的控制理论与应用年会，做大会报告，后报告内容整理为论文《李亚普诺夫方法的发展与历史性成就——纪念李亚普诺夫的博士论文"运动稳定性的一般问题"发表一百周年》于《自动化学报》1993 年第 5 期上发表。

1993 年

年初，参与组织与筹备拟在北京召开的全球华人智能控制会议，该会议于8月26—30日在清华大学正式召开，后形成系列会议。

夏，参加在哈尔滨工业大学召开"一般力学发展与展望学术研讨会"。

秋，接受俄罗斯学者扎伊来夫的申请，其在北大做访问学者工作约三个月。

秋，受聘为浙江大学兼职教授。

冬，经国家自然科学基金委组织专家评审通过，由北京大学等八个单位参加的基金重大项目"复杂控制系统理论的几个关键问题"正式实施，由黄琳与秦化淑联合主持，此项目为"八五"期间自动化学科唯一的基金重大项目，1998年验收，结论为"优"。

1994年

春，受聘为北京航空航天大学兼职教授。

7月31日—8月24日，与多名专家在北京航空航天大学主持自动控制与系统仿真高级研讨班，并参与编写教材。

夏，经中国自动化学会批准在中国控制会议上设立"关肇直奖"，经系统控制研究所控制室和中国自动化学会控制理论专业委员会相关人士一致推荐决定黄琳担任"关肇直奖"评奖委员会主任，共连续担任五届，第六届（2003—2007年）改任评奖委员会委员。

12月，访问美国麻省大学和得克萨斯大学布朗斯维尔分校，做合作研究与学术交流，于1995年4月回国。

1995年

1月，主持国家自然科学基金面上项目"系统族总体动态性能分析"，1996年12月结题。

5月，因系统鲁棒分析与综合项目获国家教育委员会科学技术进步奖一等奖。

9月，在教育工作中成绩优异，被授予北京市1995年度优秀教师称号。

9月，父亲黄应韶去世，享年92岁。

10月15—20日，参加在安徽省黄山市举行的第15届中国控制会议，并做《系统族动态分析中的若干问题及现状》报告，会后访问浙江大学并做学术报告。

11月18日，研究的"系统鲁棒分析与综合"获1995年度周培源数理基金成果奖。

1996 年

年初，应邀访问西澳大学与澳大利亚国立大学，为期一个月。

11月6日，担任北京大学学术委员会暨教师职务评审委员会委员。共担任五年多，至2001年面临两年后退休主动请辞并获准。

1997 年

初夏，接待澳大利亚的 Cantoni 院士，张国礼教授。

8月18—23日，参加在江西省庐山市举行的第17届中国控制会议。

9月，女儿黄静北京大学毕业后获斯坦福大学资助前往攻读博士。

9月10日，获1996—1997学年度北京大学教学优秀奖。

参加攀登项目"复杂系统控制的基础理论研究"的研究并主持子课题"鲁棒分析与控制"。

1998 年

1月，主持国家自然科学基金面上项目"积分二次约束与系统的鲁棒性"，2000年12月结题。

1999 年

5月14日，参加在清华大学举行的国家重点基础研究发展规划项目（电力大系统）课题答辩大会，并做《电力非线性大系统的稳定性与鲁棒性研究》报告。

6月，被聘任为北京航空航天大学"控制理论与控制工程"学科专业兼职博士生指导教师。

7月5—9日，参加在北京举行的第十四届国际自动控制联合会世界大会，作为主要作者参与大会报告《中国自动控制的最新发展》(Some recent advances of automatic control in China) 的起草工作，由郭雷做大会报告。

7月，指导的博士生安建森的学位论文《混合不确定系统的鲁棒稳定性与鲁棒性能》被评为1998年度北京大学优秀博士学位论文世顺奖二等奖。

7月，受聘为燕山大学兼职教授。

12月，因"参数摄动控制系统的鲁棒分析与综合"项目获国家自然科学奖三等奖。

2000年

8月1—2日，参加在哈尔滨举行的系统仿真地区年会暨系统控制研讨会，并做《关于控制科学中的复杂性问题》大会报告。

9月，受聘为东北大学兼职教授。

10月17—18日，参加在武汉举行的国际非线性与复杂系统高级研讨会，并做《关于控制科学中的复杂性问题》大会报告。

10月，应邀访问中南大学原长沙铁道学院部分与湘潭工学院。

12月，指导的博士生王金枝的学位论文《具品质指标要求的模型降阶及控制器逼近》被评为2000年度北京大学优秀博士学位论文世顺奖三等奖。

冬，去香港参加中国控制会议并访问香港科技大学与香港理工大学。

2001年

4月，受聘为华北工学院兼职教授。

11月19日，参加在北京举行的以钱学森技术科学思想的回顾与展望为主题的新世纪力学研讨会，并做大会报告。

2002年

春，在西安参加国家自然科学基金委信息学部组织的有关自动化学科的研讨会，在会上做《力学与控制科学》学术报告，该报告以同名发表于《自动化学报》2002年第28卷增刊上。

10月，指导的博士生段志生的学位论文《控制器与对象同时摄动的鲁棒控制问题》被评为2002年度北京大学优秀博士学位论文二等奖。

12月，受聘为北京航空航天大学兼职博士生指导教师。

2003年

1月，主持国家自然科学基金面上项目"不确定多平衡点非线性系统的总体性质及鲁棒控制"，2005年12月结题。

2月，专著《稳定性与鲁棒性的理论基础》由科学出版社出版。

9月，获批国家自然科学基金委信息学部和数理科学部联合资助的重点项目"复杂非线性力学系统的控制研究"。

10月，应邀访问南京理工大学与南京航空航天大学。

10月30—31日，参与在北京大学举办的"海峡两岸动力学、控制及力学中的变分原理研讨会"。

当选中国科学院技术科学部院士。2004年春信息技术科学部从技术科学部分出，遂成为该学部院士。

2004年

1月，主持国家自然科学基金重点项目"复杂非线性力学系统的控制研究"，2007年12月结题。

5月，应邀访问山东建工学院与山东大学并做学术报告。

6月，受聘为东北大学名誉教授。

6月，受聘为南京理工大学兼职教授。

夏，参加河北省院士联谊会每两年一次的院士联谊活动，为河北省有关单位提供咨询与建议，2014年因年事已高退出。

8月11—13日，参加在江苏省无锡市举行的第23届中国控制会议，并做大会报告，后整理为论文《系统动态性能的多样性分析与控制——后绝对稳定性研究》于《控制理论与应用》2004年第6期上发表。

11月21日，参加华南理工大学优化与控制研究中心成立活动，被授予顾问教授。

11月，应邀访问中南大学并做学术报告。

2005年

5月25—27日，与佘振苏、韩启德和戴汝为共同主持主题为"生物与医学中的复杂性问题"的第255次香山科学会议。

11月，应邀正式访问香港中文大学与香港科技大学，并顺访香港城市大学。

12月，获首届《北京大学学报（自然科学版）》贡献奖。

2006年

夏，受聘为中南大学名誉教授。

夏，在烟台主持由北京大学、航天科工集团三院与海军航空工程学院联合举办的临近空间高超声速飞行器有关科学问题的研讨会，并做主旨报告。

8月，应中国国际科技促进会副主席张培荣之请，与他一起去广东云浮调研地方经济情况并受聘为云浮市发展的专家委成员。

9月，应邀在新疆核基地马兰参加"纪念两弹联试成功四十周年活动"，激发晚年立志从应用基础理论研究转向结合国家重大需求的应用基础理论研究。

受聘为中国科学院科学出版基金技术科学组组长。

2007年

1月，接待澳大利亚纽卡索大学付敏跃教授。

3月17日，在重庆大学参加西部高校IT院长主任和专家前沿论坛并做报告《控制科学面临问题的分析》。

6月27日，应北京航空航天大学邀请做《控制科学面临问题的分析》报告。

8月，受聘担任陈嘉庚信息技术科学奖第二届评奖委员会委员，后连续担任第三届、第四届评奖委员会委员。

10月3日，参加在台湾举行的海峡两岸理论与应用力学研讨会。随后访问台湾几所大学。

12月，被授予第一届"北京大学工学院北大泰普工学讲座教授"荣誉称号。

2008 年

7月16—18日，参加在昆明举行的第27届中国控制会议并做《运动体控制的几个科学问题》大会报告，后整理为论文《现代飞行器控制的几个科学问题》于《科技导报》2008年第20期上发表。

7月27—30日，参加哈尔滨工业大学举办的第八届全国动力学与控制学术会议并做《现代飞行器控制的几个科学问题》大会报告。

9月，被聘任为《二十世纪中国知名科学家学术成就概览》力学卷编委。

10月10—13日，筹办并参加在北京举行的第四届全国复杂网络学术会议。

10月28日，接受腾讯网《中国科学院黄琳院士漫谈控制科学》的录制。

11月10日，在北京理工大学做《现代飞行器控制的几个科学问题》学术报告。

2009 年

3月，受聘为中国航天科技集团公司重大专项工程专家委员会成员。

3月，受聘为武汉大学、武汉科技大学兼职教授。

4月，在华中科技大学做《控制科学面临问题的分析》学术报告。

4月，和夫人前往陕西汉中，寻访当年办学遗迹。

5月4日，参加北京大学工学院五周年庆典活动。

6月5日，作为项目验收组组长在哈尔滨主持"鲁棒控制理论及其在航天控制中的应用"项目的结题验收工作。

8月9—12日，参加在河北省唐山市昌黎县举行的第一届控制科学与工程前沿论坛。

10月11日，应中国国际科促会的邀请，参加"智能电网专家院士扬州行"活动，对扬州市智能电网产业规划进行了讨论，并提出了相关的修改意见。与扬州市草签了建立院士工作站的意向协议，但由于双方在研究工作课题定位上未形成共识，而未能实施。

10月22日，参加在北京航空航天大学举行的飞行器控制一体化技术国防科技重点实验室学术委员会第一次会议，并担任实验室第一届学术委员会委员。

2010年

1月，获国家自然科学基金"近空间飞行器的关键基础科学问题"重大研究计划的重点项目"近空间高超声速飞行器自主协调控制研究"，2013年12月结题。

开始患神经根炎等疾病，住院两次。

7月29—31日，在北京参加第29届中国控制会议，获中国控制理论专业委员会颁发的首届杰出成就奖。

10月19日，在北京交通大学"院士校园行"名师讲坛做报告。

11月27日，在北京航空航天大学参加"高超声速飞行器空气动力学与智能自主控制理论与方法"专题研讨会。

12月25日，参加在北京举行的《自动化学报》编委会换届大会。

2011年

受中科院信息技术科学部常委会指派主持"控制科学发展战略研究"，2013年结题，正式报告整理为《中国学科发展战略·控制科学》在2015年7月由科学出版社出版。2014年7月，主持国家自然科学基金委与中科院学部联合资助后续研究的专项基金项目"控制科学学科发展战略研究"，2016年6月结题。

5月，参加在陕西省西安市举行的中国自动化学会控制理论专业委员会成立50周年纪念大会暨第三届控制科学与工程前沿论坛。

9月24—25日，组织与主持在北京大学举办的控制科学战略研讨会，并做主旨报告《为什么做？做什么？怎么做？》，后以题《为什么做，做什么和发展战略》发表于《自动化学报》2013年第39卷第2期。

11月，获中国自动化学会成立五十周年杰出贡献奖。

2012年

2月10日，因"复杂耦合动态系统分析、控制与应用"项目获教育部自然科学奖一等奖。

4月，为开展发展战略研究在长沙主持"控制科学学科发展战略研讨会"。

6月，为哈尔滨工业大学段广仁教授编写的《广义线性系统的分析与设计》中译本一书作序。

7月12日，参加在北京交通大学举行的城市轨道交通北京实验室现场考察会议。

9月，与段志生教授共同指导的博士李忠奎的学位论文《多智能体系统的一致性区域与一致性控制》被评为2012年北京大学优秀博士学位论文一等奖，并进而获得了国家教育部的优秀博士学位论文奖。

9月，受聘为空军预警学院建设发展顾问。

9月5—6日，为开展发展战略研究在沈阳主持"控制科学前沿与挑战"技术科学论坛第54次学术报告会。

9月22日，参加北京大学举行的力学系成立六十周年庆祝活动。

11月，应空军邀请参加2012珠海航展。

11月16日，作为发展战略研究的重要组成部分参加在西南交通大学举办的控制理论发展战略报告研讨暨评议会，并做《谈谈控制科学面临的挑战》报告。

12月，继续担任中国科学院自动化研究所复杂系统管理与控制国家重点实验室学术委员会副主任。

2013 年

5月30日，作为召集人主持在中国科学院学术会堂举行的"科学与技术前沿论坛"，并做《信息丰富时代的控制科学》主题报告。

5月31日，为已完成的发展战略研究第一部分总体报告征求意见召开了"中国科学院学部'控制科学'学科发展战略研究项目——咨询与评议会"，会上包括五位院士的参加者对该报告给予充分肯定。该项目完成后学部常委会将其推荐为中国科学院与国家基金委联合资助项目给予继续资助。

6月，应中国国际科促会的邀请参加"'气浮车'项目研讨会"，针对该项目技术并不成熟和缺乏立即进行推广应用的基础，坚持实事求是提出做好基础性研究不要忙于宣称可以引起铁路技术革命的中肯意见。

7月7日，应北京航空航天大学毛剑琴教授邀请为《林士谔先生诞辰百年论文集》作序。

夏，参加原总参谋部航天侦察局成果验收。

9月，获北京大学第三届"蔡元培奖"。

9月7—8日，参加在昌平北京石油阳光会议中心举行的北京大学工学院2013年发展战略研讨会。

10月24日，参加中国自动化学会2012—2013年度控制科学与工程学科发展研究项目学术研讨会。

11月21日，在华南理工大学做《学好专业，做好研究，达到创新》报告。

12月，针对培养研究生过程中存在的问题，撰文《谈谈指导研究生与科研中的一些关系》，该文发表于《学位与研究生教育》2014年第10期，后被其他刊物转载。

12月26日，被评为《自动化学报》"杰出贡献编委"。

2014 年

1月，获国家自然科学基金重点项目资助，项目题目为"高超声速机动飞行的复杂动力学建模与自主控制"，2018年12月结题。

1月3日，受聘为国家重点基础研究发展计划项目"不确定信息下多体导航与控制的系统理论与数学基础"专家委员会委员。

3月27日，作为专家组成员参加国家重点基础研究发展计划项目"不确定信息下多体导航与控制的系统理论和数学基础"项目启动会暨学术研讨会。

6月，针对教育界的争论，撰文《关于大师》，该文发表于《北京大学校报》，2014年第1355期第4版，后被其他刊物转载。

6月23日，在西安交通大学做《学好专业，做好研究，达到创新》报告。

8月，在山西省太原市卫星发射中心参观飞行器发射。

9月1—2日，参加在北京大学工学院举行的工学院2014年发展战略研讨会。

10月30日，组织召开控制科学发展战略项目获联合资助后的研讨会第一次会议，讨论控制科学战略研究系列丛书相关内容。

11月28日，受聘为"陆用多智能体协同的控制与优化基础研究"国防"973"项目专家组副组长。

12月，获北京大学2014年度"国华杰出学者奖"。

12月，于西昌卫星发射中心观看"嫦娥五号"发射，后又在北京航天城观看其返回地球。

12月，牵头与航天科技集团二院成立先进控制技术联合实验室。

12月6日，发表在《控制理论与应用》2004年21期上的《系统动态性能的多样性分析与控制——后绝对稳定性研究》荣获创刊三十周年最具影响力论文奖。

12月21日，组织召开控制科学发展战略项目获联合资助后的第二次研讨会。

2015年

4月19日，组织召开控制科学发展战略项目获联合资助后的第三次研讨会。

5月7日，参加在清华大学举办的系统与控制前沿领域国际研讨会，杨莹教授代做《控制理论的现状和挑战》报告。

7月，《中国学科发展战略·控制科学》由科学出版社出版。

秋，开始修改专著《系统与控制理论中的线性代数》，历经两年多，该书于2018年由科学出版社出修订后的第二版（分上下册）。

11月22日，组织召开"2015年控制科学发展论坛"，致开幕词，该开幕词正式发表于《系统与控制纵横》2016年第2期。

11月，《唯真求实　矢志创新——黄琳先生八十华诞文集》由北京大学出版社出版。

2016年

1月24日，因"复杂耦合动态系统控制与应用"项目获中华人民共和国国家自然科学奖二等奖。

8月30—31日，参加在北京大学工学院举行的工学院2016年发展战略研讨会。

11月24—28日，先后参加在广东省华南理工大学举行的"973"计划"不确定信息下多体导航与控制的系统理论与数学基础"项目年度总结暨专题研讨会和《控制理论与应用》年终总结会议。

12月5日，被聘任为国家安全重大基础研究项目"固体导弹大气层内助推段非程序制导控制理论与方法"专家组专家。

2017年

5月，关于黄琳院士学术成长资料采集工程正式启动。由于该工程的推动采集到半个世纪前黄琳编写的两本讲义《控制系统动力学讲义》和《最优控制理论》讲义，经有关专家建议科学出版社同意正式出版。遂开始长达两年的校订工作。

9月，向北京大学教育基金会捐资设立"北京大学工学院黄琳院士基金"。2018年1月17日，在北京大学工学院2017年工作总结大会上，张东晓院长颁发捐资设立"黄琳院士基金"的感谢证书。

10月6—7日，组织召开"2017智能控制研讨会"，做《我对智能控制的一点看法》大会报告，后整理为论文《关于智能控制的几个问题》，发表于《中国科学》2018年第8期。

10月27日，参加在北京举行的第九届"航控论坛"，并做《我对智能控制的一点看法》报告。

11月，被聘任为《空间控制技术与应用》第七届编委会顾问。

12月，参加北京大学力学专业建立65周年纪念活动。

2018年

3月，第二版《系统与控制理论中的线性代数》由科学出版社出版。

4月，分别在南京理工大学，南京航空航天大学做《关于智能控制的几个问题》学术报告。

4月，回访母校扬州中学、育才小学（原下铺街小学）及幼时堂子巷的故居，参观扬州院士博物馆。

10月12日，参加在中国科学院数学与系统科学研究院举行的"973"项目"不确定信息下多体导航与控制的系统理论和数学基础"课题结题验收会。

11月，办理院士退休手续。

2019年

3月30日，参加在中国科学院数学与系统科学研究院南楼市举行的"系统与控制前沿问题研讨会暨纪念关肇直先生诞辰100周年"的活动。

4月8—11日，作为指导委员会主任参加在四川省成都市举行的"科学与技术前沿论坛"。

5月7日，参加在北京大学工学院举行的"航天力学专题研讨会"。

附录二　黄琳主要论著目录

论文

[1] 黄琳. 关于多维非线性系统衰减时间的估计问题 [J]. 北京大学学报（自然科学），1960，6（1）：27-41.

[2] 黄琳. 有控系统动力学的若干问题 [C]. 中国力学学会一般力学专题讨论会专题综述（三），1962：1-38.

[3] 黄琳. On the estimation of the decaying time（论衰减时间估计）[C]. 第二届国际自动控制联合会（国际自动控制联合会），1962.

[4] 黄琳. 控制系统动力学及运动稳定性理论的若干问题 [J]. 力学学报，1963，6（2）：89-110.

[5] 黄琳，郑应平，张迪. 李雅普诺夫第二方法与最优控制器分析设计问题 [J]. 自动化学报，1964，2（4）：202-217.

[6] 黄琳. 李雅普诺夫（Ляпунов）第二方法的一个应用 [J]. 自动化学报，1965，3（1）：33-40.

[7] 陆武山. 天工开物的科学成就与反儒精神 [J]. 清华北大理工学报，1974，1（2）：14-21.

[8] 北京大学力学系1973级赴汉川机床厂小分队. 万能镗刀架五星轮曲线

的计算[J]. 北京大学学报（自然科学版），1977（1）：39-47.

[9] Huang L, Hollot C V. Results on positive pairs of polynomials and their application to the construction of stability domains[J]. International Journal of Control, 1987, 46（1）：153-159.

[10] Huang L, Hollot C V, Bartlett A C. Stability of families of polynomials: geometric considerations in coefficient space[J]. International Journal of Control, 1987, 45（2）：649-660.

[11] Huang L. Some new results in multivariable linear system—Some achievements in China, 1980-1984[J]. 数学物理学报，1987，7（1）：9-23.

[12] Huang L, Chen D C, Luo H G. Approximate modeling of an elastic structure according to test date with various confidences[J]. ACTA Mech. Sinica, 1988, 4（3）：248-254.

[13] Huang L, Li Z. Fundamental theorem for optimal output feedback problem with quadratic performance criterion[J]. Intrenational Journal of Control, 1989, 50（6）：2341-2347.

[14] 黄琳. 控制理论发展过程的启示[J]. 系统工程理论与实践，1990（1）：71-77.

[15] 黄琳，王龙，于年才. 系统鲁棒性的若干问题——背景、现状与挑战[J]. 控制理论与应用，1991，8（1）：11-29.

[16] Huang L, Wang L. The value mapping and parameterization approach to robust stability analysis[J]. Science in China, 1991, 34（10）：1222-1232.

[17] 黄琳，秦化淑，郑应平，等. 复杂控制系统理论：构想与前景[J]. 自动化学报，1993，19（2）：129-137.

[18] 黄琳，于年才，王龙. 李亚普诺夫方法的发展与历史性成就——纪念李亚普诺夫的博士论文"运动稳定性的一般问题"发表一百周年[J]. 自动化学报，1993，19（5）：587-595.

[19] 楚天广，黄琳，王龙. 系统族动态分析中的若干问题及现状[C].

中国控制会议，1995：40-52.

[20] 黄琳. 力学系统控制的几个问题［M］//钱学森技术科学思想与力学. 北京：国防工业出版社，2001：121-127.

[21] 黄琳. 力学与控制科学［J］. 自动化学报，2002，28（增刊）：23-29.

[22] 黄琳，段志生. 控制科学中的复杂性［J］. 自动化学报，2003，29（5）：748-754.

[23] 黄琳，杨莹，耿志勇，等. 系统动态性能的多样性分析与控制——后绝对稳定性研究，控制理论与应用，2004，21（6）：966-974.

[24] 黄琳，段志生，杨莹. 现代飞行器控制的几个科学问题［J］. 科技导报，2008，26（20）：92-98.

[25] 黄琳. 为什么做，做什么和发展战略——控制科学学科发展战略研讨会约稿前言［J］. 自动化学报，2013，39（2）：97-100.

[26] 黄琳，杨莹，王金枝. 信息时代的控制科学［J］. 中国科学：信息科学，2013，43（11）：1511-1516.

[27] 黄琳. 谈谈指导研究生与科研中的一些关系［J］. 学位与研究生教育，2014（10）：1-4.

[28] 黄琳. 关于大师［N］. 北京大学校报，2014-07-05（4）.

[29] 黄琳. 控制科学发展论坛开幕词［J］. 系统与控制纵横，2016，3（2）：14-17.

[30] 黄琳，杨莹，李忠奎. 关于智能控制的几个问题［J］. 中国科学：信息科学，2018，48（8）：1112-1120.

著作

[31] 黄琳. 系统与控制理论中的线性代数［M］. 北京：科学出版社，1984.

[32] 黄琳. 稳定性理论［M］. 北京：北京大学出版社，1992.

[33] 黄琳. 稳定性与鲁棒性的理论基础［M］. 北京：科学出版社，2003.

［34］黄琳. 控制系统动力学讲义［M］. 北京：科学出版社，待出版.

［35］黄琳. 最优控制理论讲义［M］. 北京：科学出版社，2021.

参考文献

[1] 黄琳先生八十华诞文集编委会. 唯真求实 矢志创新——黄琳先生八十华诞文集 [M]. 北京：北京大学出版社，2015.

[2] 黄瑶，黄琳. 黄应韶先生110周年诞辰纪念集 [Z]. 内部资料，2013.

[3] 钱伟长. 20世纪中国知名科学家学术成就概览·信息科学与技术卷·第二分册 [M]. 北京：科学出版社，2014.

[4] 于彬彬. 黄应韶诞辰110周年 [N]. 扬州：扬州晚报（数字报），2013-10-29.

[5] 邵伟，居小春. 黄琳：最难忘扬中老师 [N]. 扬州晚报（数字报），2012-10-21.

[6] 余东向. 黄应韶填词 [N]. 扬州晚报（数字报），2012-07-04.

[7] 黄琳. 为什么做，做什么和发展战略 [J]. 自动化学报，2013，39（2）：97-100.

[8] 中国科学院. 中国学科发展战略·控制科学 [M]. 北京：科学出版社，2015.

[9] 黄琳，杨莹，李忠奎. 关于智能控制的几个问题 [J]. 中国科学：信息科学，2018，48（8）：1112-1120.

[10] 黄琳. 关于大师 [N]. 北京大学校报，2014-07-05（4）.

[11] 黄琳. 我对早年搞控制的一些回忆 [J]. 系统科学与数学，2011，31（9）：1052-1054.

[12] 黄琳. 谈谈指导研究生和科研工作中的一些关系［J］. 学位与研究生教育，2014（10）：1-4.

[13] 黄琳. 系统与控制理论中的线性代数［M］. 北京：科学出版社，1984.

[14] 黄琳. 系统与控制理论中的线性代数（上下册）［M］. 北京：科学出版社，2018.

[15] 黄琳. 稳定性理论［M］. 北京：北京大学出版社，1992.

[16] 黄琳. 稳定性与鲁棒性的理论基础［M］. 北京：科学出版社，2003.

[17] 黄琳. 控制系统动力学讲义［M］. 北京：科学出版社，2020.

[18] 黄琳. 最优控制讲义［M］. 北京：科学出版社，2020.

[19] 黄琳，郑应平，张迪. 李雅普诺夫第二方法与最优控制器分析设计问题［J］. 自动化学报，1964，2（4）：202-217.

[20] 黄琳，王龙，于年才. 系统鲁棒性的若干问题——背景、现状与挑战［J］. 控制理论与应用，1991，8（1）：11-29.

[21] 黄琳，秦化淑，郑应平，等. 复杂控制系统理论：构想与前景［J］. 自动化学报，1993，19（2）：129-137.

[22] 黄琳，于年才，王龙. 李亚普诺夫方法的发展与历史性成就——纪念李亚普诺夫的博士论文"运动稳定性的一般问题"发表一百周年［J］. 自动化学报，1993，19（5）：587-595.

[23] 黄琳，王龙. 鲁棒性研究的进展与系统族［R］. 国家教委科技委员会第二届第二次自动控制学科组专题报告，1994.

[24] 楚天广，黄琳，王龙. 系统族动态分析中的若干问题及现状［C］. 中国控制会议，1995：40-52.

[25] 黄琳. 力学系统控制的几个问题［M］// 钱学森技术科学思想与力学论文集. 北京：国防工业出版社，2001：121-127.

[26] 黄琳. 力学与控制科学［J］. 自动化学报，2002（28）：23-29.

[27] 黄琳，段志生. 控制科学中的复杂性［J］. 自动化学报，2003，29（5）：748-754.

[28] 黄琳，杨莹，耿志勇，等. 系统动态性能的多样性分析与控制——后绝对稳定性研究［J］. 控制理论与应用，2004，21（6）：966-974.

[29] 黄琳. 回顾与联想［J］. 控制理论与应用，2004，21（6）：850.

[30] 黄琳，耿志勇，王金枝，等. 控制与本质非线性问题［J］. 自动化学报，

2007, 33（10）：1009-1013.

[31] 黄琳，段志生，杨莹. 现代飞行器控制的几个科学问题［J］. 科技导报，2008, 26（20）：92-98.

[32] 黄琳，彭中兴，王金枝. 控制科学——与需俱进的科学［J］. 科技导报，2011, 29（17）：72-79, 2011.

[33] 黄琳. 控制科学的机遇［J］. 科技导报，2011, 29（17）：3.

[34] 黄琳，段志生，杨剑影. 近空间高超声速飞行器对控制科学的挑战［J］. 控制理论与应用，2011, 28（10）：1496-1505.

[35] 毛剑琴，林德伟. 纪念林士谔先生百年诞辰文集［M］. 北京：北京航空航天大学出版社，2013.

[36] 黄琳，杨莹，王金枝. 信息时代的控制科学［J］. 中国科学：信息科学，2013, 43（11）：1511-1516.

[37] Huang L. Some new results in multivariable linear system—Some achievements in China, 1980-1984［J］. 数学物理学报，1987, 7（1）：9-23.

[38] Huang L, Hollot C V, Bartlett A C. Stability of families of polynomials: geometric considerations in coefficient space［J］. International Journal of Control, 1987, 45（2）：649-660.

[39] 冯纯伯，田玉平，忻欣. 鲁棒控制系统设计［M］. 南京：东南大学出版社，1995.

[40] 黄琳. 生成元，经济控制与线性多变量控制系统［J］. 北京大学学报（自然科学版），1981（1）：25-36.

[41] 黄琳，朱伟灵. 连续型线性定常系统的 Riccati 代数方程的小摄动问题［J］. 应用数学和力学，1982, 3（5）：653-660.

[42] 黄琳. 具二次约束的最小平方解问题［J］. 数学学报，1982, 25（3）：272-286.

[43] 黄琳. 关于广义特征值的摄动问题［J］. 北京大学学报（自然科学版），1978（4）：20-24.

[44] 黄琳. 正定矩阵平方根的计算与摄动估计［J］. 应用数学学报，1980, 3（2）：166-172.

[45] Huang L, Wang L. The value mapping and parameterization approach to robust stability analysis［J］. Science in China, 1991, 34（10）：839-847.

[46] Yu N C, Huang L. Boundary theorem for the robust stability of complex polynomial families [J]. Science in China, 1993, 36（1）: 54-61.

[47] 王龙, 黄琳. 多项式族的根分布不变 [J]. 中国科学: A籍, 1993, 23（1）: 75-82.

[48] Wang L, Huang L. Robust analysis in discrete system—A geometry approach [J]. Chinese Science Bulletin, 1992, 37（20）: 1747-1752.

[49] Huang L, Wang L, Yu N C. Argument rate analysis in robust stability study [J]. Chinese Science Bulletin, 1993, 38（2）: 168-170.

[50] Hollot C V, Huang L, Xu Z L. Designing strictly positive real transfer function families: A necessary and sufficient condition for low degree and structured family [C] //Kaashoek M A, Van Schuppen J H, Ran A C M. Proceedings of Mathematical Theory of Network and Systems. Boston, Basel, Berlin: Birkhäuser, 1989: 215-217.

[51] 王龙, 黄琳. 区间有理函数严格正实性的有限检验 [J]. 科学通报, 1991（4）: 262-264.

[52] 王龙, 黄琳. 系数空间中多项式的鲁棒稳定性和有理函数的严格正实不变性 [J]. 控制理论与应用, 1992, 9（2）: 155-160.

[53] Wang L, Huang L. Robust stability of polynomial families and robust strict positive realness of rational function families [J]. Int. J. System Science, 1992, 23（2）: 235-247.

[54] Hu T S, Huang L. Real stability radii and matrix quadratic inequality [J]. Chinese Science Bulletin, 1996, 41（24）: 2043-2046.

[55] 王龙, 黄琳. 一类多线性相关摄动系统的性能鲁棒性 [J]. 中国科学: A籍, 1995, 25（8）: 875-882.

[56] Wang L, Huang L. Robust small gain theorem under multiplicative perturbations [J]. Progress in Natural Science, 1996, 6（4）: 408-414.

[57] An S J, Huang L, Xu Z L. Vertex results for H_∞ performance of weighted interval plants: Beyond first order weighting functions [C]. Proc. 35thCDC., Kobe, Japan, 1996.

[58] Huang L, Li Z. Fundamental theorem for optimal output feedback problem with quadratic performance criterion [J]. Int. J. Control, 1989, 50（6）: 2341-

2347.

[59] Huang L, Li Z. Solvability of quadratic optimal control via output feedback[J]. Science in China(A), 1990, 33(10): 1238-1245.

[60] Huang L, Chen D C, Luo H G. Approximate modeling of an elastic structure according to test date with various confidence[J]. 力学学报, 1988, 20(3): 236-242.

[61] 陆武山. 天工开物的科学成就与反儒精神[J]. 清华北大理工学报, 1974, 1(2): 14-21.

[62] 北京大学力学系1973级赴汉川机床厂小分队. 万能镗刀架五星轮曲线的计算[J]. 北京大学学报（自然科学版）, 1977(1): 39-47.

[63] 黄琳. 源于几件事的感想[M]// 我与科学基金, 北京：北京大学出版社, 2006.

[64] 王玉龙. 黄琳：控制的力量[N]. 扬州晚报, 2009-10-19.

[65] 李琪. 心如镜面无纤毫——访著名控制理论专家黄琳院士[EB/OL]. http:tech.grnw.cn/2011-09-07/content_259834.

[66] 李军凯. 燕园骄子：13位杰出院士的学术人生路[Z]. 2013.

[67] 陈圆圆. 黄琳：惊奇凌人的控制学专家[EB/OL]. http://pkunews.pku.edu.cn/xwzh/2013-09/12content_28543.htm.

[68] 北京大学研究生院. 江山代有才人出——北京大学研究生教育90年[Z]. 2008.

[69] 庞博. 推动北大新型工程科学建设——新当选院士黄琳访谈[Z]. 北京大学新闻网综合新闻, 2003-11-27.

[70] 黄琳. 百年工学 继往开来——在北京大学工学院五周年庆典上的讲话[Z]. 2010.

后 记

黄琳院士学术成长资料采集工作于 2017 年 5 月开始启动，启动之初黄琳院士与其所在的学科点主要成员召开了筹备会议。会议制定了工作计划、人员分工以及拟访谈的人员名单等事项。工作开展以来，根据实际工作进展情况进行了工作方法的调整和进一步的优化。下面就采集工作中相关的情况做一简单的说明。

2018 年 4 月下旬，采集小组成员王金枝和李倩陪同黄琳院士访问了南京理工大学、南京航空航天大学以及黄琳中学就读的母校扬州中学。在南京，采集小组组织了一次座谈会，进行了集体访谈。参加座谈会的人员有 20 世纪 80 年代初就与黄琳院士有过工作交往的南京理工大学的杨成梧教授和南京航空航天大学的姜长生教授，还有控制界年轻一些的学者包括东南大学的田玉平教授、南京航空航天大学的王在华教授以及南京理工大学的邹云教授。杨成梧教授和姜长生教授回忆了 20 世纪 80 年代黄琳院士在南京高校讲授系统与控制理论中的线性代数理论及举办学习班以在相关院所推动现代控制理论发展的事迹。田玉平教授、王在华教授和邹云教授谈了他们与黄琳的相识、交往以及对他们的影响等。在扬州中学，采集小组陪同黄琳院士与校方的相关人员进行了座谈和交流，参观了校史馆、院士墙。校方找到了黄琳院士初中和高中期间的成绩单和学籍卡以及其父亲任扬州中学校长期间的部分工作日志。采集小组获取了相关资料的复印件。此外，采集小组在扬州还陪同黄琳院士参观了他曾就读的小学以及曾经居住过的地方，并与有关人士进行了交流。采集小组成员杨莹和李倩于2018年12月下旬赴西安对西北工业大学的戴冠中教授和慕德俊教授进行了访谈，了解黄琳与他们相识和工作交往的情况。在北京地区，采集小组对黄琳院士的部分同行、同事、同学及亲人进行了访谈，具体包括中科院系统科学研究所的秦化淑研究员、北京航空航天大学的霍伟教授和贾英民教授、北京大学的叶庆凯教授和王大钧教授、北京大学出版社的邱淑清编审以及黄琳的哥哥黄瑶，获取了大量有价值的信息。

黄琳先生生逢国家危难之时，经历了战争与逃亡，年轻时虽疾病缠身但仍立志报国，正值年轻有为之年又逢众多政治运动。这一切注定他的一生必定曲折艰辛而又丰富多彩。但他毕竟年事已高，当年培养和见证他成长的师长前辈已先后作古，而与其相伴成才或并肩奋斗的同窗学友也都已步入耄耋之年，这都使采集工作面临巨大困难。我们思之再三，只能从他一生中各个阶段寻觅与选定与他有较多交往的合适人士进行访谈。这虽不能反映他的学术生涯、奋斗历程和精神风骨的全貌，但也力求起到能佐证他的主要业绩的作用。值得高兴的是在黄琳院士八十寿辰时曾出版过《唯真求实　矢志创新——黄琳先生八十华诞文集》，其中收集了他的部分同事、同行、学生、家人和朋友等人士的回忆文章。这些文章给传记的写作提供了不少有价值的书面资料。

采集工作开展两年多来，黄琳院士一直积极配合采集小组的工作，共同完成了五次访谈，内容基本涵盖了他一生的主要经历。他花费了大量的时间和精力对传记的内容进行校正和补充。他还认真听了访谈的音频，并仔细阅读了访谈后整理出来的文字稿，包括对他本人的访谈以及对他人访谈后的文字资料，修正或标注了其中与事实有出入的地方。依据这些信息，采集小组在访谈后的文字稿中作了相关的说明，从而得以通过文字稿修订了因年代久远等因素造成的不准确的信息。此外，黄琳院士还参与了资料的筛选和标注等工作。

对黄琳院士学术成长资料的采集工作得以顺利完成，一方面是采集小组全体成员王金枝、杨莹、段志生、李忠奎、李倩和葛书闻几位有效配合共同努力的结果，另一方面也离不开相关人员的大力支持和帮助。在此感谢采集小组所有成员卓有成效的工作，特别是李倩，她工作认真、细致，承担了从资料的采集、筛选、整理、编目到年表和长编的撰写等大量繁杂的工作。感谢黄琳院士的大力支持。感谢所有被访谈人员，他们的支持使我们的资料更加丰富。北京地区所有访谈摄像的工作均由北京大学电视台付佳祥先生完成。感谢付先生辛勤的工作和给予的支持。感谢力学系杨剑影教授为本书第十章提供的部分资料。感谢在采集工作结题期间博士生李夏洋、白玉琦、贾文浩和胡欣超所给予的协助。感谢所有给予我们支持和帮助的人员！

老科学家学术成长资料采集工程丛书
已出版（139种）

《卷舒开合任天真：何泽慧传》　　《此生情怀寄树草：张宏达传》
《从红壤到黄土：朱显谟传》　　　《梦里麦田是金黄：庄巧生传》
《山水人生：陈梦熊传》　　　　　《大音希声：应崇福传》
《做一辈子研究生：林为干传》　　《寻找地层深处的光：田在艺传》
《剑指苍穹：陈士橹传》　　　　　《举重若重：徐光宪传》

《情系山河：张光斗传》　　　　　《魂牵心系原子梦：钱三强传》
《金霉素·牛棚·生物固氮：沈善炯传》《往事皆烟：朱尊权传》
《胸怀大气：陶诗言传》　　　　　《智者乐水：林秉南传》
《本然化成：谢毓元传》　　　　　《远望情怀：许学彦传》
《一个共产党员的数学人生：谷超豪传》《没有盲区的天空：王越传》

《含章可贞：秦含章传》　　　　　《行有则　知无涯：罗沛霖传》
《精业济群：彭司勋传》　　　　　《为了孩子的明天：张金哲传》
《肝胆相照：吴孟超传》　　　　　《梦想成真：张树政传》
《新青胜蓝惟所盼：陆婉珍传》　　《情系梁菽：卢良恕传》
《核动力道路上的垦荒牛：彭士禄传》《笺草释木六十年：王文采传》

《探赜索隐　止于至善：蔡启瑞传》《妙手生花：张涤生传》
《碧空丹心：李敏华传》　　　　　《硅芯筑梦：王守武传》
《仁术宏愿：盛志勇传》　　　　　《云卷云舒：黄士松传》
《踏遍青山矿业新：裴荣富传》　　《让核技术接地气：陈子元传》
《求索军事医学之路：程天民传》　《论文写在大地上：徐锦堂传》

《一心向学：陈清如传》　　　　　《钤记：张兴钤传》
《许身为国最难忘：陈能宽传》　　《寻找沃土：赵其国传》

《钢锁苍龙　霸贯九州：方秦汉传》
《一丝一世界：郁铭芳传》
《宏才大略　科学人生：严东生传》

《我的气象生涯：陈学溶百岁自述》
《赤子丹心　中华之光：王大珩传》
《根深方叶茂：唐有祺传》
《大爱化作田间行：余松烈传》
《格致桃李半公卿：沈克琦传》
《躬行出真知：王守觉传》
《草原之子：李博传》

《此生只为麦穗忙：刘大钧传》
《航空报国　杏坛追梦：范绪箕传》
《聚变情怀终不改：李正武传》
《真善合美：蒋锡夔传》
《治水殆与禹同功：文伏波传》
《用生命谱写蓝色梦想：张炳炎传》
《远古生命的守望者：李星学传》

《善度事理的世纪师者：袁文伯传》
《"齿"生无悔：王翰章传》
《慢病毒疫苗的开拓者：沈荣显传》
《殚思求火种　深情寄木铎：黄祖洽传》
《合成之美：戴立信传》
《誓言无声铸重器：黄旭华传》
《水运人生：刘济舟传》
《在断了A弦的琴上奏出多复变
　　最强音：陆启铿传》

《虚怀若谷：黄维垣传》
《乐在图书山水间：常印佛传》
《碧水丹心：刘建康传》

《我的教育人生：申泮文百岁自述》
《阡陌舞者：曾德超传》
《妙手握奇珠：张丽珠传》
《追求卓越：郭慕孙传》
《走向奥维耶多：谢学锦传》
《绚丽多彩的光谱人生：黄本立传》

《探究河口　巡研海岸：陈吉余传》
《胰岛素探秘者：张友尚传》
《一个人与一个系科：于同隐传》
《究脑穷源探细胞：陈宜张传》
《星剑光芒射斗牛：赵伊君传》
《蓝天事业的垦荒人：屠基达传》

《化作春泥：吴浩青传》
《低温王国拓荒人：洪朝生传》
《苍穹大业赤子心：梁思礼传》
《仁者医心：陈灏珠传》
《神乎其经：池志强传》
《种质资源总是情：董玉琛传》
《当油气遇见光明：翟光明传》
《微纳世界中国芯：李志坚传》
《至纯至强之光：高伯龙传》

《弄潮儿向涛头立：张乾二传》
《一爆惊世建荣功：王方定传》
《轮轨丹心：沈志云传》
《继承与创新：五二三任务与青蒿素研发》

《淡泊致远　求真务实：郑维敏传》
《情系化学　返璞归真：徐晓白传》
《经纬乾坤：叶叔华传》
《山石磊落自成岩：王德滋传》
《但求深精新：陆熙炎传》
《聚焦星空：潘君骅传》

《逐梦"中国牌"心理学：周先庚传》
《情系花粉育株：胡含传》
《情系生态：孙儒泳传》
《此生惟愿济众生：韩济生传》
《谦以自牧：经福谦传》

《世事如棋　真心依旧：王世真传》
《大地情怀：刘更另传》
《一儒：石元春自传》
《玻璃丝通信终成真：赵梓森传》
《碧海青山：董海山传》

《追光：薛鸣球传》
《愿天下无甲肝：毛江森传》
《以澄净的心灵与远古对话：吴新智传》
《景行如人：徐如人传》

《材料人生：涂铭旌传》
《寻梦衣被天下：梅自强传》
《海潮逐浪　镜水周回：童秉纲
　　　口述人生》

《采数学之美为吾美：周毓麟传》
《神经药理学王国的"夸父"：
　　　金国章传》
《情系生物膜：杨福愉传》
《敬事而信：熊远著传》

《恬淡人生：夏培肃传》
《我的配角人生：钟世镇自述》
《大气人生：王文兴传》
《历尽磨难的闪光人生：傅依备传》
《思地虑粮六十载：朱兆良传》

《心瓣探微：康振黄传》
《寄情水际砂石间：李庆忠传》
《美玉如斯　沉积人生：刘宝珺传》
《铸核控核两相宜：宋家树传》
《驯火育英才　调土绿神州：
　　　徐旭常传》

《通信科教　乐在其中：李乐民传》
《力学笃行：钱令希传》
《与肿瘤相识　与衰老同行：
　　　童坦君传》

《没有勋章的功臣：杨承宗传》　　《科学人文总相宜：杨叔子传》